湖北省公益学术著作出版专项资金项目

丛书主编\周洪宇

蔡元培、黄炎培、陶行知的比较研究

CAI YUANPEI HUANG YANPEI TAO XINGZHI
DE BIJIAO YANJIU

胡志坚 著

华中师范大学出版社

新出图证(鄂)字 10 号

图书在版编目(CIP)数据

蔡元培、黄炎培、陶行知的比较研究/胡志坚著. — 武汉：华中师范大学出版社，2020.10
（陶行知学文库）
ISBN 978-7-5622-9164-0

Ⅰ.①蔡… Ⅱ.①胡… Ⅲ.①蔡元培(1868-1940)—教育思想—研究 ②黄炎培(1878-1965)—教育思想—研究 ③陶行知(1891-1946)—教育思想—研究 Ⅳ.①G40-092

中国版本图书馆 CIP 数据核字(2020)第 194621 号

蔡元培、黄炎培、陶行知的比较研究

Ⓒ胡志坚 著

责任编辑：卢格蕙	
责任校对：骆 宏	封面设计：罗明波
编辑室：学术出版中心	电话：027-67867792/3280
出版发行：华中师范大学出版社	
社址：湖北省武汉市洪山区珞喻路 152 号	电话：027-67863426（发行部）
网址：http://press.ccnu.edu.cn	电子邮箱：press@mail.ccnu.edu.cn
印刷：湖北恒泰印务有限公司	督印：刘 敏
开本：710mm×1000mm 1/16	印张：14.5
字数：244 千字	
版次：2020 年 12 月第 1 版	印次：2020 年 12 月第 1 次印刷
定价：78.00 元	

欢迎上网查询、购书

敬告读者：欢迎举报盗版，请打举报电话 027-67867353

"陶行知学文库"编辑委员会

顾　　问：章开沅　朱永新　董宝良
主　　任：周洪宇
副 主 任：周挥辉
委　　员：申国昌　操太圣　刘从德　刘大伟　刘来兵
秘 书 长：齐彦磊

总　　序

周洪宇

陶行知是中国近现代享有盛誉的教育家、思想家、政治家和文学家,也是中国近现代原创力最强、真正形成了自己的教育学说体系、富有世界影响力的教育思想家。2007 年,美国知名学者、哥伦比亚大学教育学院大卫·汉森教授在其主编的《教育的伦理视野——实践中的教育哲学》一书中介绍了世界最具影响力的十大教育思想家,其中唯一的中国教育思想家就是陶行知。该书将陶行知与美国的杜威、意大利的蒙台梭利等世界著名教育思想家并列,足见陶行知在国际学术界的巨大影响力及其被国际人士高度认可。

2020 年是陶行知研究 100 周年,2021 年是陶行知 130 周年诞辰和逝世 75 周年。借此机会,我们与华中师范大学出版社合作,编辑出版"陶行知学文库"丛书 50 余册,约 2000 万字,以深化陶行知研究,推动中国教育改革发展,加快建设中国教育学。

一

"陶行知学文库"丛书的编辑出版具有重大的学术价值与现实意义。2020 年是国家"十三五"教育事业发展规划的收官之年,2021 年是国家"十四五"教育事业发展规划的起步之年。值此重要历史节点,编辑出版"陶行知学文库"丛书意义重大而深远。

其一,这是深化当代陶行知研究的迫切需要。

如果将 1920 年北京大学缪金源所写的关于陶行知学生自治思想研究的文章算为正式起点的话,陶行知研究到现在已有整整 100 年历史。回顾百年陶行知研究,可以发现陶行知研究已经逐步发展为一门国际性的学问,在美国、德国、法国、日本、韩国等国家都有不少学者在进行研究并取得了丰硕成果。陶行知研究是一门中国本土成长起来的学问，它是对中国近现代教育家陶行知的专门研究之学。既然是本土之学，中国人自己首先要研究好，这样才能更好地与国外学术界对话和交流，提高我国在国际学术界的话语权。

深化当代陶行知研究需要建立专业的、系统的、科学的"陶行知学"。所谓"陶行知学"，就是一门以陶行知的家世家庭、个人生平、事业贡献、思想学说、人格精神、历史作用和国际影响为主要研究对象的学问。它涉及陶行知本人及其所处的时代环境、所经历的重要活动和重要事件、所交往的重要人物等，重点是研究陶行知的精神文化世界，对陶行知的历史价值及其局限进行历史反思。透过这种研究来看在当时的时代环境下，以陶行知、鲁迅为代表的中国近现代进步知识分子如何处理中西古今关系，走上一条追求真理、救国救民的历史道路，以及我们今天怎样学习和借鉴陶行知思想，推动当代的教育改革和社会进步。"陶行知学"的具体内容应该包括历史研究、文本研究、理论研究、应用研究、比较研究、海外研究和研究史研究等。就其性质而言，它有应用研究的一面，但主要还是基础研究。换句话说，它就是以基础研究为主、应用研究为辅的一门专门学问。

随着中国经济的快速发展、国际地位的日益提高，中国的学术和文化也要有相应的提升，以适应时代的需要。在当前西方学术文化占据强势地位的情况下，加强与西方学术界对话，发出中国自己的声音，很有现实意义。中国当代陶行知研究的重要任务之一，就是发展陶行知学术文化，形成陶行知学术话语体系，促进中西教育学术交流，在国际上拥有更大的话语权。"陶行知学文库"丛书的编辑出版正有助于此。

其二，这是加快建设当代中国教育学的迫切需要。

陶行知从20世纪10年代开始撰写教育论文，至40年代中期去世前，披阅不停、笔耕不辍，数十年如一日，围绕其独特的生活教育思想，著述达四百万字以上，客观上构建了一个概念清晰、原理明确、主张具体、内容丰富、结构完整的教育理论体系，得到了教育界、学术界的充分肯定。陶行知教育学说由若干概念范畴、基本原理和具体主张组成。具体而言，它以政治理念、哲学观点和文化思想为理论基石，以"生活"范畴为逻辑起点，以"生活即教育""社会即学校""教学做合一"三大原理为教育哲学依据，以民主教育、科学教育、乡村教育、师范教育、幼儿教育、创造教育、全面教育、终身教育等为具体教育主张,将其有机地建构成一个紧密联系、不可分割的整体,而且随着社会形势的变化与教育实践的深入,不断发展变化,具有鲜明的时代特征和特定的历史内涵。

20世纪上半期,陶行知在反传统教育和反洋化教育的斗争中,在长期的教育实践过程中,通过批判地吸收古今中外各种教育思想精华和总结自己的教育实践经验,创立了具有中国特色、以教育哲学原理为基础、以各类教育主张为内容的一套完整的生活教育学说。他的生活教育学说是在半殖民地中国社会历史条件下中国人民争取解放、自由、平等的教育理论,也是既符合中国国情又适应社会发展和世界潮流的现代教育思想,达到了近现代中国社会教育思想所能达到的最高高度,成为新中国教育思想体系的重要理论来源之一,也是当今与未来中国教育思想发展的一个重要理论资源。"陶行知学文库"丛书的编辑出版是对陶行知教育学说的系统梳理与科学总结,有助于丰富和建设具有中国特色、中国风格、中国气派的当代中国教育学。

其三,这是加快当代教育改革发展的迫切需要。

陶行知早年毕业于世界著名的教育研究机构——美国哥伦比亚大学师范学院,师从20世纪著名的哲学家、教育学家、美国哲学学会会长杜威,世界著名教育史学家、世界教育联合会会长孟禄,知名教育学家、"设计教学法"创始人克伯屈等人,并在美国教育行政学权威、美国教育行政学会会长斯特雷耶教授的指导下撰写博士学位论文,研究中国教育。陶行知一方面深受西方先进教育理论的熏陶,另一方面又有长期的中国教育改革实践经历,教育理论功底深厚,教育实践经验丰富,而且善于总结提炼,具有强烈的自觉去系统建构教育理论体系的愿望与能力,被美国最负盛名的汉学家、哈佛大学东亚研究中心主任费正清教授誉为"杜威博士最有创造力的学生"。

陶行知不仅是一位杰出的教育家、思想家、文学家,也是一位活跃的政治家。他始终把教育变革与社会改造紧密地结合在一起,一生致力于中国的民族独立、国家富强、文教发达、社会进步。他的爱满天下的博大胸襟、乐于奉献的伟大情操、炽烈真诚的教育激情、求真务实的思想作风、不屈不挠的刚毅品质、开拓求新的创造精神,是我们今天进一步推进改革开放、实现中华民族伟大复兴宏伟事业、圆美好中国梦最需要的精神财富。"陶行知学文库"丛书的编辑出版有助于深化陶行知研究,把这些精神财富很好地总结和提炼出来,服务于当代中国教育发展改革的需要,特别是服务于十九大尤其是十九届五中全会后中国教育改革发展、建设高质量教育体系、推进教育现代化、建设教育强国、办人民满意教育的迫切需要。

其四,华中师范大学陶行知研究团队四十年的学术积累使之具有可行性与可操作性。

华中师范大学是改革开放以后中国大陆最早开展陶行知研究的重点高校之一,编辑出版了国内外第一套《陶行知全集》(共8卷,湖南教育出版社1984年、1985年出版前6卷,1992年出版后2卷),该书1986年获得全国优秀畅销书奖,1988年获得全国第一届优秀教育图书特别奖,1994年获得第一届国家图书奖,为全国陶行知研究的顺利开展提供了基本条件;1993年撰写出版了第一本陶行知研究专著《陶行知教育学说》,该书获得1995年首届全国高校人文社会科学研究优秀成果一等奖;1985年和1988年分别培养了国内第一个教育史陶行知研究硕士研究生和第一个历史学博士研究生,这为2000年华中师范大学获得教育史学博士学位授权点以及此后培养多位以陶行知研究为论文选题的教育学博士奠定了坚实基础。无论是编纂出版陶行知全集、选集,还是编写年谱长编、人物传记、画传;无论是撰写出版专著,发表研究论文,还是组织开展教育改革实验,创新发展陶行知思想;无论是培养人才,建设一支高素质、专业化、创新型研究队伍,还是建立陶行知国际研究中心、举办专题国际学术会议,让陶行知研究走向世界,华中师范大学都走在国内外教育界、学术界的前列,成为举世公认的陶行知国际研究中心。在著名历史学家章开沅教授、著名教育史学家董宝良教授的导航引路下,一批中青年学者脱颖而出,成为当今国内外陶行知研究领域里的中坚力量。华中师范大学陶行知研究团队四十年深厚的学术积累为"陶行知学文库"丛书的编选出版奠定了坚实基础并提供了可能。

二

"陶行知学文库"丛书的编选范围广、体量大、内容丰富,主要是选取改革开放以来华中师范大学陶行知研究团队的陶行知研究成果,既有陶行知的全集、选集等资料整理，又有专题研究、人物传记、比较研究、国际研究、年谱长编和应用研究等。其中全集有《陶行知全集》（新编本）和《陶行知全集》（精编本），选集有《陶行知教育论著选》、《陶行知教育名篇选》、《陶行知教育名篇精选》（教师读本）、《陶行知教育名论精要》（教师读本）、《陶行知幼儿教育名篇选读》、《生活教育——陶行知英文著作精选》（中英双语），专题研究有《陶行知教育学说》、《陶行知生活教育学说》、《陶行知生活教育导读》（教师读本）、《陶行知生活教育理论》（英文版）、《陶行知与中国现代文化》、《陶行知与中外文化教育》、《陶行知与中外文化教育再探》、《陶行知研究的学术谱系》、《我与陶行知研究》，人物传记有《平凡的神圣——陶行知》、《山乡社会走出的人民教育家：陶行知》、《人民之子　陶行知》、《陶行知画传》、《陶行知大传——一位文化巨人的四个世界》、《平凡的伟大：教育家陶行知、杨东莼、牧口常三郎的生活史》、《最后的圣者——陶行知新论》、《教育改变世界——陶行知》（英文版），比较研究有《蔡元培、黄炎培、陶行知的比较研究》《陶行知与牧口常三郎教育思想比较研究》，国际研究有《陶行知研究在海外》、《陶行知研究在海外》（新编本）、《全球视野下的陶行知研究》、《教育交流与社会变迁：哥伦比亚大学与现代中国教育》（此书大篇幅论述陶行知），年谱有《陶行知年谱长编》，应用研究也正在编写之中。需要说明的是，"陶行知学文库"丛书选收的研究性著述均为华中师范大学陶行知研究团队成员所作，有些优秀之作因各种原因未能纳入其中，不免有遗珠之憾，敬请原作者谅解。

三

本丛书的编选范围与编选体量决定了其以"陶行知学文库"命名，而非简单地取名为"陶行知丛书"或"陶行知研究丛书"。这既体现了丛书命名的科学性与准确性，也彰显了丛书内容的全面性与专业性。"陶行知学文库"丛书由章开沅先生、朱永新先生、董宝良先生担任顾问，周洪宇、周挥辉任编辑委员会正、副主任，申国昌、操太圣、刘从德、刘大伟、刘来兵为编委会委员，齐彦磊任编委会秘书长，陈诗、窦海元、詹淑兰、范青青、戚同欣、郑媛、王亭力、陈海霞、韩旭帆等为编委会工作人员。在丛书的编选过程中，编委会力求以历史唯物主义为指导思想，以历史研究、比较研究、理论研究等为研究方法,做到历史与逻辑相结合、抽象与具体相结合、理论与实践相结合、本土与域外相结合,深化陶行知研究水平,使之更具专业性、系统性和科学性。依此,编委会对丛书的整体进度作了如下安排:丛书共50余册,分三辑出版,2020年出版第一辑10册,2021—2025年出版第二辑22册,2025年之后出版第三辑约20册。

  本丛书在编选过程中得到了著名史学家、教育家章开沅先生,著名教育史学家董宝良先生的关心与支持,华中师范大学教育学院喻本伐教授、余子侠教授、申国昌教授、刘来兵副教授和曾在华中师范大学教育学院任教或学习的现深圳大学师范学院熊贤君教授、聊城大学教育学院胡志坚教授、长江大学教育学院陈竞蓉教授、南京晓庄学院陶行知研究院刘大伟副教授、武汉市市场监督管理局蔡幸福博士以及国内外教育界、学术界的其他朋友等均从不同维度为丛书的立意、构思与修改提出了宝贵的意见和建议。同时,"陶行知学文库"丛书编选工作的顺利展开也得益于编委会各位同志的辛勤付出。华中师范大学出版社社长周挥辉、总编刘从德、学术出版中心主任冯会平和编辑张怀东等人,为丛书出版倾注了大量的心血。值此丛书第一辑付梓之际,谨对以上各位同仁致以最诚挚的谢意!

2020年12月18日于武汉东湖之滨远望斋

目 录

第一章　绪　论 ……………………………………………… 001

第二章　蔡元培的社会心理与行为特点研究 ……………… 022
　　第一节　蔡元培的自我概念与行为方式 ……………… 023
　　第二节　蔡元培的社会认知、社会态度与行为方向 … 039
　　第三节　蔡元培的行为动机与教育实践
　　　　　　——以北京大学的改革为例 ………………… 068

第三章　黄炎培的社会心理与行为特点研究 ……………… 081
　　第一节　黄炎培的自我概念与行为方式 ……………… 085
　　第二节　黄炎培的社会认知、社会态度与行为方向 … 095
　　第三节　黄炎培的行为动机与教育实践 ……………… 125

第四章　陶行知的社会心理与行为特点研究 ……………… 135
　　第一节　陶行知的自我概念与行为方式 ……………… 137
　　第二节　陶行知的社会认知、社会态度与行为方向 … 161
　　第三节　陶行知的行为动机与教育实践 ……………… 176

第五章　结　语 ……………………………………………… 195

主要参考文献 ………………………………………………… 210
致　谢 ………………………………………………………… 219

第一章 绪 论

　　中国教育史学科自1904年以来,已经走过了100多年的历程。百年的中国教育史研究,既取得了令人瞩目的成就,也存在一些问题和不足。对于这些问题和不足,早在1991年,周洪宇先生就撰文指出:我国的教育史研究者普遍注重"述而不作",注经疏义,长于铺陈,拙于分析,陈陈相因,人云亦云,缺乏创新,缺少个性,以至于我国的教育史学界"史"气沉沉,令人窒息。与"五四"以来的教育史大家相比,今天的一些研究者视野狭窄,学养不厚,研究总是"跟着感觉走",知识结构存在着明显的缺陷。在研究领域上比较狭窄,逐渐演变成了一个少数同仁自我欣赏、自我陶醉的封闭式的学术小圈子。研究内容深度不够,课题雷同,内容老化,重复性劳动多,创造性工作少。研究方法单一陈旧,多年来翻来覆去就是那几套招数。因此,他提出中国教育史研究要更新思想观念,开阔学术视野,完善知识结构,拓宽研究领域,深化研究内容,改进研究方法。并且认为要大胆地借鉴其他人文、社会科学方法,如系统方法、结构方法、计量方法、心理学方法、发生学方法和解释学方法等,以弥补原有方法之不足,丰富自己的研究方法和研究手段[1]。2003年,田正平、肖朗先生在论及教育史学科的发展趋势及主要研究方向时也指出,我们不仅应"积极提倡多学科的交叉型、综合性研究",而且"应该倡导借鉴社会学、民族学、民俗学、人类学等学科的理论,并运用计量史学、心理史学、口述史学等新的史学方法来开展对教育史学的跨学科研究,从而推动教育史研究取得突破性的重大进展"[2]。

　　循着这一思路,笔者对我国近年来教育史研究所采用的新理论和新方法进行了搜集和分析,结果发现,在以新的史学理论和方法对我国教育史

---

[1] 周洪宇:《教育史研究改革管扞》,《教育评论》1991年第2期,第64—67页。
[2] 田正平,肖朗:《教育史学科建设的回顾与前瞻》,《教育研究》2003年第1期,第31—37页。

进行跨学科研究时,计量史学、比较史学和口述史学等理论和方法教育史研究工作者多有涉及,教育史学评论、后现代史学观等也已受到关注①,而心理史学的理论和方法在教育史学的研究中却很少被谈及和采用。由此,笔者萌生了采用心理史学的方法研究中国教育史的想法。

一、心理史学:一种新的研究取向

事实上,在中国,史学家历来都非常重视对历史人物进行心理描写。《春秋》以降,历史人物的心理分析时见于我国史学著作。《左传·僖公二十八年》记述晋楚城濮之战时,生动描述晋文公在战前由"惧焉"、"疑焉"到"定焉"的心理状态。司马迁在《史记》中也为后人留下了许多有关帝王、贵族、将军、商人、儒生、游侠、食客等不同阶层的心理活动状况。三国时期刘劭的《人物志》,可以说是我国最早人物心理研究的著作②。在西方,正如英国史学家杰弗里·巴勒克拉夫所言:"历史研究中对心理学方面的重视,本身并不是什么新东西。修昔底德早就认为,历史解释的最终关键在于人的本性。作为修昔底德的门徒,历史学家长期以来已经习惯于以当仁不让的心理学家自居。"③

谈到当代西方心理史学的兴起,就不能不谈奥地利著名精神病学家和心理学家西格蒙德·弗洛伊德(Sigmund Freud)。作为现代西方心理学精神分析学派的创始人,弗洛伊德对心理学的贡献不在于他的泛性论,而在于他对心理学研究领域的扩展(即从对意识的研究扩展到对潜意识的研究),在于他创立了精神分析学派和人格理论的建立。弗洛伊德的理论和方法尽管受到了来自各个方面的攻击,但无疑,弗洛伊德的理论和方法不仅对20世纪的心理学产生了巨大影响,而且已经渗透到西方文化的血液之中,影响及于哲学、文学、艺术、史学乃至社会生活等众多领域。

正像弗洛伊德对心理学的贡献一样,弗洛伊德对历史学的贡献也不在于他的泛性论,而在于他1910年以人格理论为基础撰写了《列奥纳多·

---

① 刘静:《教育史学的想象力——后现代史学观与教育史研究》,《教育史研究》,2003年第1期,第1—5(+20)页;杜成宪,章小谦:《关于教育史学评论的理论思考》,《华东师范大学学报(教育科学版)》2003年第1期,第65—73页。

② 李振宏:《历史学的理论与方法》,河南大学出版社1999年版,第518—519页。

③ 杰弗里·巴勒克拉夫:《当代史学主要趋势》,杨豫译,上海译文出版社1987年版,第101页。

达·芬奇及其对童年的一个回忆》一文。正是这篇论文最早尝试着将心理学与历史学相结合,开创了心理史学研究的先河,被视为心理史学的开山之作,成为以后心理史学赖以发展的基石和典范。自此开始,运用精神分析学说的理论与方法对历史人物进行心理分析式的品评成为历史研究新的热点。

对心理史学作出重要贡献的另一位心理学家,则是新精神分析学派代表人物之一的埃里克·H.埃里克森(Erik Homburger Erikson)。他批判地继承了弗洛伊德的理论,打破了这种理论着重以生物性的本能冲动和欲望来解释人的行为的局限性,重视社会文化因素的影响和个人的成长。他的《年轻的路德》一书,复兴了"心理历史学",从理论和方法上为心理史学开辟了新的研究途径,进一步推动了心理史学的发展,并给这一新领域的研究注入了新的活力。

1957年,新当选的美国历史协会主席威廉·兰格在美国历史协会年会上发表了一篇"主席致辞"——《下一个任务》(The Next Assignment),他指出,50年来,历史研究的范围已越出传统的政治军事史而得到了很大的扩充,这表现为对社会史、经济史、思想史、科学史等领域的研究已得到了广泛的开展。他认为,当前历史学的任务不只是向广度发展,而应向纵深开拓。因此他号召历史学家采用新观念、新观点和新技术开阔新的视野,开辟最新的历史研究领域,他所谓的这种"最新的历史学",就是采用精神分析理论和方法对历史人物和历史现象进行新的分析,而这就是历史学家将要承担的"下一个任务"[①]。

他还建议史学界效仿人类学、社会学、文学等学科的方法,选派年轻的历史学家去接受精神分析的训练,应用精神分析的方法进行历史研究。正是由于兰格的号召,以及同期一系列心理史学论著的问世,标志着心理史学在美国的崛起和确立。

与此同时,20世纪初出现的法国年鉴学派,以其"精神状态史"的研究范式对心理史学研究产生了相当大的影响。法国年鉴学派最初是出于对兰克学派那种只关注政治史、制度史或战役史的不满,主张扩大史学的研究范围并使用多学科的研究方法。1938年,法国年鉴学派的第一代大师

[①] 张广智,张广勇:《现代西方史学》,复旦大学出版社1996年版,第286页;周兵:《心理与心态——论西方心理历史学两大主要流派》,《复旦学报(社会科学版)》2001年第6期,第51—55页。

吕西安·费弗尔(Lucien Febvre)率先开始探索历史与心理学结合的问题,他的《马丁·路德:一个命运》一书,探讨了16世纪德国社会的精神风貌和集体心理,开创了法国式的心理史学研究的先河,这部著作被看作是法国心理史学的经典之作。自此以后,一种独特的心理历史学模式——"心态史学"(history of mentalities)开始在法国年鉴学派的倡导下逐渐兴起。

法国年鉴学派的史学思想在进入布罗代尔(Fernand Braudel)时代之后,心态史、文化史、精神史被作为布罗代尔"长时段"的"结构"中的一个组成部分——地理结构、社会结构、经济结构、文化心理结构诸结构中的一个主要构件,这体现出年鉴学派在史学思想与结构体系上趋于成熟。不过,由于布罗代尔过分强调地理环境和生态结构的作用而忽略了心理结构的作用。

20世纪60年代末期,以雅克·勒高夫为首的新一代年鉴派历史学家打出"新史学"的旗号,恢复了年鉴学派创始人注重精神状态史研究的传统,将研究重心逐步由以社会—经济史为主转向以研究人们的心态为主,形成社会—文化史。在70年代,曾经风靡一时的社会经济和人口学的主题锐减,研究者纷纷涌向原先少有人问津的一些主题——儿童、家庭、死亡、性、犯罪、社交、年龄阶层、噪音、群众狂热等等,心态史甚至成为"当代文化的一个富有特征的现象"①。

那么,怎么认识或界定心理史学呢?目前,国内外史学界还没有统一的观点。按照埃里克森的说法,"心理历史学就是用精神分析理论和历史学相结合的方法来研究个人和群体的生活"②。张广智等认为:心理史学是历史学与心理学嫁接而产生的一门新学科,它借助于心理学的理论与方法,来探索人类过去的种种行为,进而更全面与深刻地阐明人类历史发展的客观进程③。田汝康等认为:所谓"心理历史学",概括起来便是用资产阶级心理学各种流派的理论、分析方法及手段来说明历史进程和社会集团或历史人物的所作所为,并对各种历史现象作出自己的解释④。李振宏认为:心理史学

---

① 周兵:《心理与心态——论西方心理历史学两大主要流派》,《复旦学报(社会科学版)》2001年第6期,第51—55页。
② 埃里克森:《新同一的范围》1974年英文版,第13页;张广智,张广勇:《现代西方史学》,复旦大学出版社1996年版,第288页。
③ 张广智:《西方史学史》,复旦大学出版社2000年版,第329页。
④ 田汝康,金重远:《现代西方史学流派文选》,上海人民出版社1982年版,第301页。

是历史学与心理学两门学科相互渗透、结合的产物。它运用心理学的理论、分析方法和手段,说明历史进程和社会集团或历史人物的行为,对各种历史现象作出心理学上的解释,旨在研究历史人物和社会集团的心理,包括认识、情感、意志等心理过程以及能力、性格等心理特征及其与历史发展的关系[1]。周兵则认为"心理历史学"在英语中表述为Psycho-History,在学界,这一英文名词存在各种称法(或译法),一般将它简称为心理史学,也有学者把它称作心态史学。事实上,在广义的心理历史学的范畴之下,又有心理史学(Psycho History)与心态史学(History of Mentality)两个不同的概念。其差异不仅在于前者盛行于美国,后者勃兴于法国;还在于两者在关注人类的心理因素、精神状态在历史中的作用的同时,在具体的研究内容与方法上的分野,它们有着不同的学术渊源和侧重,是当代西方心理历史学的两个主要流派[2]。

对于西方心理史学的研究领域,一般认为包括三个方面:①个体传记,即主要通过对历史人物的人格形成、心理变化和各种行为的心理动因的描述和解释而写出的个人传记。②家庭史,也称儿童史。由于心理史学家们确信,童年时代的经历和家庭环境对人的个性的形成有决定作用,所以他们一般都十分重视对"养育方式、家庭模式、童年和青年的社会化"的研究。③群体心理史。主要是用心理学方法研究群体现象的产生、发展和变化的原因[3]。也有人认为,"新心理历史学"研究领域包括四大方面的内容,即个人传记、家庭史、集体心理史、社会与历史的重大问题[4]。

西方心理史学的研究和发展趋势,主要表现在以下几个方面。首先,研究的侧重点从个人心理转移到了社会心理。其次,历史学家现在以完全不同于过去的方法来使用心理学知识,不再把人的心理看作解释人类行为的始终一贯的、不变的、永恒的、固定的基础,而是看作生活环境中的一个侧面,必须同这个历史背景下其他所有的侧面一样予以解释。再次,自弗洛伊德20世纪初出版了他的第一部划时代意义的著作以来,特别是20世纪30

---

① 李振宏:《历史学的理论与方法》,河南大学出版社1999年版,第518页。
② 周兵:《心理与心态——论西方心理历史学两大主要流派》,《复旦学报(社会科学版)》2001年第6期,第51—55页。
③ 张广智,张广勇:《现代西方史学》,复旦大学出版社1996年版,第285—302页;庞卓恒:《史学概论》,高等教育出版社1995年版,第189—190页。
④ 陈曼娜:《二十世纪中外心理史学概述》,《史学史研究》2003年第1期,第61—69页。

年代社会心理学领域开始重视实验研究以来,心理学本身的进步为历史学应用比过去更加严谨和成熟的心理学概念奠定了基础。最后,各种心理学学派的成熟和发展,为历史学家提供了更为广阔的心理学研究视角①。

二、我国历史学、教育史学相关研究综述

通过上述梳理,我们大致了解了当代西方心理史学的产生、研究领域和发展趋势。那么,当代西方心理史学对我国历史学和教育史学产生了怎样的影响?我国以心理史学为取向的历史学和教育史学研究取得了哪些成就和进展呢?

(一)心理史学取向的历史学的已有研究

有人认为,中国史学界介绍、接受心理史学的研究方法,最早是在20世纪20年代末。著名史学理论家朱谦之,受孔德(Comte)、杜里舒(Driesch)和兰伯列希(Lamprecht)影响,开始注意史学研究中"心理的方法"问题,并在1926年撰写的《历史哲学》中,详细介绍了西方历史哲学的研究方法和成就②。也有人认为,梁启超1921年在南开大学讲授"中国历史研究法"时,就已经强调治史者应研究社会心理③。梁启超提出,要探求历史的因果关系,必需探求该一时代的社会心理的状况,考察其如何蕴积、如何发动和变化。在梁启超看来,社会心理是由特定时代、特定人群中个人的需要、意志、感情等心理状况汇积而成,同时这种社会心理的特点又会在个人心理上表现出来,两者互相依存。梁启超提出:"无论何种政治何种思想,皆建设在当时此地之社会心理的基础之上,而所谓大人物之言动必与此社会心理发生因果关系者,始能成为史迹。"④这种通过考察社会心理的状况来研究历史因果的方法,在梁启超的历史研究法中占有很重要的地位。自梁氏以后,有个别学者,如杨鸿烈,在其有关史学概论著作(《史地通论》和《史学通论》))中也曾经探讨过历史学与心理学的关系。对此积极响

---

① 杰弗里·巴勒克拉夫:《当代史学主要趋势》,杨豫译,上海译文出版社1987年版,第101页;庞卓恒:《史学概论》,高等教育出版社1995年版,第190—193页。
② 陈曼娜:《二十世纪中外心理史学概述》,《史学史研究》2003年第1期,第61—69页。
③ 邹兆辰:《当代中国史学对心理史学的回应》,《史学理论研究》1999年第1期,第26—37页。
④ 梁启超:《中国历史研究方法》,河北教育出版社2003年版,第107页。

应的有两位心理学家,一位是张耀翔(作《中国历代名人变法行为考》,载《东方杂志》创刊30周年纪念专号),另一位是林传鼎(作《唐代以来34个历史人物的心理特质的估计》,载1939年《辅仁心理研究专刊》),而史学家中几乎没有人响应。这反映了当时史学界对心理分析的态度①。

　　心理史学对中国史学的真正影响,主要还是反映在改革开放以后。有人对20世纪80年代以来中国史学界对心理史学的回应进行了总结,认为这种回应主要反映在以下五个方面:①许多史学工作者受到多种因素的启发,认识到史学研究需要借助心理学、需要研究人的心理状况,纷纷呼吁历史研究应重视社会心理。在此论题下,史学工作者对下列问题进行了探讨:第一,历史研究中重视人的心理状况的研究以及借助心理学方法研究历史问题是符合唯物史观的要求的,也是深化史学研究所需要的。第二,心理学原理可以在历史研究中审慎地加以利用。既然历史学与心理学的研究对象有一定的共性,那就应该消除两个学科之间的障碍,共同合作研究人类的历史活动。第三,史学研究中应重视研究社会心理对人们创造历史活动的影响。社会心理作为一种潜在的精神力量,可以干预和调节人们的社会行为,因而也会对历史发展的面貌产生这样或那样的影响。第四,史学研究也应重视对个别历史人物个性心理的分析。历史不过是追求自己目的的人的活动。尽管个别历史人物的性格特点是一种"偶然情况",但也能在一定程度上影响历史发展的加速和延缓。不论是封建帝王还是革命领袖,都有平常人一样的心理活动,他们的性格、气质、情感、思维方式等,也应该作为历史研究的对象。第五,在重视社会心理对历史创造者的影响的同时,也要看到社会心理特别是社会认知心理对认知主体即历史研究者的影响,这种影响也会对历史研究和历史编纂的结果产生一定的作用。所以,任何历史著作都会打上时代的社会心理的印记。②从研究个别问题开始,尝试对某些历史问题进行社会心理的解释。③研究中国心理史学的理论框架。④探讨个别历史人物的心理特征。⑤探讨各个时期、各个不同范围的群体社会心理②。

　　由此可以看出,自20世纪80年代以来,我国史学界开始从不同角度、不同层面尝试运用心理史学方法对历史加以诠释。其中既有从研究个别

---

① 李振宏:《历史学的理论与方法》,河南大学出版社1999年版,第519页。
② 邹兆辰:《当代中国史学对心理史学的回应》,《史学理论研究》1999年第1期,第26—37页。

问题开始,尝试对某些历史问题进行社会心理解释的,也有探讨个别历史人物心理特征的,还有探讨各个时期、各个不同群体社会心理的,如此等等,可谓著述丰富,硕果累累。

(二)心理史学取向的教育史学的已有研究

与历史学的研究相比,心理史学方法在我国教育史学的研究中虽少有谈及和采用,但也表现出某些端倪。

在对我国著名教育家的研究传记中,著名史学家章开沅、唐文权先生1992年出版的《平凡的神圣——陶行知》一书就已经注意到心理史学的重要性。在分析了陶行知早期的经历后,作者认为"流行于西方的'心理历史学',常常夸大历史人物孩提时代的生活环境及其所造成的心理影响的作用,这当然不足为训。但是,完全忽视这种作用,也不可取",陶行知早期的际遇"对少年时代陶行知的影响当然不容忽视。把它称之为陶行知一生心理和文化发展的最早积淀当不为过"。并且认为"正是困顿的少年生活,锻炼了他早熟老成、坚韧处世的品格","初铸了后来以'外圆内方'为特色的处世风格"。另外,作者还运用发生认识论原理,对陶行知认知"格局"的形成进行了总结,并且认为陶行知早年在徽州文化圈到金陵大学文化圈再到哥伦比亚大学文化圈三重文化圈中的超越跳跃,虽然就其一生的思想文化历程而言,还属于低级"格局"形态的东西,"但就在这个'格局'中,它又蕴藏了日后进行发展的许多重要的成分"①。

喻本伐先生在分析青年陶行知人生抉择的内在动力时,认为研讨这种抉择的过程及原因"若侧重内在的心理动力进行分析,也并非毫不足取"。作者认为"青年陶行知崇名、尚名的心理炽盛;壮年之后的陶行知则扬名、惜名的心理强烈",而"无论是崇名、尚名,还是扬名、惜名,均可归为重名或好名,它理应视为传统文化的心理积淀"。对陶行知早期的崇名、尚名心理,作者借鉴了霍尔(Hall)的心理学观点;对于重名重义"陶行知风格"的形成,陶行知"为一大事来,做一大事去"的人生座右铭以及他在教育实践中的"摸黑路"、"翻斤头"等,作者则借鉴了个体心理学家阿德勒的"生活风格说"和"创造性自我"的概念②。

---

① 章开沅,唐文权:《平凡的神圣——陶行知》,湖北教育出版社1992年版,第57、58、103页。

② 喻本伐:《青年陶行知人生抉择的内在动力》,周洪宇、余子侠、熊贤君:《陶行知与中外文化教育》,人民教育出版社1999年版,第246—257页。

除了上述心理史学取向的历史学、教育史学研究以外,心理史学方法也被其他学科的研究者广泛采用,取得了丰富的研究成果。譬如:有人从心理学的角度对中国人的人格、近代知识分子的心理特点等进行了研究①,有人从文化学的角度分析了中国民族文化心理结构及特点②,也有人从历史发展的角度,对中国知识分子(读书人)的理想人格进行了研究③;等等。

三、问题的提出

本研究问题的提出,主要缘于以下三方面。

(一)弥补和解决以往研究存在的不足

纵观以往已有的研究成果,笔者认为有以下几方面的特点。

(1)心理史学取向的教育史学研究,侧重于教育家个体心理活动和特点的研究(如前所述对陶行知的研究),主要以皮亚杰的认识发生论和人格心理学为理论基础。

(2)心理史学取向的历史学研究,侧重于政治家个体心理(如樊树志的《帝王心理:明神宗的个案》、马敏的《论孙中山伟人品质》等)和社会群体心理特点(如马敏的《中国近代商人心理结构初探》、莫世雄的《护国运动时期商人心理研究》、王建光的《明代学子的心态及其价值取向的归宿》等)的研究,主要以人格心理学和社会心理学为理论基础④。

(3)心理史学取向的社会学、社会心理学和文化学研究,侧重于中国人整体心理(如沙莲香的《中国民族性》、《社会学家的沉思:中国社会文化心理》、《中国人百年——人格力量何在》,许苏民的《中华民族文化心理素质简论》、《文化哲学》,崔永东的《内圣与外王——中国人的人格观》等)和社会群体心理特点(如沙莲香在《社会学家的沉思:中国社会文化心理》、《中

---

① M. H. 邦德:《中国人的心理》,张世富、邵瑞珍等译,云南人民出版社 1990 年版;沙莲香,等:《中国民族性》(一)、(二),中国人民大学出版社 1989 年版、1990 年版;沙莲香,等:《社会学家的沉思:中国社会文化心理》,中国社会出版社 1998 年版;沙莲香等:《中国人百年——人格力量何在》,新华出版社 2001 年版。

② 许苏民:《中华民族文化心理素质简论》,云南人民出版社 1987 年版;许苏民:《文化哲学》,上海人民出版社 1990 年版。

③ 周光庆:《中国读书人的理想人格》,湖北教育出版社 1998 年版。

④ 邹兆辰:《当代中国史学对心理史学的回应》,《史学理论研究》1999 年第 1 期,第 26—37 页。

国人百年——人格力量何在》两书中对工人群体、农民群体、商人群体和知识分子群体心理特点的研究,还有周光庆的《中国读书人的理想人格》等)的研究,主要以社会心理学为理论基础。

笔者认为,已有的研究成果,拓宽了史学研究的领域,丰富了史学研究的方法,充实了史学研究的内容。就其学术原创性及创新精神而言,是值得后辈学人借鉴和学习的。但由于研究者学术背景不同,这些研究也存在一些不足,主要表现在以下几个方面。

1. 缺乏明确的概念界定和研究范畴说明

美国心理学家海德(F. Heider)认为,每个人都是朴素的心理学家(native psychologist),每一个人都具有关于人类行为因果关系的一般理论观点①。正是由于这个原因,也由于"历史学家长期以来已经习惯于以当仁不让的心理学家自居",因而以往心理史学的研究,在运用现代西方心理学理论对历史作出解释的时候,往往缺乏明确的概念界定和研究范畴说明。

譬如,对明代学子的心态及其价值取向的研究,研究者对明代学子心态的分析诸如"醉心科举,淡化'官'念"、"崇尚道德,蔑视利欲"、"不媚不畏,个性自觉"和"中叶以前,'静与禅';中叶以后,经世致用"等②,这种心理史学的研究,既没有明确的概念界定,又很难说属于心理学的哪些研究领域。再如,有人对护国运动时期商人心理的研究也存在同样的问题③。

从哲学意义上说,人类在自己的社会实践活动(当然也包括科学研究)中,必须和只能以概念的方式去实现对世界的本质性、普遍性、必然性和规律性的把握与解释,也就是以概念的方式实现思想对世界的占有。但是,对概念的理解,人们往往忽视了两个极为重要的问题,即:概念必须(和只能)在概念的特定框架中获得意义;在不同层次的概念框架中,概念具有不同的性质。因此,人们往往犯把"熟知"误为"真知"、把"名称"误作"概念"的错误④。笔者以为,心理史学的研究,严格意义上讲,应按照现代心理学的研究范畴展开分析,得出结论,否则,就很难建构起与心理学家对话的平

---

① 章志光:《社会心理学》,人民教育出版社 1996 年版,第 154 页。
② 王建光:《明代学子的心态及其价值取向的归属》,《史学月刊》1994 年第 2 期,第 37—40 页。
③ 莫世雄:《护国运动时期商人心理研究》,《历史研究》1986 年第 4 期,第 49—64 页。
④ 孙正聿:《哲学通论》,辽宁人民出版社 1998 年版,第 51、52、7 页。

台。这既无助于心理史学的发展,也很难得到心理学家的认同。

2. 研究方法不当,结论中共性与个性的差异不突出

笔者以为,中华民族的心理特征是整个中国社会不同社会群体、不同个人心理特征的概括和总结,是民族心理特征研究中最上位、最基础、最具有共性的概念,它所要反映的是中华民族与世界各国其他民族心理特征的不同。与整个中华民族的心理特征相比,不同社会群体的心理特征则属于下位概念,是带有群体个性的心理特征的研究,它所要反映的是不同社会群体心理特征间的差异。与个体心理特征相比,社会群体的心理特征又代表了一定的共性。个体心理特征研究所要反映的是同一社会群体中个体之间的差异,是心理特征研究中最个性化的概念。

已有研究在共性和个性的差异上,区分不够明显,得出的结论往往很泛化。譬如:有人把自明代中、后期到"五四"新文化运动知识分子的人格变化概括为"主体自觉"、"独立与自由"[1]。这种结论,恐怕作为其他社会群体的特点也未尝不可。研究结论的这种泛化现象,与所采用的研究方法有密切的关系。以往对不同社会群体心理特点的研究,不是从研究个体入手归纳、概括出群体的特点,而是以群体为研究对象,大而化之地概括他们的共同特点。譬如,《中国人百年——人格力量何在》一书把中国人基础人格的核心概括为"中庸",就是采用的这种方法[2]。但事实上,在心理学研究中,"组内差异"有时会大于"组间差异",也就是说,像"中庸"这种人格特质,中国人内部的差异可能要远远大于中国人与外国人之间的差异,而像"主体自觉"、"独立与自由"等特点,在近现代中国社会的发展和变化中,知识分子群体内部的差异,可能要大于知识分子群体与其他社会群体之间的差异[3]。

美国著名人格心理学家高尔·W. 奥尔波特(Gordon W. Allport)在他的特质论人格心理学中,早就注意到了这个问题。奥尔波特认为,特质

---

[1] 周光庆:《中国读书人的理想人格》,湖北教育出版社1998年版,第130—253页。

[2] 沙莲香,等:《中国人百年——人格力量何在》,新华出版社2001年版。

[3] 被称为最早研究中国人民族性格的美国传教士史密斯在他所著《中国人的性格》一书的绪言中就曾明确指出:"企图将中国人的本质特征和其他人种区分开来,可以说是徒劳无益的。……得出全体的中国人的性格这一概念是不可能的。可是能够感到这一困难的只是那些实际了解中国的人,不了解的人,像很有才气的记者那样,他的分析尽管很精彩,称得上完美无缺,但遗憾的只是不合乎事实。"阿瑟·亨德森·史密斯:《中国人的性格》,吴湘州、王清淮译,延边大学出版社1991年版,"绪言"第5—6页。

可以分为两类,即个人特质(individual trait)和共同特质(common trait)。个人特质是在某个人身上具有的特质,共同特质是许多人都具有的特质,个人特质与共同特质的区别是由所进行的分类来决定的。当特质用来描述团体时,称为共同特质,而用来描述个人时,称为个人特质。奥尔波特更强调对个人特质的研究。在他看来,人格理论家应采用个体化(idiographic)的研究方法,对单一个案做深入的研究,而避免概括化(nomothetic)的方法,即研究群体、分析平均值。因为平均值只是抽象的、实际上没有对任何人做精确的描述①。

正是因为这个原因,新精神分析学派(说社会—文化学派或许更为准确)的代表人物艾里克·弗洛姆(Erick Fromm)在研究欧洲宗教改革时期社会心理的演变时,只选择了路德和加尔文作为代表。"有些读者更提出问题,问是否对个人的观察可导致对群众心理的了解,我们的答复是肯定的,任何团体或群众都是个人组成的,我们发现任何群众的心理机构也就是支配其个体的机构,研究个体的心理学也就是研究社会心理学的基础,我们有时做着许多如在显微镜下观察物体的事情,这样可以使我们更进一步了解操纵社会生活的所谓心理机构。如果我们研究社会心理的现象不以个体行为的精确为基础时,其结果必失去经验的特性及其确实性"②。

3. 较少有对教育家社会心理与行为特点的研究

如前所述,以往对于教育家心理特点的研究多从个体心理的角度,以人格心理学、发生认识论为理论基础,较少从社会心理学的视角对教育家社会心理与行为特点进行研究。但是,人的最大特点是他的社会性,人的动机、态度、行为等一切内部和外部活动,只有在一定的社会环境和时代背景下才能表现出它们的意义,因此,对教育家的社会心理与行为特点进行研究,或许更能反映教育家与社会和时代的关系,更能反映教育家的独特之处。

所以,弥补和解决以往研究的不足和缺憾,创造性地建构心理史学新的研究范式,建立起历史学家与心理学家对话的平台,是本研究课题提出

---

① B.R.赫根汉:《现代人格心理学历史导引》,文一、郑雪、郑敦淳等译,河北人民出版社 1988 年版,第 91 页。

② E.弗洛姆:《逃避自由》,北方文艺出版社 1987 年版,第 85 页。

的首要原因。

(二)拓宽中国教育史学研究的视野和思路

20世纪上半叶的中国,正是中西文化激烈冲撞、民族存亡危在旦夕之时,这一时期对国人造成的心理冲击、带来的心理震撼,是历史上前所未有的。这种状况反映在教育领域,则表现为教育事件或教育现象极其纷繁和复杂。以往虽然有对这一时期知识分子群体心理特点的研究,也有以个体心理学为指导的教育家心理与行为特点的研究,但很少有从社会心理学的角度对教育家社会心理与行为特点的研究。而如上所述,教育家的社会心理与行为特点既与知识分子群体有所不同,也与教育家个体心理与行为特点有异。因此,从社会心理学的视角对这一时期教育事件或现象中教育家的社会心理与行为特点进行研究,将有助于拓宽中国教育史学研究的视野和思路,扩大中国教育史理解的范围,并增强中国教育史研究的生动性。这对于解决中国教育史研究中的"危机"(即路好像越走越窄了)[1],解决宏观史学在中国教育史研究中存在的弊端,将会起到极大的推动作用。

(三)个人兴趣相对现实教育、教育者的观照

本研究课题提出的最后一个原因,则是出于个人的兴趣和对现实教育以及教育者的观照。

作为一名教师,一名培养教师的教师,笔者自1985年从师范院校毕业以来,在经历了20世纪90年代初"下海潮"的冲击,经历了90年代中期因其他行业人员的"下岗潮"而沾沾自喜之后,笔者一直在反思,教师究竟应该如何认识自己的职责?如何成为一名好教师?如何培养学生成为一名好教师?在这种动机驱使下,20世纪上半叶的教育家便进入了笔者关注的视野。我不时地问自己,在那个动荡的年代,何以会有一批教育家在孜孜以求地追寻着教育救国的梦想?他们何以会在顺境时不骄,在逆境中不馁?他们的所思、所想、所行是什么?他们又是何以如此思、如此想、如此行的?他们的不骄、不馁,他们的所思、所想、所行对今天的教师,对今天教师的培养有什么启迪?等等,这些对笔者来说有着极大的吸引力。可以说,这已不仅仅是一种学术兴趣,更主要的是出于对现实教育以及教育者

---

[1] 刘静:《教育史学的想象力——后现代史学观与教育史研究》,《教育史研究》2003年第1期,第1—5(+20)页。

的观照①。

为此,在导师的指导下,结合本人的知识背景,笔者选择了"自我统摄下的心理与行为——蔡元培、黄炎培和陶行知的社会心理与行为特点研究"作为博士论文的选题,目的在于通过这种研究对教育家和教育事件作出某些新的解释,并试图通过个案的研究,透视20世纪上半叶教育家群体的某些共同的社会心理与行为特点。如果说传统中国教育史学的研究多是从研究者、从外部、从社会对教育家影响的角度对教育家进行研究的话,本研究则更多的是从被研究者、从内部、从社会与教育家互动的角度去研究教育家。但由于自己学养与能力的限制以及时间不足,本人确有力不从心之感,因此,只能说本研究还属于一种"尝试性"的研究。

四、研究原则和研究范式

(一)研究原则

法国史学家费弗尔认为"事实上,我们当代心理学家的心理学,不可能通用于过去的人,我们祖先的心理学也同样不可能笼统地应用于今天的人。"②因为仅就物质生活方面而言,过去和今天就存在着很大的差异。

应该看到,与心理史学相比,心理学也是一门既古老又年轻的科学。一般认为,心理学真正从哲学中分离出来成为一门独立的科学,是以德国心理学家冯特(Wilhelm Wundt)1879年在莱比锡建立第一个心理实验室为标志的。因此,心理学本身也还只"是一门'准科学'(Almost Science),或至少目前是如此。……同物理、化学等纯粹的自然科学相比,心理学从来都不是那么'过硬'"③。可以说,作为一门"准科学"的心理学,其学科理论本身就存在着一定的局限性。

首先,以心理学理论流派而论,目前较有影响的心理学流派如机能主义、精神分析、行为主义、人本主义、认知心理学等,都希望运用本学派的心

---

① 社会和公众对中国教育和某些教育者的批评乃至批判,是任何一个从事教育研究的理论工作者都无法回避的问题。通过对历史的研究,有助于我们认清这些问题,发现问题产生的原因,找到问题解决的方案。
② 田汝康,金重远:《现代西方史学流派文选》,上海人民出版社1982年版,第56页。
③ L. A. 珀文(Lawrence A. Pervin):《人格科学》,周榕等译,华东师范大学出版社2001年版,"总序"第3页。

理学理论始终一贯地来解释人类的所有心理和行为,但每一个学派在解释人的心理和行为时,都有合理的成分,也各有各的不足。其次,心理学学科门类繁多,如发展心理学、教育心理学、人格心理学、社会心理学,等等。这些心理学理论和学科分支,为教育史学研究中运用心理学理论和方法,提供了较大的选择余地和空间,同时也增加了选择的难度。如果考虑到文化差异,事情就变得更为复杂。心理学家们自己也不得不承认,"不同的文化势必会在它们所研究和所表述的心理学上打上各自的烙印,甚至在心理学的基础部分也难以避免,在那些与社会文化关系密切的领域则更是如此"。因而有心理学家提醒人们,在对西方心理学理论采取"拿来主义"的同时,应该保持一份清醒[1]。因此,我们必须认识到,"至少在心理学知识水平的当前阶段上,心理学为历史学作出的贡献仅限于一个相当狭窄的范围"[2]。这就为我们提出了教育史研究中如何处理好运用心理学理论与尊重教育史实的关系这一问题。

"毫无疑问,历史学家的工作面临着极大的主观随意性,无论是就历史课题的选择来说,还是就历史问题的提出方式来说,都是如此。"[3]但是,教育史学研究必须尽可能地满足史学的客观性要求,尽可能地符合教育史的客观事实。因此,笔者认为,以历史唯物主义为指导,始终坚持尊重教育史实是本研究所遵循的首要也是最基本的原则。本研究将严格遵循从事实认识(即"是什么")到因果分析(即"为什么")再到价值评价(即"怎样看")的历史研究的基本程序[4],所有分析和结论,力图建立在丰富详实的史料基础之上,采用心理学所谓的"移情"或"心理换位"的方法[5],或采用韦伯所谓的"设想参与"的方法,从"主位研究法"(emic approach)的立场出发,

---

[1] L. A. 珀文(Lawrence A. Pervin):《人格科学》,周榕等译,华东师范大学出版社2001年版,"总序"第3—4页。

[2] 杰弗里·巴勒克拉夫:《当代史学主要趋势》,杨豫译,上海译文出版社1987年版,第111页。尽管如此,我们也应该看到,心理史学作为一种新的史学研究方法,它"既不是历史学的替代物,也不是在外表上为克莱奥梳妆打扮的化妆品,而是历史解释中的一个有意义的内在组成部分"。(参见该书第113页)因此,当心理史学方法通过提出新问题来帮助教育史家澄清自己的思想时,我们便没有任何理由不借助这种方法来扩大中国教育史理解的范围。

[3] 安多旺·莱昂:《当代教育史》,樊慧英、张斌贤译,光明日报出版社1989年版,第9页。

[4] 周洪宇:《教育史研究改革管抒》,《教育评论》1991年第2期,第64—67页。

[5] 张灏:《梁启超与中国思想的过渡》(1809—1907),崔志海、葛夫平译,江苏人民出版社1997年版,第2页。

通过亲切的参与、体验,达于洞悟和理解①。尽可能地避免把现代人的情感、思想、知识上和道德上的偏见投向过去的人或事,不自觉地犯下"持续的、惹人生气的时代颠倒的错误"②。另外,以历史唯物主义为指导,坚持尊重教育史实的原则,也有利于克服以精神分析学派为指导的、"困扰着所有心理史学著作"中的论据问题、逻辑问题、理论问题和文化问题③。

(二)研究范式

范式(paradigm)这一概念,是由库恩(Kuhn T.)于1968年最早提出的。但由于库恩在使用范式概念时具体说法有不下21种之多④,因此笔者在使用这一概念时,有必要特别强调说明,本研究仅仅是在"研究和看待问题的方法"⑤层面上来使用范式概念。

1. 研究对象和研究范畴

本研究以蔡元培、黄炎培和陶行知三位教育家的社会心理与行为特点为研究对象,因此,本研究主要采用社会心理学的理论和研究范畴,同时涉及心理学其他分支学科的理论和内容。由于人的心理现象的复杂性,本研究也借鉴了历史学、文化学、社会学和教育学等学科的理论和研究成果。

本研究的研究范畴主要包括:三位教育家的自我概念与行为方式特点,社会认知、社会态度、归因风格与行为方向特点以及行为选择的社会动机特点等。

2. 研究方法

本研究主要采用历史文献(史料)分析的方法。

(1)史料的选取。

在历史文献的选择上,本研究采用以日记、书信、自传和他人撰写的传记、论著为主,其他史料加以佐证。

历史人物心理的研究,首先面临的就是如何选择史料的问题,也就是

---

① 许苏民:《文化哲学》,上海人民出版社1990年版,第17页。
② 田汝康,金重远:《现代西方史学流派文选》,上海人民出版社1982年版,第58页。
③ 大卫·斯坦纳德:《退缩的历史——论弗洛伊德及心理史学的破产》,冯刚,关颖译,浙江人民出版社1989年版,第41—54页。
④ 孙绵涛:《西方范式方法论的反思与重构》,《华中师范大学学报(人文社会科学版)》2003年第11期,第110—125页。
⑤ B. R. 赫根汉:《现代人格心理学历史导引》,文一,郑雪,郑敦淳等译,河北人民出版社1988年版,第11页。

说,究竟哪些史料能够较为真实、全面地反映研究对象的心理活动和心理特点。对此,奥尔波特认为,最好的方法是使用个人的材料,如日记、自传、书信或采访①。

笔者认为,历史人物心理特点的研究,首选的史料应该是人物的日记、书信,因为日记和书信最为及时和真实地反映了研究对象那时、那地的心理活动,较少出现因"社会赞许"②而产生的偏差。其次是自传和他人撰写的传记,自传能比较系统、全面地反映研究对象成长和发展的历程。再次是论著。

但我们也必须认识到,首先,自传作为史料运用时,应尽可能避免因传主记忆上的错误乃至有时出现的想象所造成的偏差。譬如,在《胡适口述自传》一书中,有以下一段口述:"马建忠是我国早期的留欧学生。他不但通法文,对拉丁文也有研究。《马氏文通》这本权威著作便是他和他弟弟马良(相伯)合著的。"③而据宗有恒等考证,马相伯排行第四,马建忠是老五,"他的弟弟马建忠和他共同切磋琢磨,运用西洋语法于汉语研究,写成《马氏文通》,经过马相伯大刀阔斧地删削,终于问世"④。再如,按胡适所述,经太平天国战争后,胡适家族"人口减少了百分之八十"⑤,这未免就有想象的成分。因此,唐德刚先生在对这一记述的注释中指出:"胡氏这段记述,可能不正确。……一族人口损失八成的情况,似乎不大可能。"⑥可见,自传中的"事实"与"真的事实"之间可能存在某些偏差。而在运用他人撰写的传记或他人的回忆录时,要尽可能消除原作者的影响,避免先入为主的偏差。其次,论著作为史料运用时,要尽可能避免"社会赞许"造成的偏差,因为论著是发布于外、供大众认识和评论的,因而受"社会赞许"的影响也就较大,可能掩蔽了研究对象某些真实的心理活动。因此,在研究过程中,应尽可能多地以其他史料加以佐证。

---

① B. R. 赫根汉:《现代人格心理学历史导引》,文一,郑雪,郑敦淳等译,河北人民出版社1988年版,第98页。

② 所谓"社会赞许"指的是某一行为是社会一般人所希望、期待、接受的。社会心理学研究表明,那些合乎社会规范或社会期望的行为很难反映一个人的内在特质。章志光:《社会心理学》,人民教育出版社1996年版,第155页。

③ 胡适:《胡适口述自传》,唐德刚译,华文出版社1989年版,第137页。

④ 宗有恒,夏林根:《马相伯与复旦大学》,山西教育出版社1996年版,第3、10页。

⑤ 胡适:《胡适口述自传》,唐德刚译,华文出版社1989年版,第11页。

⑥ 胡适:《胡适口述自传》,唐德刚译,华文出版社1989年版,第20页。

(2)教育家的界定与本研究的取样标准。

关于教育家的界定。

什么是教育家?哪些人可以称得上教育家?不同的划分标准,会得出不同的答案。

早在1919年,陶行知曾对教育家进行过分类,在他看来,常见的教育家有三种:"一种是政客的教育家,他只会运动,把持,说官话;一种是书生的教育家,他只会读书,教书,做文章;一种是经验的教育家,他只会盲行,盲动,闷起头来,办……办……办。第一种不必说了,第二第三两种也都不是最高尚者。"而"今日的教育家,必定要在下列两种要素当中得了一种,方才可以算为第一流的人物"。一是敢探未发明的新理;二是敢入未开化的边疆。"敢探未发明的新理,即是创造精神;敢入未开化的边疆,即是开辟精神。创造时,目光要深;开辟时,目光要远。……在教育界,有胆量创造的人,即是创造的教育家;有胆量开辟的人,即是开辟的教育家,都是第一流的人物"。[①]

《教育大辞典》对什么是教育家则做了具体的划分。教育家(educator)是指"在教育思想、理论或实践上有创见、有贡献、有影响的杰出人物","古代教育与政治功能相近,教育思想常与哲学、政治学说交织一起。古代教育家大都同时又是思想家、政治家。如中国古代的孔子、孟子,古希腊的柏拉图、亚里士多德。近现代教育的独立社会职能增强,教育家大都成为专门教育家。如中国近现代的蔡元培、陶行知、晏阳初、陈鹤琴、徐特立、杨秀峰,西方近现代的夸美纽斯、裴斯泰洛齐、赫尔巴特、杜威等"。教育学家(educationist)亦称教育理论家(education theorist),是指"在教育理论研究和教育学著述方面有创见、有贡献、有影响的杰出人物。如夸美纽斯、赫尔巴特,中国的卢扬贤江等"。教育实践家(educational practitioner)是指"在教育实践中有创见、有贡献、有影响的教育实际工作者。指学校中杰出的教师、校长和教育行政部门的教育管理人员"。教育思想家(educational thinker)是指"在教育思想上有创见、有贡献、有影响的杰出人物。有的教育思想家还是教育理论家或教育实践家,常在教育论著中对教育问题提出独创性见解"[②]。

---

① 华中师范学院教育科学研究所:《陶行知全集(第1卷)》,湖南教育出版社1984年版,第113—114页。

② 顾明远:《教育大辞典》(增订合编本)(上),上海教育出版社1998年版,第755、790、773、776页。

按照德里克的观点,教育家(educationist)一词与教育学家用法相同,"指教育领域内的科研工作者或理论家。他们享有比仅仅当一名教师会高得多的声望(这些人可能不再当教师,或从未做过教师)"。与此相对应,教育工作者(educator)则是指"积极从事教育工作的人,他不一定对教育学科进行研究与发表见解,但他首先自视为教师,并仍在从事教学工作"①。

已有关于教育家或教育家群体的研究是如何界定教育家的呢?有人认为"在中国教育近代化的历史进程中,那些站在运动前沿的领导人物和领导群体的主导意识,深刻地影响着进程的本质和特点","尽管他们中的许多人本身并不是严格意义上的教育家,普遍具有非职业化特点"②,但依然可以把他们作为教育家进行研究。有人在以晚清民国教育家群体为例对近代知识分子的文化转型进行研究时认为:"在中国,'建国君民,教育为先'的传统使每一位近代知识分子都有过一些教书育人经历,他们多是出于救亡本能关注教育变革的读书人,很难称为教育家,普遍具有非职业化特点。""在中国教育近代化历程中,教育家是新型教育科学的人格化代表。从教育实践角度看,教育家不仅是教育思潮的倡导实践者,也是教育科学传播的载体和媒介。"③还有人通过"在理论和实践两方面均富有代表性的教育家"蔡元培、黄炎培、晏阳初、梁漱溟、陶行知等的分析,探讨了民国时期教育家群体的特征④。由此我们不难看出,在已有对教育家和教育家群体的研究中,关于教育家的界定和取样标准,是不完全统一的。

教育家和教育家群体研究中的另外一个问题是代际划分和代际差异的问题。

已有关于教育家和教育家群体的研究中代际问题又是如何解决的呢?田正平等把中国近代教育家群体大体上分为三代,即:19世纪90年代以前的一代,如冯桂芬、王韬、容闳、曾国藩、李鸿章、左宗棠、郑观应、张之洞

---

① 德里克·朗特里:《英汉双解教育词典》,赵宝恒、汪莲如、潘祖培译,教育科学出版社1992年版,第123、126、127页。
② 田正平、肖朗:《中国近代教育家群体特征综论》,《教育研究》1999年版第11期,第48—52页。
③ 李涛:《论近代知识分子的文化转型——以晚清民国教育家群体为例》,《辽宁师范大学学报(社会科学版)》2003年第4期,第91—95页。
④ 林良夫:《民国时期教育家群体特征论析》,《华东师范大学学报(教育科学版)》1999年第4期,第82—91页。

等；19世纪90年代后到民国前的一代，如盛宣怀、康有为、梁启超、严复、张謇、孙诒让、严修、张百熙等；民初的一代，如蔡元培、范源廉、黄炎培、郭秉文、胡适、陈独秀等①。在部分继承了上述划分之后，李涛又把民国时期的教育家大体上分为三代，即：出身于士大夫营垒的一代，如张謇、梁启超、严修、熊希龄、张元济、袁希涛等；出生于19世纪七八十年代的一代，如蔡元培、范源濂、黄炎培等；出生于19世纪80年代以后的一代，如陈独秀、李石曾、郭秉文、胡适、陶行知、陈鹤琴、蒋梦麟、晏阳初、梁漱溟、余家菊等②。而林良夫对民国时期教育家群体的研究则没有做代际的划分③。

笔者认为，教育家代际的划分，是一个比较复杂的问题。从大处而言，它涉及中国教育发展史的分期；就小处来看，则涉及代际特点的普适性问题。以蔡元培为例，他虽然属于中国历史上最末一代士大夫，但他的教育主张却很难归入"中体西用"一列，他也较少具有那种"经常很快就复古倒退，回到传统怀抱中去"的士大夫气息，而是一生追随光明，追求进步，并始终站在时代潮流的前沿④。其次，20世纪上半叶的中国教育家中虽然有所谓的"代间紧张与冲突"⑤，但民国以后，特别是主张"教育救国"一派的教育家中，这种代间的紧张与冲突并不十分明显。因此，本研究在解决代际问题时，主要从三位教育家的社会心理和社会行为等方面着眼，既考虑差异，也探讨共性。

基于上述分析，本研究的取样标准是：

第一，选取的教育家应该是那些在教育理论与教育实践中都有创见、有贡献、有影响的杰出人物，是那些"既立志立德，又立功立言"的第一流的教育家⑥。

---

① 田正平，肖朗：《中国近代教育家群体特征综论》，《教育研究》1999年第11期，第48—52页。

② 李涛：《论近代知识分子的文化转型——以晚清民国教育家群体为例》，《辽宁师范大学学报（社会科学版）》2003年第4期，第91—95页。

③ 林良夫：《民国时期教育家群体特征论析》，《华东师范大学学报（教育科学版）》1999年第4期，第82—91页。

④ 蔡尚思：《序一》，蔡建国：《蔡元培与近代中国》，上海社会科学院出版社1997年版，第1页。

⑤ 殷海光：《中国文化的展望》，上海三联书店2002年版，第187页。

⑥ 周洪宇，等：《立志·立功·立言·立德——关于怎样做一流教育家的讨论》，《生活教育》2002年第3期，第12—15页。

第二,他们应该是某个历史时期教育运动或教育学派的创始者或代表人物。

第三,他们应该是某个类型教育制度、体系的创立者①。

根据上述标准,结合心理学研究中的同伴提名法②,本研究选取了蔡元培、黄炎培和陶行知作为研究对象。

笔者认为,蔡元培、黄炎培和陶行知虽然在年龄、经历和所从事的教育活动领域有所不同,但他们都称得上是20世纪上半叶中国教育不同领域中理论和实践上的杰出人物。其次,根据社会心理学的理论,在社会文化变迁中有所谓"边际人"的现象,其类型从时空上可以分为两种具体的形态:即历时态边际人和共时态边际人。历时态边际人又可以称为"过渡人",这种类型的边际人通常出现于社会动荡或社会大变革时期,其中一部分人最终会成为时代浪尖上的弄潮儿、推动历史前进的先驱者。共时态边际人又可称为"边缘人",这种边际人是由于国际联姻、出访、留学、移民等原因而生活于两种不同文化中的人,这种生活经历使他们几乎同时受到两种不同文化类型的影响、熏陶和教育。虽说他们的内心还存在着旧有价值系统和现存价值观念的冲突,但他们基本上摆脱和超越了本土文化,并能够更加客观、理智、清楚地认识自己民族和其他民族的文化差异③。蔡元培、黄炎培和陶行知就属于20世纪上半叶中国社会动荡和大变革时期的历时态边际人,而且都可以称得上是时代浪尖上的弄潮儿、推动历史前进的先驱者;由于他们都有出访、留学等方面的生活经历,又都具有共时态边际人的特点。因此,以三位教育家为研究对象,这一研究具有一定的代表性。

---

① 方晓冬,等译《当代教育史研究与教学的主要趋势》,教育科学出版社2001年版,第86页。

② 同伴提名法是社会测量法中历史最长、也可能是用得最多的一种方法。它要求班级(或其他社会群体)中的每一个人按照一定标准挑选出一定数量的同学。儿童所得的提名次数就是其分数,从而表明儿童在这项选择中的重要性。在此我们借鉴这种方法,选择那些在已有研究中被提及次数较多的教育家。被提到的次数越多,表明其越重要。蔡元培、黄炎培和陶行知显然符合这条件。

③ 周晓虹:《现代社会心理学》,上海人民出版社1997年版,第530—535页。

第二章　蔡元培的社会心理与行为特点研究

"思想自由,兼容并包"的理念和实践,造就了蔡元培在北大、在中国近代教育史乃至在整个中国近代史上的辉煌。在认识和评价蔡元培的这种辉煌时,蔡尚思提出了一个历史研究中关于时代和人物之间关系的古老命题,即:是"时势造英雄"还是"英雄造时势"?蔡尚思认为,在这个问题上,"应该以时势为主,以英雄为次,而不是二者同等,更不是只有英雄造时势,也不是只有时势造英雄"。"蔡元培亲自主持北京大学时期,是在北洋军阀时代而不是在清朝与国民党政府时代,这就是'时势造英雄'的明证。但同样是北洋军阀时代,严复、马相伯等人都任过北京大学校长,何以一直暮气沉沉,不能一新人们耳目?这又是英雄对时势也能起作用的明证。对蔡元培任北京大学校长,与北京大学在近代史、教育史上的地位,当作如是观"。[①] 梁漱溟在回忆蔡元培的一篇文章中也谈到了同样的问题。梁漱溟认为"蔡先生一生的成就不在学问,不在事功,而只在开出一种风气,酿成一大潮流,影响到全国,收果于后世。这当然非他一人之力。而是运会来临,许多人都参预其间的。然而数起来,却必要以蔡先生居首"。这种"运会"在客观上,包含了世界发展的大趋势,中国社会时代的需要,人事辅佐、个人资望品格等因素;在主观上,更要紧的乃在蔡先生的器局识见,"因其器局大,识见远,所以对于主张不同、才品不同种种的人物,都能兼容并包,左援右引,盛极一时。后来其一种风气的开出,一大潮流的酿成,亦正孕育在此了"。在梁漱溟看来,蔡元培的兼容并包,"除了他意识到办大学需要如此之外,更要紧的乃在他天性上具有多方面的爱好,极广博的兴趣。意识到此需要,而后兼容并包,不免是人为的(伪的);天性上喜欢如此,方是自然的(真的)。有意的兼容并包是可学的,出于性情之自然是不可学的。有意兼容并包,不一定兼容并包的了;唯出于真爱好,而后人家乃乐于为他

[①] 蔡尚息:《序一》,蔡建国:《蔡元培与近代中国》,上海社会科学院出版社1997年版,第2页。

所包容，而后尽管复杂却维系得住。——这方是真器局、真度量"。"有真好恶，而后他的一言一动，不论做什么事，总有一段真意行乎其间。这样，他便能打动人。人或者甘心愿意跟着他走，或随着他，有一段鼓舞于衷而不自知。"①

从蔡尚思、梁漱溟的论述中我们不难看出，蔡元培的学问与成功、成就与辉煌，除了"时势"、"运会"外，他本人所特有的那种"器局识见"、"天性上的多方面爱好，极广博的兴趣"等特点也起到了至关重要的作用。而后者恰恰是本研究所要探求的主题。

第一节　蔡元培的自我概念与行为方式

无论是出于本能、学习、内在特性和需要的满足等一般的解释，还是出于恐惧、饥饿、不确定性等具体的原因，人类是一个群集的种类②，社会性是人与动物的本质区别。个体有机体只有通过一定的社会学习和社会实践获得了作为"人"的特点，形成明确的自我概念，能够有效地参与社会并为社会所接受时，才能在社会意义上被称为"人"。

个人社会性的获得，是通过社会化来完成的。通过社会化，个人得以适应社会并获得了发展的基点；社会则为自身培养了继承者，使得人类文化可以延续并在此基础上得以发展。从人与社会互动的角度，可以说个人的社会化是一个连续不断、贯穿终身的过程。与社会化同步进行、同步实现的就是人的个性化。世界上没有完全相同的两片树叶，也没有完全相同的两个人。人在社会化过程中，不是一个简单、被动的接受者，而是一个主动的、具有能动性与选择性的主体，正是这种能动性和选择性，使得个人的经验世界具有与他人不尽相同的一面，也正是因为个人个性化的不同，才使得人类社会丰富多彩。

自我概念是社会学家和心理学家普遍关心的一个研究领域，也是人格心理学和社会心理学所共同使用的概念。在社会心理学中，自我概念是研究个人社会化和个性化过程时的重要范畴，社会心理学中的自我(self)或自我意识(self-consciousness)，主要是指人的反身意识，即以自身为对象

---

① 梁漱溟：《忆往谈旧录》，中国文史出版社1987年版，第88—93页。
② J.L.弗里德曼,D.O.西尔斯,J.M.卡尔史密斯：《社会心理学》，高地,高佳等译，黑龙江人民出版社1984年版，第54—78页。

的意识,它不同于精神分析学派的自我(ego)的含义①。社会心理学关于自我概念(self-concept)及其结构目前尚没有统一的认识。本研究主要按照英国心理学家伯恩斯(R. Burns)的观点,把自我概念看成是一个自我态度系统,它由现在自我或认知自我、愿意成为的自我或理想自我、自己相信的别人觉察的自我或他观自我三部分组成②。

  自我概念是本研究的一个起点,也是理解从被研究者、从内部、从社会与教育家互动的角度研究教育家的关键。自我心理学更多关注的是主观体验(即人们是如何看待他们自己的),而不是客观体验(即人们实际上是什么样)。尽管一个人真正的样子、自身的实际情况等因素影响他们对自己的看法,但事实上他们的自我概念未必完全正确,或者未能捕获他们真正的样子,与此同时,个体行为又更多地依赖于个体关于他自己的信念(自我概念)而不是他的真实情况③。因此,从被研究者对自己的看法(自我概念)出发进行研究,恰恰能更如实地反映被研究者的社会心理和社会行为。

  自我概念作为一种主观体验,具有三种基本功能:保持内在一致性、决定个人对经验的解释并决定个人的期望。首先,个人需要按照保持与自我看法相一致的方式采取行动。也就是说,通过维持个人内在一致性的机制,自我概

---

① 在弗洛伊德的精神分析理论中,有三个彼此区别又相互联系的概念,即本我(id,也翻译为伊底)、自我(ego)和超我(superego)。在弗洛伊德看来,本我是人格中与生俱来的最原始的潜意识结构部分,由先天的本能、基本欲望所组成,其中以性本能为主,它所遵循的是"快乐原则"。自我是从本我中分化出来的,是个人的本我与环境相互作用的结果,它既要满足本我的即刻要求,又要按客观要求行事,它所遵循的是"现实原则"。而超我是从自我中分化出来的,是自我中起着监督功能、限制本我的本能冲动的部分,它所遵循的是"至善原则"。弗洛伊德用这些概念分别讨论了人格的形成和发展、人格动力和人格结构。由于弗洛伊德过于强调本我中性本能冲动的重要性,因而引起了人们极大的非议,以致有人把精神分析的"心理史学"称为"退缩的历史"进而宣判了"心理史学的破产"。也正因为如此,本研究没有采用以个体人格心理学作为主要的心理学理论依据。另外,有些研究者往往把自我与人格概念不加区别地交互使用,但一般而言,自我只是人格中一个重要的组成部分而不是全部。参见叶浩生:《西方心理学的历史与体系》,人民教育出版社1998年版,第301—302页;大卫·斯坦纳德:《退缩的历史——论弗洛伊德及心理史学的破产》,冯刚,关颖译,浙江人民出版社1989年版,第209—223页;周晓虹:《现代社会心理学》,上海人民出版社1997年版,第143页。

② 章志光:《社会心理学》,人民教育出版社1996年版,第95—97页。

③ 乔纳森·布朗:《自我》,陈浩莺,薛贵,曾盼盼译,人民邮电出版社2004年版,第3—6页。

念实际上起着引导个人行为的作用。其次,一定的经验对于个人具有怎样的意义,是由个人的自我概念决定的。每一种经验对于特定个人的意义也是特定的。不同的人可能会获得完全相同的经验,但他们对于这种经验的解释却可能很不相同。解释经验的基点在于个人的自我概念。正如人们具有保持自己的行为与自己的自我看法相一致的强烈倾向一样,人们也强烈地倾向于按照与自己的自我概念相一致的方式来解释自己的行为。最后,在各种不同的情境中,人们对于事情发生的期待、对于情境中其他人行为的解释以及自己在情境中的行为表现等,都决定于个人的自我概念。或者换句话说,个人的自我概念决定了他对事情的发生、不同情境中他人和自己行为的期待[①]。

一、蔡元培的认知自我、他观自我和理想自我

在蔡元培眼里,自己是一个"宽厚"、"不苟取,不妄言"的人;"尚推想而拙于记忆","性近于学术而不宜于政治";"好奇而淡于禄利";对权贵"耻相依附","孤僻如此";一生"难进易退"[②]。这可以说就是蔡元培的认知自我。

蔡元培相信的别人觉察的自我即他观自我,主要反映在三个方面。第一,"无物不贪,无事不偏"。1886年,20岁的蔡元培由田春农介绍,往徐氏家为徐以愻(名维则)伴读,并为徐友兰校勘所刻《绍兴先正遗书》、《铸史斋丛书》等。田氏、徐氏藏书都很多。蔡元培到徐家后,"不但有读书之乐,亦且有求友之方便"。在徐家,蔡元培结识了王寄顾、朱蒪卿、魏铁珊以及同辈中的薛朗轩、马湄莼、何阆仙等人。由于徐以愻的伯父徐仲凡(名树兰)搜罗碑版甚富,所以这些人就经常到徐家,看书谈天。"曾相约分编大部的书,如《廿四史索引》、《经籍纂诂补正》等,但往往过几个月就改变工作。"这些计划,都是由蔡元培提出,但改变的缘故,也总是由蔡元培提出,所以同人每以蔡元培的多计划而无恒心为苦。徐以愻尝评蔡元培是"无物不贪,无事不偏"[③]。第二,"真率"。1900年6月5日,蔡元培的原配夫人王昭女士病故,过世一年后,友朋多劝续娶,并为介绍相当之女子。蔡元培提出五个条件:一是天足者;二是识字者;三是

[①] 章志光:《社会心理学》,人民教育出版社1996年版,第92—94页。
[②] 蔡元培:《蔡孑民先生言行录》,山东人民出版社1998年版,第1—3页。
[③] 中国蔡元培研究会:《蔡元培全集》第17卷,浙江教育出版社1998年版,第427—428页。蔡元培的这一特点,在他后来所写的《我的读书的经验》一文中也得到了证实。参见中国蔡元培研究会:《蔡元培全集》第8卷,浙江教育出版社1997年版,第31—32页。

男子不得娶妾;四是夫妇意见不合时,可以解约;五是夫死后,妻可以再嫁。同乡的人,对于一、二两条,竟不易合格,而对于四条又不免恐慌,因而久不得当。1901年,有人给蔡介绍说"都昌黄尔轩先生之次女天足,善书画。黄先生方携眷属需次杭州,可托人探询"。于是,蔡元培就和童亦韩前往杭州,等到了余杭,已是薄暮,童亦韩认识余杭某局的一位局长叶祖芗,两人就投宿到叶家。"叶君设宴相款,我大醉,叶君谅我真率。"也许正是由于蔡的这种真率,叶祖芗非但原谅了蔡,且成了蔡元培与黄氏之女黄世振(仲玉)的媒人①。第三,"温良恭俭让"、"律己不苟而对人则绝对放任"。1919年五四运动爆发后,蔡元培于5月9日留下辞职信悄然离开北京。7月蒋梦麟代蔡元培回北大,主持北大校务。7月27日,蔡元培在日记中记录了蒋梦麟在7月23日对北大留校学生谈论自己的一段话:"讲蔡先生的精神:(一)温良恭俭让,具中国最好的精神。(二)重美感,具希腊最好的精神。(三)平民生活,及在他的眼中,个个都是好人,具希伯来最好的精神。然蔡先生恐怕不肯承认我的话,因为蔡先生自己不知不觉的。"②1923年蔡元培在《关于不合作宣言》一文中,提到吴稚晖对他的品评是"律己不苟而对人则绝对放任",并且认为这一品评"是很不错的"③。这一评价和蒋梦麟所讲的"平民生活,及在他的眼中,个个都是好人",可以说有异曲同工之妙。

---

① 中国蔡元培研究会:《蔡元培全集》第17卷,浙江教育出版社1998年版,第444页。谈到蔡元培的真率,我认为有必要谈谈对历史人物、特别是历史上伟人研究的看法。伟人固然伟大,他们成就了伟大的事业,值得后人敬仰和歌颂。但伟人也有和常人相同的一面,具有和常人同样的心理和行为。把伟人放在神坛上,既不是科学的态度,也与历史事实不符,与历史唯物主义原则相悖。蔡元培在《自写年谱》中真率的回忆,就是明证:"(1897—1898,31岁)正月十日,何松僧丈招饮,大醉骂座。我父亲善饮,我母亲亦能饮,我自幼不知有酒戒。忆十岁时,为范氏表兄所激,曾大醉一次,酣睡一日余始醒。长辈咎表兄,彼以'将酒劝人并无恶意'的成语替自己辩护,这是我第一次醉。后来馆徐宅,时参加宴会,猜拳行令,时时醉。到北京,京官以饮食征逐为常,尤时时醉。然醉后从不胡闹,同人恒以愈醉愈温克我。此次忽大骂同座(其原因已不记得),以后遂不免屡犯。"(参见同书第433—434页)以蔡先生的身份地位,能在自传中记述此事,足见其真率;而"大醉骂座"且"不免屡犯",正是真率的常人蔡元培所为。

② 中国蔡元培研究会:《蔡元培全集》第16卷,浙江教育出版社1998年版,第91—92页。

③ 中国蔡元培研究会:《蔡元培全集》第5卷,浙江教育出版社1997年版,第37页。这里需要说明的是,1940年蔡元培逝世后,后人有很多对蔡先生的认识和评价,但这些评价不能作为蔡元培他观自我的组成部分,因为这些评价并没有在蔡元培的意识中留有痕迹,也就不可能成为蔡元培的他观自我。

笔者之所以把这三个方面归结为蔡元培的他观自我，主要是因为这三方面的评价都是蔡元培生前他人对他的评价，它们在蔡元培的心目中占有很重要的位置，并被蔡元培所接受。

那么，蔡元培的理想自我是怎样的呢？笔者以为，蔡元培的理想自我大体就是上述蒋梦麟所描述的"温良恭俭让"的儒家君子理想，至于"重美感"希腊精神和"平民生活，及在他的眼中，个个都是好人"的希伯来精神，也是以蔡元培儒家君子理想追求为基础的。笔者的这种认识和判断，源于两方面的原因。第一，从蔡元培的成长历程（将在下文讨论），大致可以得出这种结论。第二，从蔡元培对这段描述所表现出的心情和态度，也不难推论出这种结论。在1919年7月27日的日记中，接着上述记录，蔡元培写了一首题为《登高》的诗："越山隔岸望中收，一曲之江似细流。更揽全湖作灵沼，慢腾腾地几扁舟。"①如果我们说此时的蔡元培在心理上欣然接受了蒋梦麟对自己的评价，并为自己获得了这种评价而欣慰的话，大体不会错到哪里去，而"温良恭俭让"正是孔门弟子对儒家宗师孔子品行的写照。

二、蔡元培的成长历程与自我概念的形成

1868年1月11日（清同治六年十二月十七），蔡元培出生于浙江省山阴县城中笔飞弄故宅。蔡元培小名阿培，入塾时，按辈分排行取名元培，叔父为其取字曰鹤卿。等到17岁补诸生，治小学时，由于"慕古人名字相关之习"，认为"鹤卿二字为庸俗"，于是自己给自己取字曰仲申，号隺廎②。可见，蔡元培耻于雷同、力求独立的自我特点，在青少年时代已经养成。成年后的蔡元培，在1901年表明其教育志向时，再一次表现出这种特点。当时蔡元培根据陆游的诗句，"自号心太平庵，取春秋太平世义，而又以哲学家唯心论贯之"。但由于看到报纸上屡屡出现"心太平室主"的名号，"耻与雷同，乃改号知困斋，以表教育之志"。③

笔飞弄虽然只是绍兴市笔飞坊中的一个小弄堂，但"笔飞"一名却大有来头。据说晋朝大书法家王羲之曾在此居住，当时有一老妪常求其题扇，

---

① 中国蔡元培研究会：《蔡元培全集》第16卷，浙江教育出版社1998年版，第92页。
② 蔡元培：《蔡孑民先生言行录》，山东人民出版社1998年版，第16页。
③ 中国蔡元培研究会：《蔡元培全集》第15卷，浙江教育出版社1998年版，第334页。

"有一日,右军不胜其烦,怒掷笔,笔飞去",笔飞坊故而得名。绍兴本来就是一方具有悠久历史文化传统的土地,而出生在这样一个具有传奇色彩的地方,可以说蔡元培从小就生活在一个具有良好文化氛围的环境之中,这种文化氛围,多多少少会对蔡元培的成长产生某些潜移默化的影响。

关于自己的家世,蔡元培在回忆中曾提起:"我家先世是明季由诸暨迁至山阴的。山阴的始祖是恭政公,在画像上方巾蓝衫,是明代生员的样子,再传而至佐臣公,以造林售薪为业,重然诺,好施与,时谓之'蔡善人'。为同业所忌,或以斧斫其肩,因是辍业。又两传而至我高祖必达公,命诸子贩绸至广州,颇获利。因漏税,我第三曾伯祖为官吏所拘,将处死刑,倾家营救,获免,但家境从此中落。相传我祖父夏夜读书,无法得辟蚊烟,置两胫于瓮中,勤学可想。我祖父在一典当中习业,渐升至经理,以俭省稍有积蓄。所以为祖宗置祭田,为子孙购地造屋,做成小康的家庭。"①显然,先祖的"重然诺,好施与"的乐善好施的"善人"形象,祖父"勤学"、"俭省"的品格,有些不可能是蔡元培的亲见亲闻,只能是父辈对他进行教育时的描述,因而可以想象,先祖和祖父的这些品行特点,对蔡元培自我概念的形成,无疑起到了一定的榜样和引导作用。

由于祖父的勤俭持家,到蔡元培父亲一辈,蔡氏家族在笔飞弄可以算得上大户人家了。蔡元培的父亲名宝煜,字曜山②,排行老大,共有兄弟七人。蔡氏故宅分两进:前进是一堂两厅,有园有井,后进是五楼五底。蔡元培的父亲与二、四、五三位叔父住后进,六、七两位住前进。三叔父,因出去从军,多年不归,也没有消息,所以没有替他备住宅。蔡元培也是兄弟姊妹七人,大姊、大哥、三弟、三妹面椭圆,肤白,类母亲;二姊、四弟与蔡元培,面方,肤黄,类父亲。但不幸的是,大姊19岁去世,二姊18岁去世,四弟6岁殇,七妹2岁殇,父亲又英年早逝(蔡元培的父亲生于1837年阴历七月二十三,1877年阴历六月二十三过世,年仅40岁,当时蔡的大哥仅13岁,蔡

---

① 中国蔡元培研究会:《蔡元培全集》第17卷,浙江教育出版社1998年版,第420—421页。

② 蔡元培对父亲名、字的回忆,在两处不完全一致。在《蔡孑民先生言行录》一书的《传略》中,记述其父名光普,字曜山。而在《自写年谱》中,记述的是"讳宝煜、字曜山"。参见蔡元培著《蔡孑民先生言行录》,山东人民出版社1998年版,第1页;中国蔡元培研究会:《蔡元培全集》第17卷,浙江教育出版社1998年版,第421页。

11岁,蔡的三弟9岁)。可以想象,这些变故对蔡元培的母亲周氏会是多么大的打击。如果说自此以后,母亲周民把全部的爱和心血都灌注在自己的三个孩子身上,并对他们寄予了无限的期望,而母亲的这种期望又成为少年蔡元培勤奋好学、努力向上的内在动力似不为过分。

  蔡元培的父亲在世时,笔飞弄可以说是一派其乐融融、蒸蒸日上的景象。蔡元培的父亲当时曾任钱庄的经理,四叔父也任钱庄经理,五叔父及七叔父均任钱庄的二伙(即副经理),二叔父任绸庄经理,六叔父是田氏塾师,都有职业。不但如此,当时蔡元培的外祖父家周氏,大姨母家范氏、四叔母的母家王氏,都住在笔飞弄,而且家境都还好,亲戚往来,总是很高兴的,小孩儿们,从看不到愁苦的样子。但随着父亲去世,蔡元培家这一房,固然陷于困苦,而不多几年,二叔父、五叔父、七叔父先后失业,即同住一弄的亲戚家,也渐渐衰败起来。少年蔡元培经常听到母亲与诸长辈的谈论,也稍稍明白了由盛而衰的缘故,引起诸多的感想①。对于蔡元培母亲与诸长辈所谈论的蔡氏家族由盛而衰的缘故,我们不得而知,但蔡氏家族的几度盛衰,对蔡元培"不宜政治"、"难进易退"自我特点的形成,多少会有某些影响。这其中除了对于母亲和家族的责任感外,家族盛衰的经验可能也起到了很大的作用。

  蔡元培的父亲任钱庄经理时,平日以"长厚称",亲友借贷,从不写借据,家人常以"爱无差等"笑之。蔡元培的"宽厚",就是由父亲处得来。蔡父去世后,亲友中有人提议集款以充遗孤教养费,蔡元培的母亲坚决不同意,而是靠变卖首饰和亲友自动来还的借贷节俭度日。蔡元培的母亲是一位精明、慈爱而又倔犟的人。丈夫去世后,虽然家境衰落,但她克勤克俭,独自担负起了抚养三个孩子的责任,并经常教育孩子们要"自立"、"不依赖",蔡元培"耻相依附"、"孤僻如此"自我概念的养成,与其母亲的教导有着密不可分的关系。另外,蔡元培的母亲又"最慎于言语,将见一亲友,必先揣度彼将怎样说,我将怎样对。别后,又追想他是这样说,我是这样对,我错了没有。且时时择我们所能了解的,讲给我们听"②,蔡元培"不苟取,

---

  ① 中国蔡元培研究会:《蔡元培全集》(第十七卷),浙江教育出版社1998年版,第421—422页。

  ② 中国蔡元培研究会:《蔡元培全集》(第十七卷),浙江教育出版社1998年版,第427页。

不妄言"的自我特点,也是母亲影响的结果。蔡元培的母亲还非常注重教育孩子的方法,总是在日常生活中(比如理发、吃饭时)指出孩子们的缺点,督促孩子们用功。对于孩子们的错误,她从不怒骂,但说明理由,令孩子们改过。如果屡诫不改,她就于清晨孩子未起时,掀开被头,用一束竹筱打股臀等处,历数各种过失,直到孩子服罪认改。虽然今天看来,体罚不是一种好的教育方法,但在当时,体罚是一种普遍施行的方法,更何况蔡元培的母亲选用竹筱,虽然打在身上很痛,但不致伤到骨头,而且母亲又从不打头面上,恐有痕迹,被别人笑话。所以母亲的仁慈和恳切,对蔡元培的品性影响也很大。

根据以上论述,笔者认为,蔡元培青少年时期家境状况相对来说还是比较宽裕的,虽然其父去世后没有什么积蓄,母亲主要靠变卖首饰度日,但考虑到中国社会注重家族观念的特点,笔飞弄的蔡氏家族和亲戚朋友,也不会让蔡元培家难到哪里去①。所以,青少年时期的蔡元培不大会有衣食之忧。有文章说蔡元培"从幼好学,家贫不能置灯,常在炉灶的火光的映照中读他的书"②,恐与事实不符。即便如唐振常所说"家道日贫",也不会贫到有衣食之忧的地步。笔者的这一观点,从关于蔡元培的另一部传记中也可得到佐证。崔志海认为"光普先生在世时,蔡元培的家庭在绍兴也算是有钱的'小康'人家"了③。明确这一点非常重要,因为蔡元培"尚推想而拙于记忆"、"性近于学术而不宜于政治"、"好奇而淡于禄利"自我概念的形成,以致在教育上不重视工科,而注重"形而上者"的"道"④——纯学术、注重高等教育等主张,和他的这种经历都有很大的关系。另外,蔡元培注重"学术"和"品行"自我概念的形成,与家庭中对名利的开明态度也有密切的关系。在他15岁第一次考秀才未中时,四叔给他写了一封信,告诉他"人

---

① 殷海光把家族中心主义看作中国传统文化的特点之一,这种家族中心主义的一大特点就是认同,即在家族关系中的分子觉得家中的人之所作所为乃自己之所作所为,家中的人有地位乃自己有地位,家中的人受侮辱乃自己受侮辱,家中的人有荣誉自己也分享荣誉。因此,笔者得出这种结论是符合历史逻辑的。参见殷海光:《中国文化展望》,三联书店2002年版,第99页。

② 许钦文:《蔡元培占着我的心》,唐振常:《蔡元培传》,上海人民出版社1985年版,第4页。

③ 崔志海:《蔡元培》,浙江人民出版社1998年版,第9页。

④ 沈尹默:《我和北大》,杨里昂:《学术名人自述》,花城出版社1998年版,第37页。

之才不才,不在功名有不有",进秀才"何真有好处,不过一刻之欢喜,平日之名色而已,即中元、拜相亦是眼前虚,归根总要学问品行为重耳"①。

据说明清之际,在绍兴有钱人家中盛行着这样一种习俗:凡是家中有两个以上的儿子,往往一个习商或经营家产,另一个则送去读书深造,以冀家中有人在仕途上光耀门庭,同时也为守护和扩大家产找个政治靠山。在蔡元培家中,父母选了蔡元培作为学而优则仕的培养对象,在他虚岁6岁那年,请了一位姓周的老师到家设塾授教②。从蔡元培的哥哥和弟弟成年后从事的职业看③,这种说法可能有一定的道理。蔡元培父母的这种选择有两点值得注意,第一,为什么选择蔡元培?第二,这种选择对蔡元培会有什么影响?

笔者认为,蔡的父母之所以做出这种选择,可能主要是考虑到蔡元培天性比较安静,较为适合读书。这种猜测可以从发生在蔡元培小时候身上的几件事得到证明。譬如,有一次蔡元培随佣人下楼,由于楼梯很高,需佣人抱下来。当时佣人先把蔡的一位堂叔抱下了楼梯,把蔡留坐在楼梯上。可能是佣人下去后就被人叫去做其他事情了,结果把蔡元培的事给忘了。蔡元培就端坐在楼口,不挪不动,也不叫其他家人,足足等了好几个小时。再譬如,蔡元培小时候经常在家里楼上读书,有一天傍晚家中失火,全家都非常害怕,家人急急忙忙叫蔡元培下楼,可他仍读书自若,态度极为镇定④。

而父母的选择对蔡元培自我概念的形成也会产生极大的影响。社会心理学角色理论(role theory)认为,人的社会化是通过"角色期望"(role expectation)和"角色采择"(role taking)而形成和发展的。每个人在社会关系系统中总是处于一定的角色地位,因而周围的人也总要按照他所担当角色的一般模式,对他的态度、行为提出种种合乎其身份的要求并寄予希望,这就是所谓的"角色期望"。一个人的态度、行为如果偏离了角色期望,

---

① 蔡建国:《蔡元培与现代中国》,上海社会科学院出版社1997年版,第24—25页。
② 崔志海:《蔡元培》,浙江人民出版社1998年版,第9页。
③ 蔡元培的哥哥蔡元盼(字鉴清、鉴癯),后在上海一家石印局任职;弟元坚(字镜清、镜顾),后在绍兴钱庄业中任职。参见周天度:《蔡元培传》,人民出版社1984年版,第2页;唐振常:《蔡元培传》,上海人民出版社1985年版,第1页。
④ 蔡元忌:《先君幼年轶事拾零》,陈平原、郑勇:《追忆蔡元培》,中国广播电视出版社1997年版,第84页。

就可能引起周围人的异议和反对。一个人，尤其是青少年，在这种情况下就会通过观察或想象，依据别人对自己的表情、态度等产生"镜像自我"(looking-glassself)，即把别人对自己的态度当作镜子来认识自己的形象，从而产生自我概念，并按照别人的期望不断调节自己的行为与塑造自己，这就叫"角色采择"①。家庭的这种期望，在蔡元培的日常生活和学习中，无不伴随在他的周围。譬如，1880—1881年，14岁的蔡元培跟随塾师王懋修（子庄）先生学做八股文。在那个时代，可以说学生八股文水平的高低和他将来的命运有着极为密切的关系。王先生对蔡元培所做的八股文有不对的地方，往往是指出其错误，并不就改，而叫蔡元培自改。所以白天不能完成的作业，只好等晚间回家后，于灯下构思，而母亲常常陪伴着蔡元培，也不去睡②。因此，笔者认为，家庭的选择和期望，会使蔡元培强烈地意识到自己在家庭中所担负的责任，意识到自己所要扮演的角色，并按照这种角色期待去选择自己的社会行为，进而形成符合这种期望的自我概念。

蔡元培始进家塾、师从周姓老师时，和那时的其他学子一样，开始接受中国延续两千多年的传统教育。蔡元培先是学习了当时的启蒙教本《百家姓》《千字文》《神童诗》三种小书，然后在周先生指导下学习儒家经典——四书，这为蔡元培儒家君子理想自我打下了最初的基础。因为在当时的社会历史条件下，儒家经典对于蔡元培而言，正像有研究者所说的，"不像现代学者那样只是一个无关利害的研究课题，而是一种需要付诸行动的信仰"③。

1877年父亲去世后，蔡家无力自聘塾师，蔡元培先是到对门李申甫先生所设的私塾读书，14岁开始，到离家不过半里的王懋修所设书馆读书，直到17岁中秀才。王懋修虽然只是个秀才，但却是个博学通经、熟谙明清两朝八股文、好读宋儒著述的人，在当时的绍兴颇有点名气。在教学内容上，王先生和其他的塾师并没有什么不同，除了与科举有关的书籍外，是不

---

① 章志光：《社会心理学》，人民教育出版社1996年版，第64—66、80—83页。
② 中国蔡元培研究会：《蔡元培全集》第17卷，浙江教育出版社1998年版，第424页。
③ 张灏：《梁启超与中国思想的过渡》(1890—1907)，崔志海，葛夫平译，江苏人民出版社1997年版，第2页。

允许学生看杂书的。所不同的是王先生好谈明季的掌故,经常给学生讲一些名人轶事,譬如像"金正希(声)、黄陶庵(淳耀)的忠义,项水心(煜)的失节等等。又喜说吕晚村,深不平于曾静一案","而尤崇拜刘蕺山,自号其居曰'仰蕺山房'"①。这对于蔡元培儒家君子理想自我的形成起到了至关重要的作用。刘蕺山、吕晚村、曾静等人的气节、品行②,无疑成了蔡元培行为选择的参照对象和榜样。所以,蔡元培不仅"二十岁以前,最崇拜宋儒",刲臂救母,以儒家"孝道"为先;即使是后来"虽治新学",依然"崇拜孔子之旧习,守之甚笃"。譬如:1902年1月1日(光绪二十七年十一月二十二,蔡元培时年34岁),蔡元培与黄仲玉女士举行婚礼时,"不循浙俗挂三星画轴,而以一红幛子缀'孔子'两大字","设孔子位,同行三跪九叩首礼"③。所以笔者认为,蔡元培的理想自我是儒家君子理想。

可以说儒家思想和儒家君子理想,为蔡元培一生的思想和行为打下了底色。从自我概念形成的角度,前文笔者曾提到,"重美感"的希腊精神和"平民生活,及在他的眼中,个个都是好人"的希伯来精神,也是以蔡元培儒家君子理想追求为基础的。为什么这么说呢?第一,虽然"民重君轻"的儒家思想和现代社会的"民主"思想有很大的区别,但"民粹"主义却是儒家思想的重要组成部分。蔡元培的"平民"自我,最初就是建立在"民粹"主义基础之上的。据蔡元培回忆,"在爱国学社时,自号曰民友。至《警种》时代,则曰:'吾亦一民耳,何谓民友。'乃取'周余黎民,靡有孑遗'二句中字,而号曰孑民。"④这次改名,说明蔡元培已经从一个封建士大夫开始向平民转变

---

① 中国蔡元培研究会:《蔡元培全集》第17卷,浙江教育出版社1998年版,第423页。

② 宗周(蕺山)系明清之际著名思想家黄宗羲的老师,为人刚毅正直,因不满当朝权奸魏忠贤而遭排挤。回到绍兴后,在蕺山脚下创建蕺山书院讲学,影响很大,人称"蕺山先生"。后来,清兵攻陷浙江,刘宗周坚决不做清朝的官,绝食22天而死。吕留良(1629—1683),字用晦,号晚村,浙江崇德(今桐乡)人,明末清初的一位著名学者。明朝灭亡后,他散发家财结客,图谋复明。事败后,他誓死不仕清朝,家居授徒,后削发为僧,始终保持民族气节。曾静(1679—1736),湖南永兴人,号蒲潭先生,读吕留良遗著,受其思想影响,秘密组织反清,事泄被清政府逮捕杀害。已去世半个世纪的吕留良也因此受到株连,被"剖棺勠尸,焚毁著作",子孙或被杀,或被发配边疆,成为清代一件大案。参见崔志海:《蔡元培》,浙江人民出版社1998年版,第12—13页。

③ 蔡元培:《蔡子民先生言行录》,山东人民出版社1998年版,第2,4页;中国蔡元培研究会:《蔡元培全集》第15卷,浙江教育出版社1998年版,第371页。

④ 蔡元培:《蔡子民先生言行录》,山东人民出版社1998年版,第16页。

了,而这种转变显然是以儒家思想为基础的。第二,蔡元培对资产阶级思想的吸收和论述,也是以儒家思想和儒家君子自我理想为基础的。关于这一点,从1912年蔡元培任民国第一任教育总长时关于"新教育"宗旨的论述中可以得到证明。在《对于新教育之意见》一文中,谈到"公民道德"时,蔡认为:

> 何谓公民道德?曰法兰西之革命也,所标揭者,曰自由、平等、亲爱。道德之要旨,尽于是矣。孔子曰:匹夫不可夺志。孟子曰:大丈夫者,富贵不能淫,贫贱不能移,威武不能屈。自由之谓也。古者盖谓之义。孔子曰:己所不欲,勿施于人。子贡曰:我不欲人之加诸我也,吾亦欲毋加诸人。《礼记·大学》曰:所恶于前,毋以先后;所恶于后,毋以从前;所恶于右,毋以交于左;所恶于左,毋以交于右。平等之谓也。古者盖谓之恕。……孟子曰:鳏寡孤独,天下之穷民而无告者也。张子曰:凡天下疲癃残疾茕独鳏寡,皆吾兄弟之颠连而无告者也。禹思天下有溺者,由己溺之。稷思天下有饥者,由己饥之。伊尹思天下之人匹夫匹妇有不与被尧舜之泽者,若己推而纳之沟中。孔子曰,己欲立而立人,己欲达而达人。亲爱之谓也。古者盖谓之仁。①

今天看来,用"义"、"恕"、"仁"来解释资产阶级的"自由"、"平等"和"亲爱"(即博爱),与"自由、平等、博爱"思想的本意还是有些许差异的,但从自我概念的角度看,这种理解是保持自我一致性的最好方式。

金林祥先生曾把蔡元培对待西方文化的态度概括为四点,即:消化而非同化;融合而不是对立;掌握先进的科学方法;应重视向世界介绍中国文明②。笔者认为,这一概括是非常准确和有见地的,蔡元培对待西方文化这种以"我"为主的态度,从另一个角度说明,在解释自己所接受的经验时,他正是以自我概念为出发点的。同时,这也使我们进一步认识到自我概念在形成个体社会心理和社会行为方面的重要性。

三、蔡元培"难进易退"的行为方式特点

事实上,中国自汉代董仲舒"罢黜百家,独尊儒术"以来,儒家思想就成

---

① 高平叔:《蔡元培教育论著选》,人民教育出版社1991年版,第2页。
② 金林祥:《思想自由兼容并包——北京大学校长蔡元培》,山东教育出版社2004年版,第187—192页。

了中国文化的正统,知识分子所追求的理想自我大都是成为儒家君子。有人就认为,儒学具有修己和治人的两个方面,但无论是修己还是治人,儒学都以"君子的理想"为其枢纽的观念:修己即所以成为"君子";治人则必须先成为"君子"。从这一角度说,儒学事实上便是"君子之学"①。笔者认为,正如李泽厚所分析的那样,儒家君子的理想(即"内圣外王"),如果说在氏族国家的生存和发展中还可以做到相对统一的话,那么,自春秋开始,随着社会的迅速发展,"老一套由'内圣'而后'外王',用遵循道德规范的'知礼'来'治国',已经不灵通了。人们不必知'礼',也不必识'仁',却仍然可以作出一番有益的巨大事业"②,因为"内圣"和"外王"所遵循的是不同的游戏规则。"修己"以成为君子,是以掌握和遵循"真理"为最高追求目标的,而"治人"所追求的是权力、地位。真理的掌握和遵循,可以通过遵守规范和道德良心来实现,而权力、地位的获得靠的是权术、谋略。通过"修己"可以成为追求真理的"君子",以达成"内圣";而以追求真理为己任的"君子"去完成以谋取权力、"治人"之责的"外王",显然是行不通的。

从角色理论分析,君子理想本身就隐含着"角色内的冲突"(intrarole conflict)。也就是说,以儒家君子为理想自我追求的中国知识分子,是不可能同时实现"内圣"和"外王"两种自我期望的。因此,他们为了保证自我的一致性,必须在"修己"与"治人"之间作出自己的行为选择。撇开"唯唯诺诺"、"其书则经,其人则纬"的伪道学和伪君子不谈,笔者认为中国知识分子在保证自我一致性时,如果以行为选择方式的主动性和被动性为标准,可以划分为以下几种主要类型。

第一种,"穷"与"达"的被动平衡。"穷则独善其身,达则兼善天下"(《孟子·尽心上》)是传统读书人理想自我的重要组成部分,也是他们无奈的行为选择方式。无论是"穷"还是"达",都以真理的追求为标准并按照真理的标准行事。"穷"则希望有尧舜之君,以求"达";"达"是由于明君的赏识,不是靠权谋而"达"。"穷"与"达"的关键不在个人,而是取决于是否有"明君"。这种行为方式完全是被动的。第二种,难进易退。这类知识分子深知"修己"与"治人"游戏规则的不同,当社会给他们机会"治人"时,他们

---

① 余英时:《中国知识分子论》,河南人民出版社1997年版,第17页。
② 李泽厚:《中国古代思想史论》,天津社会科学院出版社2003年版,第253页。

就按照真理的标准去"治人";当这种"治人"方式与社会发生冲突时,他们就转而走向"修己"一途。但无论是"进"还是"退",都在自己主动的选择和控制范围内。第三种,外圆内方。有人把外圆内方作为中国近代知识分子的重要特征之一,认为这类知识分子"在风雨如磐的黑暗岁月里,既未像有些人那样用生命点燃正义的烛光,以呐喊抗争人间的邪恶;也不曾如另一些人那般随浊流而上下沉浮,在屈辱中苟且偷生。他们不乏抗争的义举,但这抗争总是带有力度上的缓冲和节制;他们珍惜个体的生存,但这珍惜似乎又为了赢得持久抗争的权利"①。笔者认为,这种概括是有一定道理的,但借用弗洛伊德的概念系统(尽管作者把自己所讲的"本我"、"自我"概念与弗氏的概念作了区别),并仅仅以道德人格去解释知识分子的行为选择,进而得出近代中国知识分子双重人格的结论,是值得商榷的。那么,如何解释这种现象呢?笔者认为,这种外圆内方的行为选择,恰恰说明了近代中国知识分子的进步性。他们不再寄希望于明君控制下的"穷"与"达"的被动选择,也不同于回避冲突、难进易退的"修己"一途,而是选择了改变行为策略以实现自我一致性的主动方式,这体现了从传统知识分子向现代知识分子转变的一种进步。第四种,特立独行。笔者认为,在中国社会近代化过程中,这类知识分子人数虽不多,但他们却以自己所掌握的专业知识为基础,关心社会,改造社会,努力实现中国社会从传统向现代的转型。他们虽仍以儒家君子为理想自我追求,但他们已经不再在"修己"和"治人"的矛盾间徘徊,而是通过不断的奋斗,把真理直接应用于社会,并与社会中不符合真理的人与事进行坚决的斗争,从不妥协。

当然,因为影响个体社会行为选择的因素很多,原因也很复杂,上述类型的划分,只有相对的意义而不能绝对化。对个体而言,对此事可能是"难进易退",对彼事可能就是"特立独行"。所以,说一个人是某种行为选择类型,只能进行总体的判断,而不宜作绝对的结论。

纵观蔡元培的一生,从他1890年辞去上虞县志总纂始,"辞职"就一直伴随着蔡元培。笔者认为,对于这种现象最好的解释就是,蔡元培在

---

① 许纪霖:《智者的尊严——知识分子与近代文化》,学林出版社1991年版,第40页。

第二章　蔡元培的社会心理与行为特点研究

追求君子理想自我时,选择的主要是"难进易退"的行为方式,并且通过这种行为方式的选择,很好地保持了自我概念的一致性。这里枚举几例以做说明。

1923年因财政总长罗文干一案,蔡元培自感"为保持人格起见,不能与主张干涉司法独立、蹂躏人权之教育当局再生关系",遂向"国民政府"大总统提出辞呈,并发表了著名的《关于不合作宣言》一文。该文开篇就引用了《易传》中的一句话"小人知进而不知退",并且认为国家"近年来有许多纠纷的事情,都是由不知退的小人酿成的"。"当局的坏人,大抵一无所能的为多,偶有所能,也是不适于时势的。他所以对付时局,全靠着一般胥吏式机械的学者替他在衙署里面,办财政、办外交等,替他在文化事业上作装饰品。除了这几项外,他还有什么维持的能力呢?所以这班胥吏式机械式的学者,只要有饭吃,有钱拿,无论什么东西,都替他做工具,如俗语说的'有奶便是娘'的样子,实在是'助纣为虐'。他们的罪,比当局的坏人还多一点儿。"所以,以儒家君子为理想自我追求的"我"(蔡元培)当然不能做"知进不知退"的小人,更不能做"助纣为虐"的罪人了。况且"退的举动,并不但是消极的免些纠纷,间接的还有积极的努力"。另外,作为"一个比较的还可以研究学问"的"我"来说,"自从任了半官式的国立大学校长以后,不知道一天要见多少不愿意见的人,说多少不愿意说的话,看多少不愿意看的信。想每天腾出一两点钟读读书,竟做不到,实在苦痛极了"①。与其如此,不如选择"不合作"的辞职方式好。这样,蔡元培"难进易退"的现实自我不仅导致了其辞职的行为,同时通过对自己行为选择的合理解释,较好地保持了现实自我、理想自我与他观自我的一致性。

蔡元培这种"难进易退"行为方式选择的内部心理活动,可以从"五四"后蔡元培写给胡适的一封信中略窥一斑。事实上,"五四"以前,蔡元培曾有过两次辞职经历。一次是1917年7月,蔡元培以不适应北京气候为由,向黎元洪提出辞呈②。一次是1918年夏,因劝阻学生结队游行不遂而引咎。到1919年"五四"后,蔡元培听说政府将明令免除自己的校长职务,怕

---

① 中国蔡元培研究会:《蔡元培全集》第5卷,浙江教育出版社1997年版,第36—39页。
② 中国蔡元培研究会:《蔡元培全集》第10卷,浙江教育出版社1998年版,第317页。

"因此增加学生对于政府的纠纷",而"个人且将有运动学生保持地位的嫌疑"①,于是于 5 月 9 日,辞职南去了。

按蔡元培的原意,这次辞职后是"预定决不回去"的,这"不但为校务的困难,实因校务以外,常常有许多不相干的缠绕,度一种劳而无功的生活"。那么,蔡元培为什么又于 9 月间回任北大校长了呢? 看看他写给胡适的这封信,对我们理解蔡元培"难进易退"的自我概念与行为方式间的一致性,或许有一定的帮助。

> 你的"决计不干"办法,请你过一些儿再实行,别要性急。我们书呆子,靠着自己的本能吃饭的,吃苦受怨都不怕,不过有人冤枉我们,就要发脾气。我于罢市之中,也发过一会,把门关了一天,自己对自己说,虽是天翻地覆,我再不管了。等到第二天黎明的时候,有一班人来找我的,说事体坏了,定要我出去。我于是半醒半睡的和他们大家出去四面接洽。适之呀,书呆子虽要发脾气,他的好处就是憨气,脾气过了,有患难来,就会把脸孔一搭,再来干干看。②

由此可见,蔡元培的"难进易退",在他看来,是一种"读书人"的品性,等到"脾气过了,有患难来",他"就会把脸孔一搭,再来干干看"。

正是因为这个原因,在他人眼里,蔡元培不一定是"难进易退"的人,但由于他自我概念中"难进易退"的主观体验,"辞职"成了他社会活动中主要的行为选择方式。这种行为方式不仅保证了自我概念与行为间的一致性,也使认知自我与理想自我之间达到了平衡。

另外,笔者认为,作为一个受到传统文化长期影响的人,蔡元培"难进易退"的自我概念及行为选择方式,与老子思想的影响也有一定的关系。正如蒋梦麟所言"中国人可以说没有一个人在不知不觉间不受老子的影响的,先生亦不能例外"③。

---

① 华东师范大学教育系:《中国现代教育文选》,人民教育出版社 1989 年版,第 26—27 页。
② 中国蔡元培研究会:《蔡元培全集》第 10 卷,浙江教育出版社 1998 年版,第 414 页。
③ 蒋梦麟:《试为蔡先生写一篇简照》,王大鹏:《百年国士——自述·回忆·专访》第 1 册,中国文联出版公司 1999 年版,第 74 页。

第二节　蔡元培的社会认知、社会态度与行为方向

一个人从出生之日起,就处于与他人和社会的互动关系中,都生活在与他人共有的社会中。个体的社会心理和行为既是朝向他人的,也是对他人行为作出的反应。而个体的社会心理和行为,既有赖于个体的自我概念,也有赖于在自我概念基础上对他人和社会的认识和态度。可以说,个体是根据自己心中的"世界"而采取行动的。

社会心理学有社会知觉(social perception)这一概念,它包括人知觉,如对他人外部特征的知觉(即形成印象的知觉)、人性知觉、自我知觉等;角色知觉(role perception),如对某人从事何种职业的知觉等;人际关系知觉(inter-personal relative perception);社会因果关系知觉(social perception of causation),如对行为成败原因的知觉,对社会事件因果关系的知觉等;群体知觉(group perception),如对群体特点与性质的知觉,群体归属知觉,领导关系与领导方式的知觉,群体气氛的知觉等。

由于社会知觉不仅包括对人、对群体的外部特征的知觉,而且还涉及对有关信息的思维加工,包括记忆、推理、判断、理解和解释等复杂环节,更多地属于认知领域,因而当现代认知心理学介入社会心理学后,不少人主张以"社会认知"(social cognition)一词来代替"社会知觉"。但也有人认为,社会认知的概念和研究领域,其含义与社会知觉相当,但是前者更侧重于从认知结构或图式(scheme)的概念来探讨社会知觉过程[①]。按 Fiske 和

[①] 章志光:《社会心理学》,人民教育出版社1996年版,第104—105页。知觉是一个普通心理学的概念,主要研究人脑对于直接作用于感觉器官的客观事物的整体属性的反映规律,属于认识过程。由于客观事物包括自然和社会两方面,通常把对自然现象的知觉称为知觉或物知觉,把对人或社会的知觉称为社会知觉。其实,在英语中,"认知"和"认识"都是 cognition。大概第一个翻译"认知心理学"的人把"认识"翻译成了"认知",因而现在大家都讲"认知心理学"。虽然有时人们交替使用"认知"和"认识"的概念,但"认知"一词主要属于西方现代认知心理学中的一个专业术语,与我们所说的哲学概念"认识"之间还是存在着某些方面的差异。参见潘菽《序》,乐国安:《论现代认知心理学》,黑龙江人民出版社1986年版,第13页。正是由于这种关系的复杂性,本研究在概念运用上,有时也把"社会知觉"、"社会认知"等交替使用。

Taylor 的观点,社会认知就是人们根据环境中的社会信息形成对他人或事物的推论①。

态度(attitude)最早是现代西方社会学家在探讨人的社会行为问题时提出的概念,后来才发展成为现代社会心理学中的核心概念。1862年,英国社会学家赫伯特·斯宾塞(H. Spencer)在《第一原理》中写道:"在有争议的问题上达到正确的判断,主要依赖于我们在倾听和参加辩论时,头脑中具有的态度;并且,要保持正确的态度,我们就必须去了解普遍的人类信仰在多大程度上是正确的以及在多大程度上是不正确的。"②

态度是人类社会生活中最常见的心理现象,在某种意义上说,人的一切社会行为都与自己的态度有着密切的联系。正是在这个意义上,托马斯(W. I. Thomas)早期竟把社会心理学称之为"研究社会态度的科学"③。尽管如此,由于态度是一个非常宽泛的概念,所涉及的问题很多,所以到目前为止,还没有一个为所有社会心理学家所公认的态度定义。本研究把态度界定为"个人对特定对象以一定方式作出反应时所持有的评价性的、稳定的内部心理倾向",并把态度看成是包含认知(cognition)、感情(affect)和行为(behavior)等成分的持久体系④。

从上述分析我们不难发现,尽管社会认知和社会态度在社会心理学中分属于两种不同的社会心理现象,但实际上我们很难把二者截然分离开来,在多数情况下个体的社会认知和社会态度是伴随或同时出现的,也就是说当人们根据环境中的社会信息形成对他人或事物的推论时,也同时产生了对他人或事物的情感和行为的内部心理倾向。

在社会心理学中,与社会知觉或社会认知紧密相联的另一种心理现象就是归因。前文笔者已经提到,美国心理学家海德认为,每个人都是朴素的心理学家,每一个人都具有关于人类行为因果关系的一般理论观点。归因理论(attributionaltheory)最早就是由海德提出的。海德认为,人们都有

---

① 侯玉波:《社会心理学》,北京大学出版社2002年版,第47页。
② Spencer, H. First Principles. New York : D. Appleton, 1862, I, 1, i. 周晓虹:《现代社会心理学》,上海人民出版社1997年版,第240页。
③ 章志光:《社会心理学》,人民教育出版社1996年版,第187页。
④ 章志光:《社会心理学》,人民教育出版社1996年版,第187—190页;J. L. 弗里德曼,D. O. 西尔斯,J. M. 卡尔史密斯:《社会心理学》,高地,高佳等译,黑龙江人民出版社1984年版,第321页。

一种理解、预测和控制周围环境的需要。为了满足这种需要，人们就根据各种线索对已经发生的行为和事件进行原因解释，人们只有了解了事件和行为变化的原因，才能理解这个世界，预测世界的变化，从而达到控制世界的目的。在现实生活中，人如果缺乏对世界的理解、预测和控制感，就会感到无所适从。所以，人生活在这个世界上，几乎每时每刻都在有意无意地进行着归因活动。可以说，归因是人们对环境知觉的一部分，只要对环境进行认识，归因就必然发生①。

可以说，正是社会认知、社会态度和归因风格（attributionalstyle）②的不同，造成了个体行为选择方向上的差异。

一、抛弃京职：传统仕途上的转向

从 6 岁（1873 年）启蒙，到 27 岁（1894 年）由庶吉士升补为翰林院编修，蔡元培完成了漫漫科举之旅，踏上了传统士人梦寐以求的"学而优则仕"的正途。如果不是历史的变故，中国历史上或许也只能多一个传统的士大夫。然而，中国社会已经和即将发生的巨大事变，改变了蔡元培的一生。

自 1840 年鸦片战争以来，中外战争连绵不断，不平等条约相继被迫签订，割地赔款，丧权辱国，加之 16 年之久的国内农民起义，中华帝国已是山河破碎，千疮百孔。1894 年 6 月，蔡元培进京不久，一直对中华大地垂涎欲滴的日本诱使清政府出兵朝鲜，为自己入侵朝鲜找到了借口，再次把清政府拖入了战争的陷阱。日本入侵朝鲜，战争一触即发。消息传来，"京官多激昂"，以翁同龢为首的一部分官僚，主张对日宣战。蔡元培此时正与他人"为诗钟之会"，"亦尝赋诗寄愤，但未尝参加松筠庵联名主战的宣言"③。

7 月 23 日，日本侵略军在美、英、俄等列强的支持和怂恿下，悍然闯入朝鲜王宫，劫持朝鲜国王，组织了傀儡政权。25 日又在牙山口外的丰岛海面不宣而战，对中国自朝返航的"济远"、"广乙"两舰突然袭

---

① 章志光：《社会心理学》，人民教育出版社 1996 年版，第 153 页。
② 归因风格是指个体在长期的归因过程中形成的比较稳定的归因倾向。参见章志光：《社会心理学》，人民教育出版社 1996 年版，第 165 页。
③ 中国蔡元培研究会：《蔡元培全集》第 17 卷，浙江教育出版社 1998 年版，第 432 页。

击,正式挑起了侵略中国的战争,史称"甲午战争"。战争爆发后,清政府在万般无奈的情况下被迫于8月1日对日宣战。9月15日,侵朝日军分四路向我平壤驻军发动猛攻,而身为全军统率的叶志超却放弃职守,当天夜里就率守军逃出平壤,"一夕狂驰三百里",渡过鸭绿江,退回中国境内。9月17日,日本舰队在大东沟以南的黄海海面上,又向中国北洋海军挑起了一场激烈的海战。黄海一战,中国海军损失惨重,李鸿章则借"保船治敌"的幌子,命令北洋舰队全部躲藏到威海卫军港,不准出击。

对此两役及主战或主和,蔡元培在日记中做了记录并谈了自己的看法。

> 平壤之役,我军无纪律,恣抄房,居人思倭。倭军至,志超、汝贵等方挟妓酣睡,仓卒遁过鸭绿江,顿失九连城,为失机纵寇之罪魁。闻渡江后,各营留朝鲜妇女无算。宋庆提督止稍稍绳以军法云。汝昌倭事起即告病,合肥强委之。大东沟之役,汝昌在镇远舰。副将邓世昌曰:"我船将迎敌,若畏死者毋在此。"汝昌遂移他舰,闻炮声欲退,为洋员哈纳根所尼。事后合肥奏称汝昌统率全军,身当前敌,裹创力战,激励华洋将弁效死用命,应请交部从优议叙。上允之,旋以科道揭命撤销。圣明洞鉴,从谏如流,而庸相偾帅朋比欺罔之习,当稍熸矣。军兴,劾军机、北洋者不一,而编修陈昌绅集朝士十余人(大都浙西人也)上书恭亲王,大抵主张和议,而诋言者集矢合肥之非,有曰自古至弱之国有以战而亡,未有以和而亡者。乌呼,是何言与!昌绅自言由军机大臣授意。阅日,御史张仲炘揭奏谓议和可杀,军机持和议不自奏闻,而授意党人,使上书亲王,其意叵测,尤可杀不赦。①

显然,在蔡元培看来,战争失败的原因不是来自外部的、稳定的、不可控制的因素,而是来自内部的、不稳定的、可控制的因素。这种归因风格的意义就在于,强调主体对事件成败的可控性,强调自强自立,强调主

---

① 中国蔡元培研究会:《蔡元培全集》第15卷,浙江教育出版社1998年版,第44页。

体主观努力的重要性。对于主和派所谓"自古至弱之国有以战而亡,未有以和而亡者"的论调,蔡元培给予了明确的答复:"乌呼,是何言与!"在蔡元培眼里,不仅"失机纵寇之罪魁"、奏请议和之人可杀,那些玩弄权术的军机大臣,"其意叵测,尤可杀不赦"。这些充分表现了蔡元培主战的态度。这就是当时情况下蔡元培的社会认知和社会态度。有了这种认知和态度,蔡元培积极筹划并参与向光绪皇帝递交《奏请密连英德以御倭人折》①的活动也就不难理解了。也正是出于这种社会认知和社会态度,蔡元培开始阅读西方学者著作的中译本,开始接触新学,寻求救亡图存的方略。

由于清政府的腐败无能,战争没有像翰林院的翰林们所希望的那样"转败为胜",而是以再次战败并签订丧权辱国的《马关条约》而告结束。这对蔡元培无疑是一个沉重的打击。在日记中,蔡元培写道:

> 于是上决与倭议和。和约十事,其大者,割台湾,割奉天辽阳以东、遵海而南至旅;给兵费二万万,定七年毕给;倭人驻兵威海,岁给兵费五十万,俟二巨万毕给,乃退兵,皆允之矣。日蹙百里,且伏祸机。韩魏于秦,宋于金,不如是之甚也!倭饷竭师罢,不能持久。而依宋、聂诸军,经数十战,渐成劲旅,杀敌致果,此其时矣。圣上谦抑,博访廷议,而强臣跋扈,政府阘茸,外内狼狈,虚疑恫喝,以成炀灶之计,聚铁铸错,一至于此,可为痛哭流涕长太息者也!②

忧国忧民之情跃然纸上。但在蔡元培看来,签订卖国条约的原因不在"圣上",而是"强臣跋扈,政府阘茸,外内狼狈,虚疑恫喝"。这种社会认知上的偏差,显然与传统的"忠君"思想是密不可分的。"此款议既成,朝士连轸出都门","家兄来书,劝作归计",真的是"国闻乡讯,同一无聊"③。该何去何从,此时的蔡元培陷入了痛苦的矛盾之中。

---

① 中国蔡元培研究会:《蔡元培全集》第1卷,浙江教育出版社1997年版,第138—140页。

② 中国蔡元培研究会:《蔡元培全集》第15卷,浙江教育出版社1998年版,第59页。

③ 中国蔡元培研究会:《蔡元培全集》第10卷,浙江教育出版社1998年版,第11页。

经过一段时间的休整①和痛苦的抉择,蔡元培还是回到京城,继续着自己"都无作官意,惟有读书声"②的传统士大夫生活。而此后发生的两件事情,再次改变了蔡元培的生命历程。

1897年11月14日,德国借口两名德籍传教士在"山东曹州府境,为盗所杀",派军舰强占了胶州湾。紧接着,沙俄又于12月中旬强占了旅顺口和大连湾。对此,蔡元培在日记中写道:"德人尝以英有香港,法有西贡,俄有海参崴,因亦欲得一中国海口,以为碇泊战舰之所,屡见东西新闻纸。而外间所传《中俄密约》有以胶州湾假俄人屯战舰语,故借此小衅,固捷足先得耳。""而俄人请济师于我以击德,欲假旅顺。旅顺者,我军港也,各国军港不特禁别国师船入口,非护照且不得游历也,而我乃以假俄。""吾中国近二十年傍范睢远交之策,甚睦于德,近又推诚于俄。不自强而恃人,开门揖盗,真无策之尤也。"③可见,此时的蔡元培,已经深刻地意识到德、俄及西方列强意欲瓜分中国的本质,同时,对朝廷"不自强而恃人,开门揖盗"的做法感到忧心忡忡。

真正促使蔡元培辞官归里的事件是"戊戌变法"的失败。甲午战败,宣告了清政府为挽救其灭亡而实行的"洋务运动"的彻底破产,大清帝国再次面临着保国保种的历史命题。为挽救清政府的统治,在光绪皇帝的支持下,以康有为为代表的一批资产阶级维新派进行了新一轮的社会改良。然而,从1898年6月11日光绪皇帝颁布"明定国是",宣布变法始,到9月21日慈禧发动政变,谭嗣同等六君子喋血菜市口止,"新政"仅仅维持了103天,史称"百日维新"。

维新变法在当时应该是国人政治和社会生活中的一件大事,对当时的"读书人"来说更是如此。但蔡元培似乎并没有给予其特别的关注(就笔者所能查到的史料,在蔡元培1898年的日记中,除了10月23日收录了谭嗣同狱中的两首诗、林旭的一首诗外,基本没有对此事件的记载和评论)。另

---

① 1896年,蔡元培回乡住了将近一年的时间。参见唐振常:《蔡元培传》,上海人民出版社1985年版,第18页。

② 中国蔡元培研究会:《蔡元培全集》第15卷,浙江教育出版社1998年版,第137页。

③ 中国蔡元培研究会:《蔡元培全集》第15卷,浙江教育出版社1998年版,第150—151、154页。

外，从蔡元培后来的回忆录中也可以看到，对于维新派及其变法，蔡元培"虽表同情"，但始终没有和维新派人物有过交往，也没有参与变法活动。可变法失败后，蔡元培却于 10 月 15 日（阴历九月一日）"抛弃京职"，"携眷出都"，结束了自己经过 20 多年不懈努力得来的、在当时社会令他人羡慕的"大好前途"。对此，该做怎样的解释和理解呢？

对于不与维新派纳交的原因，蔡元培的解释是，"是时，康、梁新用事，拜康门者踵相接。……梁、谭皆在炙手可热之时"，自己"耻相依附"，又"生性不喜赶热闹"，故"不往纳交"①。从社会心理学的角度，笔者认为，蔡元培不与维新派交往的行为，一方面反映了自我概念的一致性，表现出蔡元培所认可的君子之风；另一方面也说明，蔡元培对于变法的社会认知还不是很清晰，态度也不是很明朗，也就是说，此时蔡元培对维新变法的对与错、事件发展的可能方向等等，还不能作出准确的判断和把握，也没有形成对变法的肯定或否定的态度倾向。在这种社会心理状态下，蔡元培是很难作出行为上积极的反应的。

对变法失败后自己"抛弃京职"、"携眷出都"的原因，蔡元培也作了说明。蔡元培认为"康党所以失败，由于不先培养革新人才，而欲以少数人弋取政权，排斥顽旧，不能不情见势绌。此后北京政府，无可希望"。对谭嗣同等六君子被杀，康、梁被通缉，也"甚为愤懑"，故"抛弃京职"，"于九月间携眷回绍兴"，并"愿委身于教育"②。由此可以看出，戊戌变法失败后，蔡元培的社会认知和社会态度已经很明确了，即"此后北京政府，无可希望"。这是他"抛弃京职"、"携眷出都"的社会心理基础。而对变法失败的原因分析（"由于不先培养革新人才，而欲以少数人弋取政权，排斥顽旧"等），再次表现出蔡元培的归因风格，即变法失败的原因是内部的、不稳定的、可控制的因素，所以自强自立，"愿委身于教育"的行为选择便顺理成章了。

对于蔡元培这段"京官"经历的意义，有人这样评价："翰林的功名没有给蔡元培带来常人称羡的高官厚禄，却为他有机会重新认识当时的中国社

---

① 蔡元培：《蔡子民先生言行录》，山东人民出版社 1998 年版，第 3 页；中国蔡元培研究会：《蔡元培全集》第 17 卷，浙江教育出版社 1998 年版，第 435 页。
② 蔡元培：《蔡子民先生言行录》，山东人民出版社 1998 年版，第 3 页；中国蔡元培研究会：《蔡元培全集》第 17 卷，浙江教育出版社 1998 年版，第 435 页。

会政治创造了条件,并为他稍后从事教育救国和革命活动提供了可资利用的名望。"①笔者以为,从蔡元培以后的发展历程看,这一认识是比较中肯和符合历史事实的。

对于戊戌变法失败后蔡元培"抛弃京职"、"携眷出都"和"愿委身教育"这一历史事件,蔡元培的传记作者大多是根据蔡元培的上述叙述来描述和说明的,有人甚至这样认为:"戊戌政变后,先生知清廷之不足为,革命之不可以已,乃浩然弃官归里,主持教育,以启发民智。"②这未免就有"晕轮效应"的嫌疑了③。笔者的疑问是,这一系列行为选择,除了蔡元培自己所说的原因外,还有没有其他的原因呢?蔡元培的上述解释和说明毕竟是20多年和30多年以后作出的(蔡元培《传略》载于《蔡孑民先生言行录》,首版刊于1920年,距1898年近22年;《自写年谱》始作于1936年,距此事件已近38年),或许没有反映出蔡元培当时全部的心理活动。

通过对蔡元培这一时期经历的分析,笔者认为,由于蔡元培没有参与维新变法,变法失败也不会给他带来什么祸患,所以"抛弃京职"、"携眷出都"确实如他自己所说不是为了"避祸"。但从当时的情况看,蔡元培可能已经清楚地意识到清政府官僚内部派别斗争的残酷,也意识到这种派别斗争可能会对自己造成某些影响。这种影响虽然不是"祸",但绝对不会是"福",继续在京为官已难以施展自己的理想和抱负。这种社会认知和态度,极有可能是蔡元培行为选择的心理原因之一。笔者这么说的理由是,甲午主战派和戊戌维新派的主要支持者是翁同龢,翁不仅是光绪皇帝的老师,是光绪的代言人,也是当时一批"书生"参政的主要代表。自甲午战败,康有为"公车上书"后,翁便与康有为接触频繁,并十分赞赏康的才能。同时,也正是通过翁同龢的推荐,光绪才下令军机处对康有为的条陈应随到随送,不得阻挡扣压,使变法得以通畅。但朝廷主

---

① 崔志海:《蔡元培》,浙江人民出版社1998年版,第24页。
② 蒋维乔:《民国教育总长蔡元培》,陈平原,郑勇:《追忆蔡元培》,中国广播电视出版社1997年版,第6页。
③ 晕轮效应(haloeffect)是一种"以偏概全"的社会心理现象,它是指当个体对一个人的某种特征形成好或坏的印象后,往往把一切"好"或"坏"的品质都赋予这个人。参见章志光:《社会心理学》,人民教育出版社1996年版,第127页。

政的并不是光绪,而是太后慈禧,以李鸿章为首的"后党"怎能容得下翁同龢?所以,变法开始后的第四天,即1898年6月15日,慈禧就迫使光绪下令免去了翁同龢的军机大臣等一切职务,把翁驱逐回籍了。蔡元培虽然没有参加维新派,也没有参与变法,但作为翁同龢所赞赏的"隽材"①,蔡元培绝不是、也不会参加以李鸿章为代表的"后党"顽固派,这样,蔡元培的为官之路便可想而知了。蔡元培在社会认知上是不会意识不到这一点的②。所以笔者认为,蔡元培对当时社会形势的认知,可能是他选择"抛弃京职"、"携眷出都"的主要心理原因之一。至于"愿委身教育",或许也不完全像蔡元培自己所说的那样,是由于认识到"康党的失败"在于"不先培养革新人才,而欲以少数人弋取政权,排斥顽旧"等原因,因为开馆授徒,培养后进,似乎是自孔子始"读书人"行为选择的通例,特别是当这些"读书人"仕途不畅时更是如此。正如有人所言,"学而优则仕"这句话说起来轻松,"其实'仕途'并不怎么好走。'学优'便做官去吗?可能不遇于时,满怀悲愤,就算是官做到了,做到得意的有几人!所以,'教书'虽然像是读书人的穷途末路,实际上倒是他们的一条出路"③(事实上,早在1884年,蔡元培就曾做过两年的塾师,我们能说那时他从事教育就已经认识到培养革新人才的重要性了吗?)。但变法失败以后委身教育的蔡元培,由于"新学"知识的不断增长和丰富,无论在教育目的、教育内容还是在教育方法上,与传统的塾师相比都有了极大的差别,这确实是历史事实。

  不管是出于蔡元培自己所说的原因,还是由于笔者所推论的原因,抑或是两者的结合,事实是戊戌变法的失败,促使蔡元培离开了京城,脱离了旧式"读书人"传统的发展轨迹,开始了寻求个人和国家新的出路和希望的征程。

---

  ① 据记载,1892年蔡元培中进士,被授为翰林院庶吉士后,曾拜见过翁同龢,而翁对蔡元培的才能也非常赏识,并在日记中写道:"新庶常来见者十余人,内蔡元培乃庚寅贡士,年少通经,文极古藻,隽材也。"参见周天度:《蔡元培传》,人民出版社1984年版,第5页。

  ② 1900年蔡元培在写给徐树兰的辞职信中说:"元培而欲求富贵利达也,固将进京考差,日奔走于彼顽固者之门,亦复何求不得,而顾恋此青毡乎?"由此我们可以看出,蔡元培的确认识到如果想在京"求富贵利达"只能是"日奔走于彼顽固者之门",这是他不能接受的。参见中国蔡元培研究会:《蔡元培全集》第10卷,浙江教育出版社1998年版,第26页。

  ③ 严元章:《中国教育思想源流》,上海三联书店1993年版,第151页。

二、社会认知、态度的转变与行为方向上的探索

社会心理学认知相符理论(cognitive consistence theory)认为,个体心理活动和外部行为的变化,是由于人们在认知上有一种趋向一致的状态或倾向性而引起的。概括地说,就是当个体的某些信念、观点、态度或行为与其他的观念或行为矛盾时,就会产生心理内部认知和情感上的失调,出现心理上的不适。在这种情况下,人便会从内部产生某种驱动力,自发地去调整自己的观点,以达到心理上的一致和和谐,进而改变原有的态度或行为[1]。

从一名传统的士大夫转变为中国近代著名的教育家,从清室一名京官转化为它的"逆子贰臣"[2],对于长期接受传统教育并注重"孝道"和学术的蔡元培来说,如果没有学理上的支持,认知上、态度上的根本转变,是绝难做到行为方向的这种改变的。

通过对蔡元培心路历程的深入考察,笔者认为,从1898年12月被聘为绍兴中西学堂的监督(即校长)始,至1907年6月去德国留学止,尽管这一时期蔡元培各式活动繁多(办教育、建学会、建学社、办报纸、建光复会、入同盟会、搞暗杀等),但主要完成的是认知和态度的转变,而在行为选择方向(救国手段和途径)上,还处于探索和尝试阶段,并没有完全确立自己的行为方向。

这一时期蔡元培认知和态度的转变,主要表现在以下几个方面。

1. 对社会发展方向的认知和态度的改变

变法失败了,中国的前途在哪里?是不是还会回到原来的老路上去?如果说在整个变法过程中蔡元培也在思考着中国未来的发展方向,对变法的社会认知还不是很清晰,态度也不是很明朗的话,此时的蔡元培则已经有了思考的答案,认清了中国社会未来的走向,在自己的社会认知、态度和行为方向上取得了基本的一致,解决了行为方向上的第一个心理难题。1899年1月1日,蔡元培在日记中写道:

阅《万国公报》第百二十册,广学会第十一届年报、纪略记会

---

[1] 章志光:《社会心理学》,人民教育出版社1996年版,第46—49、204—211页。
[2] 周天度:《蔡元培传》,人民出版社1984年版,第38页。

政。英总领事之言曰:"皇太后之屏弃新政,或且引以为中国忧。"余则曰:新政未尝弃,中国亦无可忧也。譬如大海潮生,涛头怒涌,忽焉而浪花四散,杳无踪影。善观水者,岂太息于潮之不至哉!盖水势已渐长矣。"其言甚美。①

我们绝不可忽视了"其言甚美"这四个微不足道的字。正是这四个字,表明蔡元培已清晰地认识到:中国的希望在变革,而变革也必将像波涛汹涌的浪潮,成为任何人也无法阻挡的社会发展潮流。这是蔡元培在此期间行为方向不断探索的最基本的心理基础。没有认知和态度上的这种转变,办教育、建学会、建学社、办报纸、建光复会、入同盟会、搞暗杀等一系列行为,都是不可能的。

2. 对"天子"、君臣关系等认知和态度的转变

"有子曰:其为人也孝弟,而好犯上者,鲜矣;不好犯上,而好作乱者,未之有也。"(《论语·学而》)对于以儒家思想为行动信仰、注重"孝道"的蔡元培来说,要进行社会变革,就必须转变对"天子"、对君臣等关系的认知和态度。蔡元培通过学理上的探求,获得了新的认知和态度,为今后自己的行为选择打下了基础。

在1899年4月22日的日记中,蔡元培摘录了《慎子·威德》中的一段话:"古者立天子而贵者,非以利一人也。曰天下无一贵,则理无由通,通理以为天下也。故立天子以为天下,非立天下以为天子也。立国君以为国,非立国以为君也。立官长以为官,非立官以为官长也。"②蔡元培虽然没对此发表看法,但我们可以想象,按照这种逻辑得出的结论自然是:如果天子不为天下,国君不为国,官长不为官,起而反对他们也就谈不上"犯上作乱"了。

这种认知、态度上的转变,在蔡元培1900年3月所写的《上皇帝书》中则表现得更为淋漓尽致:

国者,公司也,民者,出资本之股主也,天子者,总办也,诸侯也,官也,皆总办所自辟之分办也。彼股主者出资本以为公司办

---

① 中国蔡元培研究会:《蔡元培全集》第15卷,浙江教育出版社1998年版,第207页。
② 中国蔡元培研究会:《蔡元培全集》第15卷,浙江教育出版社1998年版,第219页。

事之费,而总办之支应,分办之薪水,皆于是取给焉。秦汉以来,为总办者,日事乾没资本,笼络股主,而夺公司以为私业。及股主之稍黠而有力者出而恢复焉,大揉大搏,仅乃得之其于他股主焉,益巧其乾没笼络之术焉。转益多师,千障万翳,前之股主,固自居于总办之奴隶矣。皇上立二十有四年,而自悟总办之失职,乃于奴隶之中,择一二稍自知为股主者为分办,而商补过焉。不数月而忽请训于其母,其母而果知总办之职者与,请训可也。然而,其母者,不知有公司也,知有家业而已;并不知有家业也,知一身之娱乐而已。于是乾没不已而勒索焉,笼络不已而渔猎焉。以总办之贤若此,而忽欲借剑以杀人,此何为者也?臣所大惑不解者一也。

……总办者,人人所托命也。彼谋杀总办者,殆欲绝人人所托之命,则人人得而诛之。若乃总办之父母,则犹是人耳。为股主者,以其重总办之故而推之于所自出,敬之爱之,是股主之优格也。其不及格而等夷焉,听之可也。其不但不及格,而伤之杀之,则伤之杀之以偿可也。……前年八月,皇上所杀、所放、所锢、所追捕,不胜举矣。问何罪,则曰谋围颐和园也。夫颐和园者,岂公司机密之地,而公司人人之命所托与?乃总办之母之所居耳。夫总办之母之所居,则虽入其居,杀其人,则亦治以人与人相杀之律而已。未杀也而围,未围也而谋,而杀之、放之、锢之、追捕之,虽人与总办交涉之律,未有如此者也,而悍然为之,此何为者也?臣所大惑不解者二也。

……盖前总办之卸其责于后总办也,问其能胜任与否而已,其人之与我为父子与,为兄弟与,为君臣与,皆不足问也。皇上自去年八月以后,既以病而旷职矣,欲有所卸,则择于其子,如禹之于启可也。皇上既未有子,则择之于兄弟,如挚之于尧可也;或择之于人人,如尧之于舜、舜之于禹,亦可也。乃不问有胜任之人否,而曰必归之穆宗毅皇帝之子,穆宗固无子也,乃曰吾取一兄弟之子以为之子,而使为总办也。其人而果胜任也,可也。然为九岁之童子耳,此股主之所必不信者也。且夫总办之父子相嬗,自夏以来,学禹而失之者也;虽不合公理,然而股主不责也者,曰总办之子,必其习惯于总办之事者也,如良弓、良冶之子之善为箕裘也是也,然而必问其贤否。我朝家法不立储。是也。若乃总办之接办者有人矣。因前总办之无子而为之立子,此一家之私事耳,不以干总办之职可也。然而为之立子、而必任之以总办,且必择其不胜总办任者而立之,又何为者也? 此臣所大惑不解者三也。

此三惑者,非特臣不能解,盖我国人人所不能解者也;非特我国,盖同洲之国,异种之国,亦无一人能解者也。敢请皇上明降谕旨,说其所以然,以排群疑,而坚圣□。则虽正臣妄言之罪而杀之,臣虽死之日,犹生之年也。①

笔者之所以不嫌冗长地引述蔡元培的这段原文,一者恐断章取义有违其原意,二者便于通过原文,让读者去评判笔者结论的是与非。

3.对群己关系认知和态度的改变及对"自由"的探讨

以家族为本位的宗法集体主义文化②是中国传统文化的特点之一。正是由于重家族轻个人、重群体轻个体的文化传统,个人总是被重重包围在群体之中,总是强调个人在群体中的义务和责任,从而忽略了个人在社会中的权利。

1899年11月22日,蔡元培在日记中摘录了《知新报》的一篇报道,报道称:"英使麦端奴在英京演说,述罗士勃雷侯之言曰:万民事事皆祷告政府代为,由初生以迄暮齿,莫不然。我英民素有独立自理之性情,理宜保持勿贷,何可事事倚赖政府为之。倘惯为此事,难免自理独立之质性有亏,不幸尽忘之,则英国不值一文钱矣。"③"事事皆祷告政府代为,由初生以迄暮齿,莫不然"的状况,与中国千百年来"事不关己,高高挂起"的社会现实是何其相似。英国的强胜与其国民的"独立自理之性情"密不可分,而一旦失去了这种"自理独立之质性",英国尚且"不值一文钱",没有独立自理国民性的中国,怎么能够强胜的了呢? 这样,独立自理的个体在这

---

① 中国蔡元培研究会:《蔡元培全集》第1卷,浙江教育出版社1997年版,第263—265页。
② 张岱年,方克立:《中国文化概论》,北京师范大学出版社1994年版,第359—361页。
③ 中国蔡元培研究会:《蔡元培全集》第15卷,浙江教育出版社1998年版,第239页。

儿得到了强调,而对重家族轻个人、重群体轻个体的传统也有了新的认知和态度。

在1900年闰八月十八的另一篇日记中,蔡元培又摘录了《万国公报》翻译刊登的斯宾塞《自由篇》中的第二章"体合",因其篇幅过长,此处只能择其要点附录于下:

> ……故格致之人,最重体合。体合者,变化其气质以求合于外境也。……试观中国、印度,立国最古,而一二千载之久,进境毫无,则以魔鬼之事害之也。坐人之力,不足以抵魔鬼,虚妄之端盛,则真实之效晦,人不能役物,而物反胜人。……虽为万物之灵,实居五行之下,犹之孙行者有莫大本领,而一为佛压,即计无所施,无怪乎人之毫无进境矣。……体合之事,大小不一,而其最在于群中。合众人为群,合众群为国,合众国为天下,皆不外众擎易举,独立难成,断无离群索居而因以为利者。作益之人众,斯获益之事多也。……人之助群,群之成人,亦犹是也。惟群之意虽甚善,而群之政常不均,故于此欲求理益之当然,则必有一定之公例焉。曰:人欲自由,当以他人之自由为界,无论为国,无论为人,无论为己,皆不能背乎此例,则理可不求而自合,益亦不求而自至。……①

由此笔者认为,此时的蔡元培不仅对古老的中国和印度缘何"一二千载之久,进境毫无"有了新的认识,同时对"群己"之间的关系也有了认知和态度上的转变,对自由在"群己"关系中的意义开始了探讨。

这种探讨在1901年4月29日的日记中得到了进一步的体现。在当日的日记中,蔡元培抄录了欧美诸大学关于自由的格言,共34条之多②,概括而言,包括以下几个方面。

(1)什么是自由。"赖步霞曰:'一事不为,谓之懒惰,而不可谓之自由。

---

① 中国蔡元培研究会:《蔡元培全集》第15卷,浙江教育出版社1998年版,第272—275页。
② 中国蔡元培研究会:《蔡元培全集》第15卷,浙江教育出版社1998年版,第339—341页。

为与不为任我意者,自由之谓也。'"

(2)自由之获得乃近代社会发展的基础。"雷克曰：'十九世纪之竞争,其主义在自由,而神学(宗教之学)无与焉。……'"

(3)自由与钳束的关系。"威步斯德曰：'自由者,钳束之反比例也。故钳束长则自由消,钳束消则自由长。'"

(4)自由与社会的关系。"白林勃禄克曰：'自由之于社会,犹康健之于人身也。人非康健,不能得快乐;社会非自由,不能享福祥。'"

(5)自由与教育的关系。"威亚立德曰：'教育者,自由之守护也。'"

(6)自由之可贵与难得。"爱马生曰：'自由,犹果物也。其生长不易,故可贵;其价值不赀,故可宝。人间之完全美足,莫如自由,自由之不易得也。宜哉。'""法国之谚曰：'深仇大敌,莫甚于侵我之自由。'""沙德曰：'天下之可贵可重者,莫自由若,故受人之赐而失我之自由,智者不为也。'""塞温得斯曰：'天赐之最贵者,自由是也;天谴之最大者,屈服是也。'"

(7)自由之获得。"夸尔顿曰：'人民求自由,非自由求人民,故欲享自由者,必先求储之之道。'""路索曰：'吾人之于自由也,求则得之,舍则失之。'"

(8)自由之保证。"孟德斯鸠曰：'自由者,法律所许之权利也。'""瓜爱德曰：'能与吾人以自由者,法律是也。'"

(9)自由之限制。"马其生曰：'威权不可滥用,滥用则害生,自由亦然。'""雷弗尔曰：'自由过甚,乃成不仁'(言必至侵人之自由也)"。

当然,我们还不能说蔡元培已经树立了关于自由的这些观念,但我们至少可以说他对此已经有了思考和重新认识。在当时的社会历史条件下,对蔡元培这样一位长期接受传统文化影响的个体,这种社会认知和态度上的转变对他今后行为方向的选择,其意义可想而知。

有了认知、态度上的转变,也就有了对自己采取变革行为的合理解释。这种认知、态度、行为上的一致性,在1901年6月蔡元培写给上海《中外日报》主持汪康年的信中,可以一览无余：

> 窃以我国万事毁坏,正以国民无国家思想,辄以人人应问之事诿之君官,以为我不必越俎也。以藩批律之,则今日有志之士,

越俎者多矣,不必远引,即如上海西学堂一事,西人之创议,华董之集捐,《日报》之持论,何一非越俎者? 此诚常理。①

4. 对传统教育认知和态度的改变及对教育功能的探索

作为一个长期接受传统教育影响的士大夫,不能不说蔡元培对传统教育还是有一定的感情的。1899年6月19日蔡元培在日记中写道:

阅《日本国鹿门观光纪游》,言中国当变科举,激西学,又持中国唇齿之义甚坚,皆不可易。时以烟毒、六经毒并言,其实谓八股毒耳。八股之毒,殆逾雅(鸦)片。若考据词章诸障,拔之较易,不在此例也。十年前见此书,曾痛诋之,其时正入考据障中所忌耳。②

由此可见,蔡元培最初还是一个传统教育的拥护者。但是,正如前文所言,由于甲午战争的失败,从1894年,蔡元培阅读和学习了大量的新学书籍,掌握了很多的西学知识③,为他的教育变革思想和行为准备了坚实的基础。

1899年,蔡元培总结出了传统教育的三大流弊,即"隔截文气,阻其寻味","恃有注说,不玩经文","背诵经文,易以注语羼杂"④。到1901年,蔡元培在《学堂教科论》一文中,对传统教育的弊端又有了进一步的认识,并以"鄙"、"乱"、"浮"、"蒽"、"忮"、"欺"六字概括之⑤。

蔡元培认为,传统教育一切以科举为目的,个人为了满足自私自利的

---

① 中国蔡元培研究会:《蔡元培全集》第10卷,浙江教育出版社1998年版,第31页。
② 中国蔡元培研究会:《蔡元培全集》第15卷,浙江教育出版社1998年版,第226页。
③ 在蔡元培所阅读的新学书籍中,既有中国近代早期的启蒙思想家魏源的《海国图志》、郑观应的《盛事危言》,也有许多西方著作的中译本,如:《日本史略》、《列国海战记》、《支那教案论》、《电学纲目》、《化学启蒙》、《量光力器图说》、《代数难题解法》、《几何原本》等等,范围涵盖了文史哲、数理化等广泛领域。蔡元培1894—1899年所阅读的新学书目可参见崔志海:《蔡元培》,浙江人民出版社1998年版,第27—29页。
④ 中国蔡元培研究会:《蔡元培全集》第15卷,浙江教育出版社1998年版,第215页。
⑤ 中国蔡元培研究会:《蔡元培全集》第1卷,浙江教育出版社1997年版,第330—345页。

"大官厚禄"的需要,可以不择手段,"其未得之也,为揣摩,为剿袭,为倩替,为贿买,为钻营,苟无阻力,何施而不可;其既得之也,缺之肥瘠,差之优劣,上官之喜怒,要津之援系,已不胜心力之疲,尚何暇复为天下设想乎?此害于鄙者一也"。

传统教育的内容与儿童的年龄特点严重脱节,"童子之入塾也,未知善恶之道而课以明新,未习弟子之职而语以君国,譬之婴孩舍乳而食肉,山人入水而求鱼,使其神思之径,忽断忽续,若昧若明,以此为常,则事无大小,既无执因求果之术,更无见微知著之几,皆将颠倒重轻,衡决首尾,见卵而求时夜,救火而呼丈人,此害于乱者二也"。

传统教育不注意学习规律,"塾师之课读也,有声无义,里谚谓之小僧诵经,固已味同嚼蜡,倦此循环。夫人之心思,自酣睡以外,固不能无所寄。彼其塾课既淡漠相遭矣,势不得不游心于文句之外,结想乎玩好之需。以此为常,酿成假公济私之习,是故居官以治事也,而转弛事以便私;抚军以防寇也,而或纵寇以自重。名实相缪,心口不同。此害于浮者三也"。

传统教育不讲求教育方法,"童子之在塾也,非有爱于其课,则窳惰而不中程宜也,为师者不求其故,不言其所以,而夏楚以迫之,忿詈以禁之,有问则对之以模棱之词,发难则科之以不敬之罚。彼其师弟之间,非有固结不可解之爱情也,屈意就范,压于势力耳。夫势力何常,因时而异,其在贤者,驱之以为贤;其在暴徒,胁之以为暴;其在中权,固成瓦合;其在外力,遂兆土崩;以是为常,国于何有。此害于葸者四也"。

传统教育无视儿童的情感需要,"受之者既有苦而无乐,则亦有怨而无怀。入塾则视日早晚,逃学或不惜饥寒。至乃街市闲行,侪辈笑语,一逢师至,匿迹销声,视学塾如囹圄,见先生如狱吏,岂弟子之无良哉,为师者固迫之为仇耳。童子就傅以后,接父母兄姊之时少,而日与其仇者相对,务剥削其亲和眷恋之良,而养成夫乖戾忮忌之性。夫是以在家而戾于家,在国而戾于国。家国虚模,人为质点,以爱力相吸耳,日驱之而日距之,有不灭裂者乎?此害于忮者五也"。

传统教育师生关系畸形发展,"师之于弟,本以压力胁从,压力移而胁从之权将挟之以移。彼夫纨绔之子,成童以后,或生性桀骜,力能持师之短长于其父兄,师之下者,乃遂与之比而以欺其父兄为事,是故多授之经,不问能诵否也;速课以文,不问能解否也;甚者先为之笔削而后录焉,乃加优善之评点以欺人;甚者应试之时,且为之代作焉,曰非是无以结于弟子焉;甚而书院之院长,于下劣之卷,亦必优之以评点焉,曰非是无以结于肄业生焉;甚而试官之阅卷,于屏弃之卷,亦必违心而奖借之,曰非是将见嫉于下第举子焉。以此为常,上下相蒙,司法者改罪人之供状以避议,理财者张无本之报销以盗利,察吏者窜不关之保举以徇情,将兵者造讳败之露布以希赏,驾轻就熟,何所底乎!此害于伪者六也"。

在蔡元培看来,"其他支害,难可具论"。由此我们可以看出,蔡元培对传统教育认知和态度的转变,经历了一个漫长的过程,对传统教育弊端的认知,也表现出逐步深入的特点。

这一时期,蔡元培已经产生了教育救国思想的萌芽。1900年4月17日蔡元培在日记中写道:"德国先贤簿尔泥曰:'将来世界,惟在教育者掌握之中。'福斐得儿见拿破仑蹂躏柏灵,乃立市中,扬言曰:'振兴我国以规复其势力者,惟教育耳。'"①而在普及教育还是精英教育上,蔡元培则选择了后者:"日本教育有二派:曰杉浦派,门下多非常之才,而颇不合时宜;曰嘉□派,务妥贴可行,而无奇才。余谓我国人才奄奄欲绝,宜以杉浦派救之。"②可以说,这些认知和态度,都成为蔡元培后来行为选择方向的心理基础。

上述四个方面只是蔡元培在此期间思考、探索所得出的部分结论。实际上,从1900年开始,蔡元培就在思考、探索困扰着中国自1840年以来、跨越整个20世纪直到今天的一个大问题,那就是对中国传统文化的批判、继承和对西方文化的借鉴、吸收。"自秦以来,我国民思与秦以前不同者何在?其逐渐改变者何如?何者为进?何者为退?至于今,与西洋思(想?)比较,有何同异?何去何从?"③一百多年过去了,我们今天能否回答蔡元培提出的这些问题呢?或许这个题目太庞大了,任何简单、笼统的结论都不足以令人心悦诚服,但蔡元培对这些问题的认知和态度,对我们今天探讨中西文化问题,仍不失其参考价值。经过辛亥革命、五四运动后,当20世纪30年代有人提出建设中国本位文化的主张时,蔡元培明确表示,中国本位的文化建设:

---

① 中国蔡元培研究会:《蔡元培全集》第15卷,浙江教育出版社1998年版,第260页。
② 中国蔡元培研究会:《蔡元培全集》第15卷,浙江教育出版社1998年版,第259页。
③ 中国蔡元培研究会:《蔡元培全集》第15卷,浙江教育出版社1998年版,第254页。

在原则上、在抽象的理论上,可云颠扑不破。孔子说:"三人行,必有我师焉。择其善者而从之,其不善者而改之。"这就是不守旧、不盲从的态度。现在最要紧的工作,就是择怎样是善,怎样是人类公认为善,没有中国与非中国的分别的。怎样是中国人认为善,而非中国人或认为不善的;怎样是非中国人认为善,而中国人却认为不善的。把这些对象分别列举出来,乃比较研究何者应取,何者应舍,把应取的成分,系统的编制起来,然后可以作一文化建设的方案,然后可以指出中国的特征尚剩几许。若并无此等方案,而凭空辩论,势必如张之洞"中体西用"的标语,梁漱溟"东西文化"的悬谈,赞成、反对,都是一些空话了。①

如前所述,蔡元培这一时期的活动是纷繁多样的,以往的研究者从行为过程和行为客观结果的角度,对蔡元培进行了研究和评价,在此笔者不再赘述。但从心理学的角度出发,笔者认为,客观的结果未必是主观的愿望②。正是蔡元培活动的纷繁多样性,反映出他在追求社会变革过程中行为选择方向上的探索性,也正是各种活动的频繁更替——这种现象除了再次表明蔡元培"难进易退"的行为方式外——说明蔡元培还没有确立自己救国救民的行为选择方向。所以笔者认为,这一时期,应是蔡元培社会认知和态度上的转变期,是行为选择方向(救国手段和途径)上的探索和尝试期。

三、教育救国思想和行为方向的确立

1906年春,蔡元培由于在"上海所图皆不成,意颇倦"③,又正赶上绍兴新设学务公所招聘总理,蔡元培便回到家乡,当上了学务公所的总理。不久,因所聘干事及筹设师范班受人反对,遂辞职。同年秋,清政府拟派翰林

---

① 中国蔡元培研究会:《蔡元培全集》第14卷,浙江教育出版社1998年版,第14页。
② 譬如柳亚子就认为,这一时期蔡元培的社会行为,"替辛亥革命建立了一个不拔的根基"。(参见柳亚子:《纪念蔡元培先生》,陈平原,郑勇:《追忆蔡元培》,中国广播电视出版社1997年版,第125页。)但笔者认为,蔡元培主观上未必有这种想法。
③ 蔡元培:《蔡孑民先生言行录》,山东人民出版社1998年版,第9页。

院编检出洋留学，蔡元培遂进京销假，请求留学欧洲。但因翰林院编检中愿去欧美留学的人数太少，政府又缺乏经费，于是"悉改派赴日本"，蔡元培不愿，留学之事便暂时搁置了下来。1907年6月，孙宝琦出任德国公使，蔡元培经人关说，愿在驻德使馆中任一职，以便半工半读，孙宝琦答应每月助银30两。蔡又与商务印书馆订定，每月送编译费一百元。这样，蔡元培开始了他的第一次游学历程。

"上海所图皆不成，意颇倦"反映了当时蔡元培心理活动的特点，此时他觉得"数年来，视百事皆无当意"①。这恰好说明了笔者上述结论的合理性，也反映出蔡元培"无物不贪，无事不偏"的自我特点。蔡元培确实具有宏大的"识见"和"器局"，但这种"多计划而无恒心"的特点，也确实是他自我概念中的一大缺陷。

那么，蔡元培为什么决意要留学德国呢？1906年冬，蔡元培在《为自费游学德国请学部给予咨文呈》中写道：

> 窃职素有志教育之学，以我国现行教育之制，多仿日本。而日本教育界盛行者，为德国海尔伯脱派。且幼稚园创于德人弗罗比尔。而强迫教育之制，亦以德国行之最先。现今德国就学儿童之数，每人口千人中，占百六十一人。欧、美各国，无能媲者。②

可以看出，蔡元培对德国教育和教育史了解之深、研究之透，在当时恐无人能及。除上述原因外，有人认为③，蔡元培深感新学之中，哲学最重要，开发民智须以哲学为指导，而学哲学，以"纯粹之真理为的者，莫如德国之哲学"，这是蔡决意留学德国的另一原因。

上述几个方面都不失为蔡元培决意留学德国的原因，但笔者以为，更重要、更可能的原因，是蔡元培对德国的崛起以及在德国崛起过程中教育重要性的认知。

考察一下德国的历史，我们会发现，和西方英、法等工业国不同，德国直到19世纪中叶，还是一个政治上分裂、经济上落后的国家。但从1870

---

① 中国蔡元培研究会：《蔡元培全集》第10卷，浙江教育出版社1998年版，第45页。
② 中国蔡元培研究会：《蔡元培全集》第1卷，浙江教育出版社1997年版，第452页。
③ 蔡建国：《蔡元培与近代中国》，上海社会科学院出版社1997年版，第94页。

年普法战争爆发,法国战败,南德诸邦与北德联邦合并,组成德意志帝国,到19世纪末不到30年的时间中,德国工业生产就超过了一些先进的工业国家,跃居世界第二位,而成为中欧的强国,并在国际关系中占据了举足轻重的地位①,这不能不说是一个奇迹。创造这一奇迹的秘密,在蔡元培看来,就是德人对教育的重视。簿尔泥不是就说过"将来世界,惟在教育者掌握之中"吗?福斐得儿在拿破仑蹂躏柏灵时期,不是也宣称"振兴我国以规复其势力者,惟教育耳"吗?这对于正在寻求救国方略的蔡元培来说,实在是太有诱惑力和吸引力了,所以,他才作出了"游学非西洋不可,且非德国不可"②的决定。而他游学德国的目的也就是"专修文科之学,并研究教育原理,及彼国现行教育之状况"③。

蔡元培在柏林的第一年,因为不熟德语,没有进学校学习,每天除了若干时补习德语外,就是教国学,为商务印书馆编书,应酬同学,实苦应接不暇,因此德语进步也很缓慢。这令蔡元培内心感到很是不安,"若长此因循,一无所得而归国,岂不可惜!"于是1908年秋,蔡元培便离开柏林到了莱比锡,由孔好古(August Conraty)介绍进入了莱比锡大学。

莱比锡大学是一所具有500多年历史的大学,当时汇聚了一批世界著名的学者。在1908—1911年的三年间,蔡元培聆听了冯德(Wilhelm Wundt)的心理学、哲学史,福恺尔(Vokelt)的哲学,兰普来西(Lemprechs)的文明史,司马罗(Schmalso)的美术史,也常听文学史及文学等方面的课程④。他一面听讲,一面请教师练德语,一面还请一位将毕业的学生弗赖野氏(Freyer)摘讲冯德所讲的哲学史,借以补充讲堂上不甚明了的地方。

在莱比锡大学的三年苦学,为蔡元培认知和态度的转变提供了进一步学理上的支持。莱比锡大学对蔡元培的影响,具体表现在以下几方面。

第一,冯德的实验心理学及其思维方法。"冯德是一位最博学的学者",他所著的《生理的心理学》一书,为实验心理学名著。他在莱比锡大学

---

① 刘祥昌等:《世界史现代史》(上),人民出版社1984年版,第470页。
② 蔡元培:《蔡子民先生言行录》,山东人民出版社1998年版,第6页。
③ 中国蔡元培研究会:《蔡元培全集》第1卷,浙江教育出版社1997年版,第452页。"及"原作"乃",据中华书局1984年《蔡元培全集》第一卷394页改。
④ 蔡元培在莱比锡大学三年所学课程的详细目录,可参见蔡建国:《蔡元培与近代中国》,上海社会科学院出版社,1997年,第101—102页。

创设的世界第一个心理学实验室,也是心理学成为一门独立学科的标志。在莱比锡大学期间,蔡元培很注重实验心理学的学习,曾进实验心理学研究所,在教员指导下,"试验各官能感觉之迟速,视后遗像,发音颤动状比较表等"①。可见蔡元培在现代心理学领域,实可谓得风气之先,同时也为蔡元培在以后的教育思想和实践中摆脱经验主义的桎梏,打下了良好的基础,因为正如现代科学教育学的奠基人赫尔巴特所言"教育者的第一门科学……也许就是心理学"②。另外,蔡元培认为,冯德的著作"没有一本不是元元本本,分析到最简单的分子,而后循进化的轨道,叙述到最复杂的境界,真所谓博而且精,开后人无数法门的了"③。可见冯德"由简单到复杂"的思维方法,对蔡元培产生了很大的影响。

第二,兰普来西的历史观和教学方法。蔡元培在《自写年谱》中写道:

> 兰普来西氏是史学界的革新者,他分历史为五个阶段:(一)符号时代,(二)雏型时代,(三)沿习时代,(四)个性时代,(五)主观时代。符号时代,是人类意识最蒙昧,几没有多大的分别。……人与人的关系,就是共同生活,饥了就食,倦了就寝,并没有何等有机的社会组织。雏型时代,就进一步,有一种类别的意识。……在社会上,自图腾以至于宗法,自渔猎以至于农工商业,渐成分工的组织。沿习时代,是一种停滞的意识,承雏型时代的习惯,变本加厉,不求其所以然。……在社会上,贵族与平民、公民与奴隶、男与女、资本家与工人,都不考求他们的成立的因由,而确认为天然不平等的阶级,没有改变的可能。个性时代,就又进一步。……人人有"人各自由"之观念,人人有自尊人格的气概。平民与贵族争,有法国的革命;奴隶与公民争,有林肯的放黑奴;女子与男子争,有各种妇女运动;工人与资本家争,有社会主义;无一非人权的意识所表现。主观时代,为我见的扩大。是孟子"万物皆备于我"的"我",菲希德"我与非我"的哲学的"我",并非为

---

① 蔡元培:《蔡孑民先生言行录》,山东人民出版社1998年版,第9页。
② 赫尔巴特:《普通教育学·教育学讲授纲要》,李其龙译,浙江教育出版社2002年版,第12页。
③ 中国蔡元培研究会:《蔡元培全集》第17卷,浙江教育出版社1998年版,第453页。

小己的竞争生存着想,而以全体人类为一大"我"。"禹思天下有溺者,犹己溺之;稷思天下有饥者,犹己饥之。""伊尹乐尧舜之道,思天下有不与被尧舜之泽者,若己推而纳诸沟中。""人人不独亲其亲,不独子其子,鳏寡废疾皆有所养。""人人各尽所能,各取所需。"这是社会主义者理想的世界,将要待人类文化更进时始能实现的。

蔡元培在此还专门作了说明:"因兰氏所举例证,我已记不清楚,箧中又无书可检,用己意说明,不知道失了兰氏本意没有。"①由此可以看出,兰氏的历史观对蔡元培产生了一定的影响,同时也说明,蔡元培对西方学者思想的接受,是以他的儒家思想为底色的,反映出儒家思想对他的深刻影响。这也再次证明了笔者在前文中对蔡元培理想自我分析的合理性。

另外,兰氏在文明史与世界史研究所的教学方法,也给蔡元培留下了深刻的印象,并在他以后的教育实践中也时有反映。兰氏的教学方法,"是每一学期中,提出有系统的问题一组,每一问题,指定甲、乙二生为主任,每两星期集会一次,导师主席。甲为说明的,乙为反驳的或补充的,其他丙、丁等为乙以后的补充者,最后由导师作结论。进所诸生,除参加此类练习班外,或自由研究,或预备博士论文,都随便"②。

第三,康德的美学。由于蔡元培经常在课堂上听美学、美术史、文学史的讲演,又在环境上常受音乐、美术的熏习,所以,他"不知不觉的渐集中力于美学方面。尤因冯德讲哲学史时,提出康德关于美学的见解,最注重于美的超越性与普遍性,就康德原书详细研读,益见美学关系的重要"。而对众多德国学者所著的美学书,蔡元培最喜读的就是栗丕斯(T. Lipps)的《造形美术的根本义》(Grnndlage der Bildende Kunst),"因为他所说明的感人主义,是我所认为美学上较合于我意之一说,而他的文笔简明流利,引起我屡读不厌的兴趣"③。

康德的哲学和美学思想是一个庞大的理论体系,就目前笔者的水平,还难以达到对康德思想的把握。但就笔者目力所及的史料和对康德思想

---

① 中国蔡元培研究会:《蔡元培全集》第17卷,浙江教育出版社1998年版,第453—455页。
② 中国蔡元培研究会:《蔡元培全集》第17卷,浙江教育出版社1998年版,第455页。
③ 中国蔡元培研究会:《蔡元培全集》第17卷,浙江教育出版社1998年版,第457页。

的理解看,康德美学对蔡元培的最大影响,可能就是他的"二元论"——即现象世界和实体世界的划分和"不可知论"。

1909年8月21日,蔡元培在给吴稚晖的一封信中称:"弟近来时觉有他世界之影闪烁于眼前,又以此世界之究竟终无可把握,而世界中一切事业,亦竟不能以寿命极短之人类猝定其价值。"所以蔡元培认为:"所恃以为一时取舍之标准者,惟良心为一线之光明而已。而吾人既在此物理世界中,又有无数不能自由之原因,则吾人所能循此一线光明以进步者,亦只能限于力所能达之一点。吾乡有谚曰:'做一日和尚撞一日钟。'弟颇信以为至言。苟非叛逆良心以为倒行逆施之事,则一切费吾精力者,无论为言为行,或何等之言行,殆皆为世界进化总账簿中所不可少,而吾已可以告无罪。"①由此我们可以看出康德"二元论"和"不可知论"的影响(1912年蔡元培在《对于新教育之意见》中关于"现象世界"、"实体世界"和"美育"的论述,不过是这一思想的延伸和整理),同时我们也可以看出,这种认知和态度与蔡元培的自我概念是高度一致的,也就是说他是以自我概念为基础来解释这些经验的。

除了接受大学教育的影响以外,笔者认为,德国民主、科学、法制的社会环境,在耳濡目染之间对蔡元培也起到了潜移默化的影响。虽然蔡元培对此没有明确地表述,但从他这一时期的作品中可以看出某些端倪。在德国的四年间,蔡元培除编写了《中学修身教科书》(该书由商务印书馆出版,从1912年5月到1921年印了16次,有人评价它是"用民主主义的新观点编写的"②)、《中国伦理学史》和翻译了泡尔生的《伦理学原理》外,还翻译了两篇被人忽视了的著作,即《德意志大学之特色》和《撒克逊小学(国民学校)制度》。

《德意志大学之特色》为已故柏林大学教授、博士巴留岑所著《德意志大学》的总论部分③,蔡元培认为巴留岑"在德国学界重名,是篇又为名著,颇足供参考"。这篇著作对英、法、德三国大学教育的异同进行了比较,详细论述了德国大学教育的特点及意义。

---

① 中国蔡元培研究会:《蔡元培全集》第10卷,浙江教育出版社1998年版,第71页。
② 陈景磐:《中国近现代教育家传》,北京师范大学出版社1987年版,第132页。
③ 中国蔡元培研究会:《蔡元培全集》第9卷,浙江教育出版社1998年版,第446—452页。

德国大学之特色,在能使研究教授,融合而一。首先,在组织形式上,德意志大学的风格,"自其表面观之,似立于英国风与法国风之间"。"德国大学,由政府设立维持,而亦由政府监督之,与法国同。惟旧时团体之性质,尚有存者,故其自治力,亦未尽泯,全校职员之选举,属于其权限之内,故学长及评议员部长等,皆自行选举,于教授之任免,尤有非常之势力,授予博士之学位,选任无俸之教授,亦由大学决定,政府又付以选任各种讲师之权。故德国大学,于普通之组织,独能保存最初之形式焉"。其次,"德国大学,又为研究科学之实验场。而一方且为教授普通及专门知识高等学科之簧舍,此为德国大学之特质。……故德国大学,不特为科学研究之场,且为奖励之所,以德人视之,奉职于大学者为教师,又为研究科学之人,而研究科学之人,同时又为有大学程度青年之师,其重视科学之研究盖如此。故大学教育,以科学的教育为主,实为事理所必至。盖其目的,非职业上实地之训练,而在授以科学的知识与科学的研究之径途也"。

德国大学的教授,"为真研究学问者,为大学问家,而此真研究学问者,与大学问家,无一不在大学为教师。……故德国习尚,指一学者姓名,必询其人居何处大学讲座,苟无此位,人自不加礼貌,果为大学教授矣,则又必详询其著述,贡献于学界之绩之丰啬焉"。

"如此事状,虽似细微,而实关系于德国学界甚大。大学教授之事实,所以定国民他日地位势力之左券。"德国的思想家、研究家,不单单是著书立说以影响德国国民,更重要的在于他们"必与人人觌对而躬亲教授"。他们的著述,"初无感化之伟力,盖大半由门弟子笔而录之,或编纂其遗稿,故其出版之期,恒在身后"。"德国学术史中,除大学教授以外,所余之地复几何,此学者之所公认矣。"所以"大学教授之为功,夫岂浅鲜哉"。

对德国青年来说,"日于大学亲炙国民之先觉者为各方面知识之指导,其印象之深,果复如何,读先后辈出之伟人传记,其在大学时代,盖为至极重要之时代,大学教授之感化往往定个人处世之趋向,讲堂之上与学生晤对交换思想,彼以一种不可言传之刺激鼓舞,夫岂闭户潜修之学者所能梦想及之"。

德国的大学教育,除了它的优势以外,也存在着某些弊端。第一,这种大学教育容易"使教授渐摩以成学究之势,又或结为朋党,以轻侮大学以外之人"。但由于"德国学者,在大学外求其学问之成,较诸英法,艰苦惟倍",所以为了保证学者事业的成功,"不惟需无党无偏之识解,又当有最可信赖之评断,足令人奉为标准者,此其关系颇大矣"。第二,这种大学教育,在职业训练方面存在某些不足。"盖独注其眼界于研究之方面,而于职业之训练,不得不略","今日方谋补救之策焉"。

德国大学教育的成功以及德国迅速崛起的经验在于"德人学问之精邃,求诸他国,盖无其俦",而形成这种状况的原因则是"学界之伟人硕士,常于其国青年授以直接之教育,大学之势力永不坠之故。亦以凡是为一国之指导者,大学皆有罗而致之之能力,故大学能团结国民之精神,而维持其地位焉"。

19世纪下半叶以来,德国国民从"久在欧洲政治界为受动之客体者,今乃一变而为活动之主体"。虽然"大学以外,有巩固国本之基础,新兴之德意志,旧时大学,不复能为国民生命之中心,才智卓荦之士,大学以外,别有议会、商业界、殖民事业之各种方面,得展其骥足。多年郁勃之精神,至是得随势力利益,而辟一活动企业之新天地焉",但"大学之情形,固不随国势为转移,而伟大之势力,依然不变。今且为维持德意志联邦统一之重要机体,能使各联邦国民联合益巩固,感情益锐敏。而大学亦自力保其为学海重镇之名誉。据其永久之惯习,爱真理,重职责,致力于学问,摆脱世俗利害得失之观念,世界各国,莫不尊之重之"。

《撒克逊小学(国民学校)制度》则是1873年以德国国王诏令的形式颁布的有关教育规程和1874年8月25日对上述规程的补订,详细说明了国民小学的"普通规则"、"国民学校之组织"、"教员与女教员之养成及任用,及其与法律之关系"和"学务处"等问题①。

笔者认为,正是这两篇文章,为蔡元培在中国的教育改革绘制了蓝图。同时,也正是从这两篇文章的介绍中,反映出蔡元培对现代社会民主、科学特别是法制建设重要性的认识。这种认识,造成了蔡元培教育救国理想与中国现实的根本冲突。由于历史条件的限制和蔡元培自我概念的特点,这种冲突的结果自然可想而知。

由于受到上述影响,同时也由于国内革命党(同盟会、光复会等)的内证,蔡元培对自己以往的行为进行了反思。

蔡元培从前很钦慕俄国虚无党的暗杀手段,也很赞成目的神圣手段之

---

① 中国蔡元培研究会:《蔡元培全集》第9卷,浙江教育出版社1997年版,第455—476页。

说,对于德国哲学家"于此等事绝对的反对,而专主张堂堂正正之革命,以言论鼓吹为惟一预备方法",蔡元培"初以为德人奴隶根性太深,故其言学理,亦复尔尔"。而此时"鉴于我族党人之变态,与俄国警界之丑状",使蔡元培对此发生了怀疑。蔡元培认为"盖人类以习惯为第二之天性,其初固不惜以丑恶之手段赴其美善之目的。然所谓美善之目的者,相距至远,接触之点极微。而丑恶之手段,则不免时时循返之,由是习惯于丑恶而不知不觉,遂至以是为目的,殆人类所难免乎"①。由此可以看出,蔡元培对所谓"目的神圣手段之说"的认知和态度发生了改变,对"德国政治家压力颇重,而从无暗杀案"感到惊讶,认识到了理论指导的威力,接受了"以言论鼓吹为惟一预备方法"的"堂堂正正之革命"的主张。

在蔡元培看来,"吾族终不免有专制性质,以政府万能之信仰,移而用之于党魁,始而责望,终而怨怼,真令人短气!"②所以他认为"恐平民革命之剧,在支那终不能有好结果。现在所可预期者,惟有两涂:幸则为土耳其之革命,如汉民君《以土耳其革命告我国军人》篇所言,弟颇赞成之。不幸则支那民族演犹太人之印版文字,分居于各强国政府之下,而守其不洁、贪、吝、迷信旧宗教(以儒家之祖先教代摩西教)之习惯,历劫不变。其中一部分占势力于经济界,又有一小部分为忽出忽没之暗杀党,一小部分为学术家,而平时受人垢詈凌虐,又无端而忽受虐杀,一一如犹太人已往及现在之历史。二者何去何从,恐不出十年,可以解决也。"③由此可以看出蔡元培的远见卓识和反对以儒家思想为"国教"的基本态度。

"蔬食主义"特别是"戒杀"态度的确立,是这一时期蔡元培认知和态度的另一重要转变。由于受到李石曾"食肉之害"和托尔斯泰"描写田猎惨状"的影响,蔡元培采取了"蔬食主义"。他认为,"蔬食有三义:(一)卫生,(二)戒杀,(三)节用",而他的蔬食,"实偏重戒杀一义",并且可以说"专是戒杀主义"④。如果我们把蔡元培"以言论鼓吹为惟一预备方法"的"堂堂正正之革命"的主张和他的"专是戒杀主义"的态度联系起来,我们就会找

---

① 中国蔡元培研究会:《蔡元培全集》第10卷,浙江教育出版社1998年版,第72页。
② 中国蔡元培研究会:《蔡元培全集》第10卷,浙江教育出版社1998年版,第79页。
③ 中国蔡元培研究会:《蔡元培全集》第10卷,浙江教育出版社1998年版,第81—82页。
④ 蔡元培:《蔡子民先生言行录》,山东人民出版社1998年版,第9—10页。

到自此以后蔡元培认知和态度的基本标准和行为选择的基线。

通过在德国四年多的学习和对自己以往行为的反思,蔡元培最终确立了自己救国救民的行为方向——教育救国。虽然在此后的活动中时有方向上的偏离,但教育救国在蔡元培的认知和态度上,再也没有发生过动摇,以致"科学救国"、"美育救国"成为蔡元培直至临终也不能释怀的两件大事①。

四、"学问"中心:对他人的认知和态度特点

对他人的认知和态度,是社会认知和态度的重要组成部分。在交往的过程中,人们通过对他人心理状态及各种特点等信息的获得,形成了对他人的认知和态度。

"宽厚"和"律己不苟而对人则绝对放任",是蔡元培自我概念的主要特点之一,也是他对他人认知和态度的基本出发点。但正如吴敬恒所言:"他和那一个人都很和气。然而他有一个'自己'。绝不是因为做人和气,就会人云亦云。"②事实上,吴敬恒这里所说的蔡元培的"自己",就是蔡在形成对他人认知和态度时的判断和评价标准,也就是社会心理学中所谓的"中心品质"(centraltrait)③。那么,蔡元培所认为的中心品质是什么呢?笔者认为,在蔡看来,这一中心品质就是"学问"。

1909年,"三世传经"的国学大师刘师培忽然投靠了满人端方,消息传来,正在德国读书的蔡元培,作为刘的老朋友,心中很是不快。他在给吴稚晖的信中写道:

> 刘申叔,弟与交契颇久,其人确是老实,确是书呆。惟尚杂以三种性质:(一)好胜。……(二)多疑。……(三)好用权术。……此三种性质,甚之为老实人之累。……然此等性质,充类至尽,亦不过于自党中生冲突而止。万不料其反面而受满人端方之指挥,且为之侦探同党也。……然何以变而一至于此!最后之希冀,或

---

① 周新《蔡孑民先生的最后遗言》,王大鹏:《百年国士——自述·回忆·专访》第1册,中国文联出版公司1999年版,第51页。

② 吴敬恒:《蔡先生的志愿》,陈平原,郑勇:《追忆蔡元培》,中国广播电视出版社1997年版,第25—26页。

③ 章志光:《社会心理学》,人民教育出版社1996年版,第112页。

者彼将为徐锡麟第二乎?①

然而,1912年1月11日,蔡刚刚回国就任教育总长不久,便立即与章太炎联名登报寻找刘师培,"刘申叔学问渊深,通知今古……今者,民国维新,所望国学深湛之士,提倡素风,任持绝学"②。1917年蔡元培担任北大校长后,"筹安会"成员之一的刘师培又被聘为北大教授。由此我们可以看出蔡元培对他人认知的准确性,以及取人、用人的态度和标准。

在社会生活中,蔡元培对他人认知和态度所遵循的一贯原则,就是社会心理学中所谓的"波利阿纳原则",即总是以主观善良的愿望看待一切的事物和人③。他的这种原则,既有利于对他人的接纳,也容易造成对他人认知和态度上的偏差,以致被人所利用。

1913年,由于袁世凯的专制统治,孙中山被迫发起了"二次革命"。7月19日,蔡元培等给袁世凯写信,力促袁辞职下台。信中写道:

> 赣事既起,东南诸省以次响应,皆声言只对公一人。培等以为无论胜负,然倡和非止数辈,发动非止一隅,则国民之表见,已为中外所喻。公对此固难免愤慨,然哀矜生民、顾念国危之意,想当更切,必不忍以一人之故,令天下血流。且为公仆者,受国民反对,例当引避,而以是非付诸后日。流天下之血,以争公仆,历史所无,知公必不出此。望公宣布辞职,以塞扰攘。斯时天下激昂之情,将立易为感谅。④

试想,一个一心梦想做皇帝的人,怎么会"哀矜生民、顾念国危",又怎么会怜惜"流天下之血"呢?事实上,蔡元培对袁世凯的认知还是很准确的,早在武昌起义胜利,清廷请袁世凯出面镇压革命军的时候,蔡元培就认识到"袁世凯者,必不至复为曾国藩,然未必肯为华盛顿。故彼之出山,意

---

① 中国蔡元培研究会:《蔡元培全集》第10卷,浙江教育出版社1998年版,第72—73页。
② 中国蔡元培研究会:《蔡元培全集》第2卷,浙江教育出版社1997年版,第5页。
③ 章志光:《社会心理学》,人民教育出版社1996年版,第128页。
④ 中国蔡元培研究会:《蔡元培全集》第10卷,浙江教育出版社1998年版,第175页。

在破坏革命军,而即借此以自帝",可谓看到了袁世凯骨子里。只是由于他的"波利阿纳原则",他还是"终为乐观所战胜"①。或许这也是学者与政治家之间的不同之处。

我们不妨再来看一则例子。1931年初,由于蒋介石软禁了胡汉民,激起了两广派军阀政客的反蒋浪潮,形成宁粤对立的局面。蒋派蔡元培等人与汪精卫谈判。9月29日蔡元培等人在给蒋介石的信中,对和汪精卫等人的谈判作了汇报,建议蒋:"(一)钧座发一通电,为时局危急引咎,并声明议定统一政府办法时,立即下野。粤方亦发一通电,亦向国民引咎,并说明非统一不能救国,赴京开会,取消广州政府,并不以钧座下野与否为条件。两电须同时发表,电稿均在草拟,容即电闻。目前两方均训令各级党部及报纸,停止两方互相攻讦之言论。(二)须立即变更京沪卫戍警卫组织,俾粤方诸同志即可安心来京,在总理灵前宣誓开会,议决统一政府办法。"②蔡元培的这种"波利阿纳原则",在当时中国的政治斗争面前,只能是理想化的一厢情愿。

第三节　蔡元培的行为动机与教育实践
——以北京大学的改革为例

有研究者把辛亥革命以后蔡元培的教育实践概括为三个闪光点,即领导和参与了"民初"教育改革,并且推进了留法勤工俭学的浪潮;对于北京大学的改造和办理;在国民政府成立之初(1927—1928)推行了大学院制和大学区制,并筹备召开了第一次全国教育会议③。在这三个闪光点中,以北京大学的改造和办理持续时间最长,在中国近现代教育史上的影响最大,所以本研究主要围绕蔡元培在北大的改革来探讨他的动机和行为。

笔者认为,在对中国近现代史上个体或群体行为动机的研究过程中,有一个如何认识这些历史事件的基本的心理学理论观点或者说历史观的

---

① 中国蔡元培研究会:《蔡元培全集》第10卷,浙江教育出版社1998年版,第102页。
② 中国蔡元培研究会:《蔡元培全集》第12卷,浙江教育出版社1998年版,第375页。
③ 喻本伐,熊贤君:《中国教育发展史》,华中师范大学出版社1991年版,第535—536页。

问题,也就是说,是把这些历史事件主要看作有意识的理性行为,还是主要看作无意识的情绪化行为。

不能否认,中国近现代历史伴随着"西方人所注入的痛苦、不满、屈辱、恐惧和憎恨"①,但如果由此就把中国近现代史上的个体行为和群体事件看作为克服挫折带来的"自卑情结"在意识动机驱使下出现的"情绪化"的甚至近于"变态"的"盲动"行为,未免就失之偏颇了。笔者认为,虽然近代西方社会给中国带来的强烈冲击使中国近现代史上的很多群体反应的确带有情绪化的"盲动性",许多中国近现代史上的先进人物在这种群体的"盲动性"中有时也不免失去了"自己",但这绝不是中国近现代发展史中历史事件的主流。与其说中国近现代史上个体行为和群体事件是为克服挫折带来的"自卑情结"在无意识动机驱使下出现的"情绪化"行为,毋宁说中国的先进知识分子正是一再试图以个体有意识的理性为克服这种"盲动"而努力。前文所述蔡元培关于中国传统文化的批判、继承和西方文化的借鉴、吸收的认知和态度,以及他首任教育总长时,在《全国临时教育会议开会词》中关于"自大"和"自弃"的论述(在该文中,蔡元培强调指出,中国教育乃至社会的发展,"自大"和"自弃"都是万万要不得的②),就充分说明了这一点。所以,笔者认为,中国近现代史上个体行为和多数群体事件,如果不是理性占据主导地位的话,至少理性和情绪也是同等重要的。不明确这一点的话,心理史学取向的中国历史和中国教育史研究,也会成为"退缩的历史",进而被逐出历史研究的殿堂。

在这种认识的基础上,笔者采用了以下的社会动机概念:社会动机是指引社会生活主体达到一定社会目标的内在动力。它隐藏在人们行为的背后,是引起人们行为活动的直接原因。它不同于一般意义上的内驱力,意识性是它的主要特点③。精神分析学派的代表人物之一荣格(Carl Gustav Jung)认为"要真正理解一个人,不仅要了解他过去的经验,而且还必须了解他的目标和未来成就"。在荣格看来,"目的对人的行为起引导、'牵引'作用,过去经验的'推动'作用和未来目标的'牵引'作用同样重要"。

---

① 李存煜:《失去的地平线——帝国主义侵略与民族心理演变》,"引言",国际文化出版社 1988 年版,第 1 页。
② 高平叔:《蔡元培教育论著选》,人民教育出版社 1991 年版,第 16—17 页。
③ 沙莲香:《社会心理学》,中国人民大学出版社 1992 年版,第 181—182 页。

荣格对人类动机的观点可以用下图来表示①。这是本研究分析和探讨所研究对象行为动机的基本理论依据。

在探讨蔡元培北大改革的行为动机之前,简略回顾一下他在接受北大校长之职前一段时期内的社会心理状况,对我们了解蔡元培北大改革的动机有很大的帮助。

1911年,当武昌起义胜利的消息传来,时在德国学习的蔡元培"为之喜而不寐"②。不久,他接到国内促其回国的电报,遂"决计回国一次"。11月13日(阴历九月二十三)由柏林启程,经西伯利亚,于11月28日(阴历十月初八)抵达上海③。1912年1月1日,孙中山在南京宣誓就任临时大总统,中华民国诞生。3日,中华民国临时政府成立,蔡元培被任命为民国第一任教育总长。但后因不满袁世凯的专权,于7月14日辞去教育总长职。

面对中国社会发展过程中的挫折,蔡元培没有像有些人那样,走上"从极热到极冷,从革命斗士到和尚沙门的两极渗透和互补"④的传统道路,而是对中国的社会发展仍抱有极大的希望,显示出其认知和态度上的坚定性。1912年12月26日,蔡在给蒋维乔的信中写道:"此次革命,实专属民族问题,于政治上排去满洲亲贵之权力而已。清代汉官之流行病,本未曾动,望其一时焕然更新,谈何容易?惟乘此波动之机会,于各种官僚社会中,已挤入新分子,将来竞争之结果,必新胜而旧败,以普通社会中,新分子必年增其数,能对于官僚社会而监督之也。"⑤由此可以看出,蔡元培对辛亥革命的认识还是比较准确的,对中国将来社会的发展也是充满信心的。

1913年因宋教仁案,孙中山发起了"二次革命"。6月2日,蔡元培应孙中山之召回国。由于此前在德国四年中认知和态度的转变,蔡元培

---

① B.R.赫根汉:《现代人格心理学历史导引》,文一、郑雪、郑敦淳等译,河北人民出版社1988年版,第44、45页。
② 中国蔡元培研究会:《蔡元培全集》第10卷,浙江教育出版社1998年版,第102页。
③ 中国蔡元培研究会:《蔡元培全集》第15卷,浙江教育出版社1998年版,第438页。
④ 李泽厚:《中国现代思想史论》,天津社会科学院出版社2003年版,第210页。
⑤ 中国蔡元培研究会:《蔡元培全集》第10卷,浙江教育出版社1998年版,第168页。

主张和平解决南北冲突,与汪精卫、胡瑛一起参与了调解。如前所述,蔡元培的"波利阿纳原则"是不能打动皇帝梦想膨胀的袁世凯的。此后,蔡元培气愤地表示,袁世凯"独夫横行无忌,并保皇、维新之流,亦不能与之共事"①。

"二次革命"失败后,蔡元培于9月间偕眷赴欧,10月14日到达法国,开始了他的第二次游学生涯。面对袁世凯的专权统治,蔡元培认为自己所能做的,"……自造舆论一方法外,亦别无何等奇计。……渠现所注意者为求学务早、待时而动两义"。作为取"和平主义"的蔡元培,此时的心情是极其复杂的,一方面为自己"只有摇旗呐喊的本领"、"无论谈政谈学,均不过尔尔"而不满,一方面又为"不知何时始能露头角于世界"而感到无比的惆怅②。但他并没有消沉,在此期间,他仍然没有放弃他的教育救国理想,不仅发起和参与了留法勤工俭学会、华法教育会的成立,促成了20世纪初留法勤工俭学活动的高潮,客观上也为中国共产党领导的新民主主义革命准备了一大批领导人才。当然,这都是后话。通过积极地参与这些教育救国活动,蔡元培在等待着实现自己理想和抱负的时机。

1916年9月1日,机会终于来到了。蔡元培被聘请担任北京大学校长。于是,他于10月2日由法国马赛启程返国,并于1917年1月4日正式到北大任职。笔者认为,蔡元培北大改革的动机,主要表现为以下几个方面。

一、注重"学术"的自我特点和"鼓励造就大学问家的志愿"

蔡元培接受北大校长职务,在蔡元培的朋友中是颇有争议的。据他自己回忆,当他从法国回到上海后,"友人中劝不必就职的颇多,说北大太腐败,进去了,若不能整顿,反于自己的声名有碍",但也有少数友人说,"既然知道他腐败,更应进去整顿,就是失败,也算尽了心","我到底服从后说,进北京"③。可能就是由于蔡元培的"到底服从后说",于是有人

---

① 中国蔡元培研究会:《蔡元培全集》第10卷,浙江教育出版社1998年版,第182页。
② 中国蔡元培研究会:《蔡元培全集》第10卷,浙江教育出版社1998年版,第189、219页。
③ 华东师范大学教育系:《中国现代教育文选》,人民教育出版社1989年版,第23页。

认为"孙中山的卓见,符合蔡元培的心愿,增强了他北上的决心"①。但笔者以为,即使没有少数人的支持,没有"孙中山的卓见",蔡元培还是会出任北大校长的,这是他注重"学术"的自我特点和他在德国游学的经验所决定的。

注重"学术"是蔡元培自我概念中的重要内容,它决定着蔡元培行为选择上的一致性、对经验的接受和解释以及对社会和他人行为的期待。由于受到康德二元论哲学思想的影响,蔡元培认为,军国民教育、实利教育、公民道德教育,"犹未能超轶乎政治者也",而政治的目的,不外乎现世的幸福,"一切隶属政治之教育,充其量亦如是而已矣",而个人要对社会有所贡献,"非有出世间之思想者,不能善处世间事,吾人即仅仅以现世幸福为鹄的,犹不可无超轶现世之观念"②。所以他认为,"学问并非学商者即为商,学政治者即为官吏,须知即将来不作事,学问亦为吾脑筋所应具之物"③。而德国游学的切身体会和巴留岑的著作告诉他,"真研究学问者,与大学问家,无一不在大学为教师",这种状况对一国之学界关系重大。另外,要罗致一切有学问的人才,只有大学具有这种能力。因此,笔者认为,注重"学术"的自我特点和在德国游学的经验,是蔡元培北大改革的主要推动力之一。

注重学术的自我特点,又使"鼓励造就大学问家"成为蔡元培北大改革的主要目标(或牵引力)之一。吴稚晖在谈到蔡元培的志愿时认为,蔡元培"无时或忘的,就是他自己的主张,鼓励造就大学问家出来。别人办普通教育,像办工程等等,他也给予很多的帮助,而他毕生最致力的是办大学",因为在他看来,"仿佛是一个国家,只要有大学问家出来,民族就可以之而贵,一班人即可以之而尊"。所以,"蔡先生要盼望我们造就历史上的大人物",他"总是希望研究院能够造就中国出色人物,可以有人去得到诺贝尔奖奖金,在国外百科全书上也能够记载出中国伟人的姓名来。这种希望,仿佛是他天天所不能忘记的"④。笔者认为,吴稚晖的观点,基本上反映了蔡元

---

① 周天度:《蔡元培传》,人民出版社1984年版,第295页。
② 高平叔:《蔡元培教育论著选》,人民教育出版社1991年版,第1—3页。
③ 高平叔:《蔡元培教育论著选》,人民教育出版社1991年版,第23页。
④ 吴敬恒:《蔡先生的志愿》,陈平原,郑勇:《追忆蔡元培》,中国广播电视出版社1997年版,第26—27页。

培的真实目的。这从蔡元培的著述中也可得到证明。

1919年7月23日,在《告北大学生暨全国学生书》中,对于五四运动,蔡元培表示:"为唤醒全国国民爱国心起见,不惜牺牲神圣之学术,以从事于救国之运动。……在诸君唤醒国民之任务,至矣尽矣,无以复加矣!"但蔡元培从自鸦片战争后中国社会发展的历史出发,认为"我国输入欧化,六十年矣,始而造兵,继而练军,继而变法,最后乃始知教育之必要。其言教育也,始而专门技术,继而普通学校,最后乃始知纯粹科学之必要。吾国人口号四万万,当此教育万能、科学万能时代,得受普通教育者,百分之几,得受纯粹科学教育者,万分之几。诸君以环境之适意,而有受教育之机会,且有研究纯粹科学之机会,所以树吾国新文化之基础,而参加于世界学术之林者,皆将有赖于诸君。诸君之责任,何等重大。今乃为参加大多数国民政治运动之故,而绝对牺牲之乎?"在他看来,对于民众"一时之唤醒,技止此矣,无可复加。若令为永久之觉醒,则非有以扩充其知识,高尚其志趣,纯洁其品性,必难幸致"。他希望"自今以后,愿与诸君共同尽瘁学术,使大学为最高文化中心,定吾国文明前途百年大计"①。透过蔡元培文字间真情的流露,我们可以体会到他对从事纯粹之科学研究是多么地渴望!他是多么地希望中国学术能早日屹立于世界学术之林!但如果没有大的"学问家",这种希望又怎么会成为可能?

他的这一思想,在1921年5月12日《在爱丁堡中国学生会及学术研究会欢迎会演说词》中得到了进一步的体现。他说:"学与术可分为二个名词,学为学理,术为应用。各国大学中所有科目,如工商,如法律,如医学,非但研求学理,并且讲求适用,都是术。纯粹的科学与哲学,就是学。学必借术以应用,术必以学为基本,两者并进始可。……中国固然要有好的技师、医生、法官、律师等等,但要在中国养成许多好的技师、医生等,必须有熟练技能而又深通学理的人……要是但知练习技术,不去研究学术;或一国中,练习技术的人虽多,研究科学的人很少,那技术也是无源之水,不能会通改进,发展终属有限。所以希望留学诸君,不可忽视学理。"②可以说,"鼓励造就大学问家"是蔡元培北大改革的目标之一。

---

① 高平叔:《蔡元培教育论著选》,人民教育出版社1991年版,第229—231页。
② 高平叔:《蔡元培教育论著选》,人民教育出版社1991年版,第329—330页。

二、对传统教育弊端的痛恶和对树立新学风的渴望

前文已经提到,在蔡元培看来,传统教育的弊端主要表现为"鄙"、"乱"、"浮"、"窳"、"伎"、"欺",对此,他是极为痛恶的。所以他认为,"未光复以前,全国学风以破坏为目的",但在民国成立后,"全国学风应以建设为目的,故学子须以求高深学问为惟一之怀想"①。蔡元培的这一观念还是很有见地的,只可惜袁世凯统治下的"民国"并不是蔡元培理解中的"民国","要撇开个人的偏见、党派的立场,给教育立一个统一的智慧的百年大计"②谈何容易!所以民初蔡元培的这一理想并没有机会得以实施。但当重建学风的机会来临之时,蔡元培是绝不会放弃的。

蔡元培对北京学生的习惯是很了解的,"他们平日对于学问上并没有什么兴会,只要年限满后,可以得到一张毕业文凭",教员自己也是不用功的,年复一年,日复一日,只是把第一次的讲义照样印出来,在讲坛上读一遍而已。这种情况在北大更为突出,学生的目的"不但在毕业,而尤注重在毕业以后的出路。所以专门研究学术的教员,他们不见得欢迎;……若是一位在政府有地位的人来兼课,虽时时请假,他们还是欢迎得很;因为毕业后可以有阔老师做靠山"③。所以,蔡元培到北大后做的第一件事就是转变学生的观念,树立良好的学风。

蔡元培在《就任北京大学校长之演说》中,对北大的学生提出了三点希望。第一,抱定宗旨。他说和专门学校主要以"学成任事"不同,大学是"研究高深学问"的场所。以往学生"求学于此者,皆有升官发财思想……因做官心热,对于教员,则不问其学问之深浅,惟问其官阶之大小。官阶大者,特别欢迎,盖为将来毕业有人提携也"。他认为"果欲达其做官发财之目的,则北京不少专门学……又何必来此大学?"所以学生应抱定"为求学而来"的宗旨。"若徒志在做官发财,宗旨即乖,趋向自异。……光阴虚度,学问毫无,是自误也。"如果学生"不于此时植其根,勤其学,则将来万一因生计所迫,出而任事,担任讲席,则必贻误学生;置身政界,则必贻误国家。是误人也"。第二,砥砺德行。蔡元培认为,"方今风俗日偷,道德沦丧,北京社会,

---

① 高平叔:《蔡元培教育论著选》,人民教育出版社1991年版,第23页。
② 高平叔:《蔡元培教育论著选》,人民教育出版社1991年版,第8页。
③ 华东师范大学教育系:《中国现代教育文选》,人民教育出版社1989年版,第24页。

尤为恶劣",所以"必有卓绝之士,以身作则,力矫颓势"。作为大学学生,"地位甚高,肩此重任,责无旁贷"。第三,敬爱师友。鉴于以往师生关系、生生关系间存在的问题,蔡元培提出,师生之间"应以诚相待,敬礼有加",同学之间"尤应相互亲爱","不惟开诚布公,更宜道义相勖……毁誉共之"①。

所以,笔者认为,对传统教育弊端的痛恶和对树立新学风的渴望,是蔡元培北大改革的又一基本动机。

三、对大学教育重要性的认知和对民主化、制度化大学组织建设的追求

如前所说,在德国游学期间,蔡元培逐步确立了自己教育救国的理想。但教育救国的入手处很多,蔡元培选择大学教育作为突破口,自有他认知和态度上的心路历程。

早在1900年,他就已经有了"精英教育"的思想萌芽,德国游学的经历和巴留岑对德国大学教育重要性的论证,又使他有了直观经验和学理上的支持。大学教授的感化力量是什么?是定一国青年"个人处世之趋向";德国迅速崛起的经验是什么?是"德人学问之精邃";"德人学问之精邃"背后的原因是什么?是"学界之伟人硕士,常于其国青年授以直接之教育,大学之势力永不坠"。"故大学能团结国民之精神,而维持其地位焉。"如果大学力保其"为学海重镇之名誉,据其永久之惯习,爱真理,重职责,致力于学问,摆脱世俗利害得失之观念,世界各国,莫不尊之重之"(参见上述《德意志大学之特色》引文)。大学教育的重要性,对蔡元培来说实在是太具有魅力和吸引力。有了这种认识和态度,而不去从事这种活动,那倒是让人难以理解了。蔡元培1917年3月15日在给汪精卫的信中写道:"吾人苟切实从教育着手,未尝不可使吾国转危为安。而在国外所经营之教育,又似不及在国内之切实。……昔普鲁士受拿破仑蹂躏时,大学教授菲希脱为数次爱国之演说,改良大学教育,卒有以救普之亡。而德意志统一之盛业(普之胜法,群归功于小学校教员,然所以有此等小学校教员者,高等教育之力也),亦发端于此。"②由此可见,对大学教育重要性的认识,是蔡元培北大

---

① 陈学恂:《中国近代教育文选》,人民教育出版社1983年版,第332—334页。
② 中国蔡元培研究会:《蔡元培全集》第10卷,浙江教育出版社1998年版,第295页。

改革的另一推动力。

事实上,蔡元培在北大的改革,也是按照德国大学的模式进行的。根据德国大学的组织建制,蔡元培在北大创建了教授会、评议会等,希望通过民主化、制度化的组织建设,克服人存政举、人亡政息的传统模式。这是他北大改革的主要目标之一。

为了实现这一目标,蔡元培提出了"思想自由,兼容并包"的办学理念①。1919年3月18日,在致《公言报》函并附答林琴南的信中,蔡元培谈到自己办大学的两项主张:"(一)对于学说,仿世界各大学通例,循'思想自由'原则,取兼容并包主义……无论为何种学派,苟其言之成理,持之有故,尚不达自然淘汰之运命者,虽彼此相反,而悉听其自由发展。""(二)对于教员,以学诣为主。在校讲授,以无背于第一种之主张为界限。其在校外之言动,悉听自由,本校从不过问,亦不能代负责任。……夫人才至为难得,若求全责备,则学校殆难成立。且公私之间,自有天然界限。"②这种主张,与他对大学教育性质的认知和态度及他对他人的认知和态度特点又有着密切的关系。

蔡元培认为:"大学者,'囊括大典,网罗众家'之学府也。《礼记·中庸》曰:'万物并育而不相害,道并行而不相悖。'足以形容之。……各国大学,哲学之唯心论与唯物论,文学、美术之理想派与写实派,计学之干涉论与放任论,伦理学之动机论与功利论,宇宙论之乐天观与厌世观,常樊然并峙于其中,此思想自由之通则,而大学之所以为大。"③

而"真的"能做到"思想自由,兼容并包","囊括大典,网罗众家",则又

---

① 蔡元培"思想自由,兼容并包"和注重教学与研究并重等大学办学理念的思想源头,可以追溯到19世纪初德国大学改革的先驱施莱尔马赫、费希特和洪堡等人的办学理念,特别是洪堡提出的"学术自由的原则"、"教学与研究相结合的原则"以及"确立哲学院的中心地位"等(参见贺国庆,王保县,朱文富等:《外国高等教育史》,人民教育出版社2003年版,第189—218页)。虽然蔡元培"似乎从未阅读过洪堡等人关于大学理想的论述"(陈洪捷:《蔡元培的办学思想与德国大学观》,《高等教育研究》1994年第3期,第24—28页),但由于柏林大学教授巴留岑撰写的《德意志大学》,正是对洪堡等人大学办学理念和实践的概括总结。所以,笔者以为,通过对《德意志大学》的学习和自己在德国留学期间的耳濡目染,蔡元培掌握了洪堡等人大学办学理念的真髓。

② 中国蔡元培研究会:《蔡元培全集》第10卷,浙江教育出版社1998年版,第380—381页。

③ 蔡元培:《蔡子民先生言行录》,山东人民出版社1998年版,第127页。

是蔡元培的个人特质使然。有了注重"学术"、"宽厚"和"律己不苟而对人则绝对放任"等自我概念特点，蔡元培才"真的"能以"学问"作为判断和评价人和事物的"中心品质"，才"真的"能以"学问"的高低来对待古今中外学术，才"真的"能"广收人才，并且能恰当地任用，不求全责备，不论资排辈，只问学问才能，不问思想派别"①。

由于蔡元培在北大的改革与五四新文化运动有着千丝万缕的联系，也由于蔡元培在主观上确实倾向于"新派"，所以有人认为："蔡元培在提出和实践他的'兼容并包'思想时，是有选择的，绝非对新旧文化采取不偏不倚的态度。他要兼容的是新思想，保护新文化和新思想的传播。""他实行的'兼容并包'的办学方针，表面上看来似乎不偏不倚，实际上却是反对封建专制主义的有力武器。封建文化在中国已根深蒂固，并不需要'容与包'，而与封建主义对立的'新学'和新思想，因为不断遭到反动势力的扼杀，才需要特别保护，予以'兼容'与'并包'。因此，实行这一方针，实际上起到了宣传民主和科学、传播新思想、开辟新文化运动的道路等客观作用。"②上述认识初看起来似乎很符合历史事实，但却与蔡元培"思想自由，兼容并包"的办学理念相去甚远。"思想自由，兼容并包"就是"思想自由，兼容并包"，是绝无偏颇的。也许正是意识到个人可能出现的偏颇，蔡元培才力主建立民主化、制度化的组织制度。这才是蔡元培"思想自由，兼容并包"的真意。

蔡元培在他的著述中多次提到这种民主化、制度化组织建设的重要性。1919年五四运动爆发后，蔡元培辞职后于5月10日给北大学生写了一封信，信中写道："仆深信诸君本月四日之举，纯出于爱国之热诚。仆亦国民之一，岂有不满于诸君之理？惟在校言校，为国立大学校长者，当然引咎辞职。……北京大学之教授会，已有成效，教务处亦已组成，校长一人之去留，决无妨于校务。"③可以看出，他对北大已建立起的制度化组织寄予了多么大的希望。9月20日，蔡元培在《回任北大校长在全校教职员欢迎会上演说词》中表示："学校是有机的组织，校中职员，普通

---

① 陈景磐：《中国近现代教育家传》，北京师范大学出版社1987年版，第138页。
② 蔡建国：《蔡元培与现代中国》，上海社会科学院出版社1997年版，第189—190、249页。
③ 中国蔡元培研究会：《蔡元培全集》第10卷，浙江教育出版社1998年版，第407页。

语分为教员、职员两部,其实没有一事不互相关联的。……本校事务,是全体职员共同负责的。全体职员的组织,果然稳固,即有一二分子的变动,为[如]更换校长等事,当然不成问题。"①再次表达了他对民主化、制度化组织建设重要性的认识。他"十分重视评议会制度,坚持参加评议会,即使在他晚年客居香港时,也始终关心评议会的情况"②。可以说通过民主的方式,在法律范围内解决问题,是蔡元培在北大乃至其他社会事务中的追求。

在谈到大学校长的个人资质与民主化、制度化的组织建制的关系时,章开沅先生认为:"与个人资质相较而言,应该承认制度更为重要。任何优秀的校长总有自己的任期(或长或短)限制,但健全的行之有效的规章制度往往可以延续十年。"③蔡元培北大改革中力主建立民主化、制度化组织制度的目标追求,历史地证明了这一观点的合理性和重要性。

1923年蔡元培以一篇《不合作宣言》结束了自己在北大的具体教育改革实践,但他在北大改革的三项目标追求,却始终没有改变。1927年当他被任命为大学院院长的时候,这种追求再次得到了体现。

1928年1月,蔡元培在《大学院公报》发刊词中指出:

> 民国纪元以前,管理学术及教育之机关曰学部;民国元年,改为教育部;依教育一辞之广义,亦可以包学术也。顾十余年来,教育部处北京腐败空气之中,受其他各部之熏染,长部者又时有不知学术教育为何物,而专鹜营私植党之人,声应气求,积渐腐化,遂使教育部名词与腐败官僚亦为密切之联想。此国民政府所以舍教育部之名,而以大学院名管理学术及教育之机关也。
>
> …………
>
> 本院为实行科学的研究与普及科学的方法起见,故设立中央研究院,以为全国学术之中坚;并设科学教育委员会,以筹画全国

---

① 高平叔:《蔡元培教育论著选》,人民教育出版社1991年版,第234页。
② 蔡建国:《蔡元培与现代中国》,上海社会科学院出版社1997年版,第206页。
③ 章开沅:《总序》,金林祥:《思想自由兼容并包——北京大学校长蔡元培》,山东教育出版社2004年版,第7页。

科学教育之促进与广被。①

1928年4月12日,蔡元培在《关于大学院组织之谈话》中表明:

> 大学院最初组织法之起草,远在去年秋间,约在大学院成立前两三月。当时国民政府方以全力应付军事,对于教育事业,尚无具体计划,余与李、张、吴诸先生以教育不可无主管机关,又不愿重蹈北京教育部以官僚支配教育之覆辙,因有设立大学院之主张。其特点有三:一、学术、教育并重,以大学院为全国最高学术教育机关;二、院长制与委员制并用,以院长负行政全责,以大学委员会负议事及计划之责;三、计划与实行并进,设中央研究院,实行科学研究。设劳动大学,提倡劳动教育。设音乐院、艺术院,实行美化教育。此三点为余等主张大学院制之根本理由。
>
> 至大学院之内部组织,余等并无成见,但求办事上能增加效率,不因人设事,致成衙门化而已。②

由此我们可以看出,大学院的设立,目标还在注重"学术","鼓励造就大学问家",在树立新的学风,在建立民主化的组织制度。

但此时,蔡元培以"思想自由,兼容并包"为基本原则的改革追求,已经不符合国民党政府天下"一统"的政治要求了。1928年8月17日,全国教育会议通过《中华民国教育宗旨》,宗旨中说:"中国国民党以三民主义建国,应以三民主义施教。从前所颁布之教育宗旨,自不适用。"宗旨明确表明,要"恢复民族精神,发扬固有文化","灌输政治智识","阐明自由界限"③等。显然,蔡元培教育改革的三项追求已经失去了可以实现的外部环境。也就在同一天,任大学院院长仅一年有余的蔡元培递交了《辞大学院院长等职呈》。这是偶然还是必然?笔者认为,这绝非偶然。这一结果

---

① 中国蔡元培研究会:《蔡元培全集》第6卷,浙江教育出版社1997年版,第159—160页。
② 中国蔡元培研究会:《蔡元培全集》第6卷,浙江教育出版社1997年版,第209页。
③ 中国蔡元培研究会:《蔡元培全集》第6卷,浙江教育出版社1997年版,第286页。

一是表明了蔡元培与国民党在办学理念上的冲突,其次就是再一次表现出蔡元培"难进易退"自我概念支配下的行为方式。在辞呈中蔡元培表示:

> 窃元培一介书生,畏涉政事。前以全国尚未统一,人才不能集中,备员国府,一载于兹,于政治会议委员、大学院院长外,并兼他职。诚念渡此难关,必可遂我初服,所以黾勉从事,不敢告劳。顷统一告成,万流并进,人才济济,百废俱兴。元培老病之身,不宜再妨贤路,且积劳之后,俾可小息。谨辞政治会议委员、大学院院长本职及代理司法部长兼职,其他国民政府委员及政治会议委员亦一并辞去。愿以余生,专研学术,所以为党国效力者在此。①

可以看出,此时的蔡元培已感心力交瘁了。自此以后,蔡元培虽再没有进行具体的教育实践,并因历史的因缘时会参加过各种社会活动,但他矢志教育救国的理想却始终未曾动摇,直至1940年3月5日在香港逝世,留下了"科学救国,美育救国"的遗愿。

回顾蔡元培教育救国理想的确立和教育改革实践的心路历程,我们不能不感叹,客观的结果未必出于主观的愿望,而主观的愿望也未必造成客观的结果,但如果没有主观的愿望,客观的结果也只能是无源之水,无本之木。成就一项伟大的事业,既不能没有"时势",也不能没有"英雄"。蔡元培在北大的改革,因个人的特点而取得了历史的辉煌,他希望实现的三个目标,仍具有很强的现实意义。笔者认为,随着历史的进步和发展,蔡元培北大改革的目标一定会成为事实,绝不会成为中国历史的永恒主题。

---

① 中国蔡元培研究会:《蔡元培全集》第6卷,浙江教育出版社1997年版,第287页。

第三章　黄炎培的社会心理与行为特点研究

本章有一个需要首先说明——也是不得不说明的问题,即去"标签化"的问题。"标签化"(rabricizing)是美国人本主义心理学家马斯洛(AbrahamH. Maslow)对那些在研究中不将研究对象"看成是独一无二的,而是将它们看成是典型的,亦即将它们看成是这一或那一经验类别、范畴或标题中的一个例证或代表"的研究活动的一种批评性描述。为了说明这种"标签化"研究活动的危害性,马斯洛引用了威廉·詹姆斯(William James)一段有趣的论述:"假如一只螃蟹知道我们如此干脆利落、毫无歉意地将它归到甲壳纲动物中去,并以此对它进行处置的话,它也许会怒不可遏,暴跳如雷的。它会说,'我不是这样的东西。我是我自己,仅仅是我自己'。"①

笔者之所以提出去"标签化"的问题,是因为"任何人在进行历史认识的实践活动之前,已经存在着支配主体实践活动的某种特定的历史观和世界观"②。这本身无可厚非,也不可避免。但由于中国近现代历史的特殊性,"学术和意识形态在现代中国一开始不但纠缠在一起,而且后者总是要求和驱使前者服务和服从自己"③,所以一旦研究者以某种意识形态的标准给自己的研究对象贴上某一特定"标签",就很容易犯"抽样作证"④和"持续的、惹人生气的时代颠倒的错误"。

在以往对黄炎培的研究中,这种错误就时有发生。譬如,或许是出于对黄炎培这位"杰出的教育家、政治家和诗人"⑤的尊重,在《黄炎培》一书

---

① A. H. 马斯洛:《动机与人格》,许金声、程朝翔译,华夏出版社1987年版,第239、250页。
② 张文杰:《译文集序》,汤因比等:《历史的话语——现代西方历史哲学译文集》,张文杰编,广西师范大学出版社2002年版,第10页。
③ 李泽厚:《中国现代思想史论》,天津社会科学院出版社2003年版,第91页。
④ 严耕望:《治史三书》,辽宁教育出版社1998年版,第30—31页。
⑤ 尚丁:《黄炎培的爱国主义道路(代序一)》,朱鸿伯、杨正德:《黄炎培在浦东》,红旗出版社1995年版,第1、3页。

中有这样一段叙述：

> 辛亥革命的暂时胜利曾使黄炎培感到极度兴奋,而当时的社会风气是"共和时代,全国人士趋赴所谓政党者,半年以来人人以议员为唯一目的物。为己运动,为人运动,奔走营求,不遑暇食,谁复念及教育？苟有语此,反视为迂腐之谈"。但是,黄炎培却认为"吾人宜十分信仰教育为救国唯一方法"。不过,他认为,民国成立,唤起民众、挽救民族危亡的任务已经完成,今后的任务在于培育建国人才了。所以,他力图利用那暂时获得的权力,通过行政力量清除科举的影响,发展教育,增设学校,培养人才。①

初看起来这种论述似乎并没有什么不妥,但仔细分析就不难发现,这与历史事实不符。所谓"共和时代"的那些特点,是庄俞对民国元年教育状况的总结,而黄炎培认为"吾人宜十分信仰教育为救国唯一方法"则是1917年黄炎培在考察菲律宾教育时谈论菲律宾华侨教育(也包括民国教育)问题时的一段论述②,仅时间就相去5年,把"吾人宜十分信仰教育为救国唯一方法"说成是黄炎培民国元年的想法,显然就不符合事实了。这不能不说是"标签化"所带来的后果。

再譬如,有人认为：

> 在近代中国的政治战场上,始终飘扬着一面中间派的旗帜,这面旗帜下云集着一大群"以天下为己任"的知识分子,黄炎培便属于这一行列。之所以称他们为"中间派",是因为无论历史场景如何变幻,他们始终置身于保守的统治者与激进的革命党之间。……清末民初的中国政治格局中,曾有过一个政治力量的三角:保守的清王朝(北洋政府)、激进的同盟会(国民党)、温和的立宪派(进步党)。曾几何时,国民党推翻北洋政府并执掌政权之

---

① 尚丁:《黄炎培》,人民出版社1986年版,第42页。
② 中华职业教育社:《黄炎培教育文集》第1卷,中国文史出版社1994年版,第468页。

后,也同时顶替了后者的保守角色,新的政治三角因此形成:保守的国民党、激进的共产党和温和的中间派。

中间派知识分子立志于变革社会,企图改造一切不合理的现实关系,这使得他们常常在事实上与享有既得利益的统治阶层产生难以泯灭的对立与冲突。但这种冲突和对立又仅仅局限于对和平的呼吁,远未达到暴力的反抗,这又使得他们和那些与统治者彻底离心离德的革命党人截然分野。改良的、温和的第二条道路,正是他们的政治思想所在。

中间派知识分子的这种政治行为模式,若从横向的现实层面观察,无疑渗透着与他们有着较多物质、精神联系的社会中产阶级的心态、气质,那种对现存秩序的依赖和患得患失的阶级性格。若从纵向的历史层面发掘,则是一种中国文化传统的人格化。①

这种"标签"式的划分,首先面临的就是一个内在的逻辑问题。是知识分子都是中间派,还是知识分子中又有急进派、中间派和保守派?如果知识分子中又有左、中、右之分,又如何对他们加以认识、判断和评价?其次,这种"标签化"是否真如作者所言?

通过对作者整体思路的把握,笔者认为,作者所指的"中间派知识分子",显然是知识分子中左、中、右之分的中间派。由这种"标签化"观念主导,作者对黄炎培有过这样一段评述:

……黄炎培不是那种不知廉耻的浑浑噩噩之辈,他特别敬仰历史上那些杀身成仁的气节之士,对鲁迅这样的同时代人也感佩万分。当1936年鲁迅逝世的时候,他在职教社的悼念鲁迅大会上作过一次题为《从鲁迅之死说到中国民族性》的讲演,其中说了一段深有意味的话:

鲁迅是中华民族中的一分子,他不怕恶势力,把一切怪现

---

① 许纪霖,倪华强:《黄炎培:方圆人生》,上海教育出版社1999年版,第158—159页。

象毫不客气的揭穿,这种精神就是古人所说"特立独行"精神。……我绝对相信,中华民族的生命,就寄托在这一班"特立独行"的人。

  此后黄炎培就经常以"特立独行"自勉,唯其经常自勉,也就意味着他自感有愧。他难以淡忘早年"新场党狱"所留下的阴暗记忆。特立独行者的最高精神意境在于超度了对生的执着。像鲁迅去参加杨杏佛葬礼时不带家门钥匙的那种"壮士一去兮不复返"之气概,毕竟是罕见的品质,对一般人来说可谓可望不可即。在血淋淋的屠刀之下,黄炎培所顾虑的不仅是自己的生命,还有他的事业。职业教育不是一项赢利的事业,它的生存和发展不得不维系于社会和政府的资助。他认定他的事业有利于广大的平民百姓,关系到许多人的生计。这不是他个人的事业,他没有权利为了其他的目的而连累、葬送了职业教育的前途。从某种意义上说,他将职业教育视作他的第一生命,爱这事业甚至超过了爱他自己的生命。这样,他就比一般人在追求独立的时候又多了一层顾虑。几十年在独立与生存间的踯躅徘徊,渐渐使他总结出一种在两难中力求两全的处世之道——"外圆内方",以外圆应付生存,以内方维持独立。①

  通过这段评述,我们不难看出作者对鲁迅"壮士一去兮不复返"之气概高度褒扬,对黄炎培"外圆内方"的行为方式略有微词。但事实上,作者无意间犯了两个错误:其一,按照作者的逻辑,黄炎培此后经常以"特立独行"自勉,"也就意味着他自感有愧"。但殊不知,"外圆内方"是黄炎培对自己子女的寄语②。那么,我们能不能说黄炎培寄语子女"外圆内方",也恰恰是因为自己没有做到"外圆内方"呢?不管答案是"是"还是"否",都可以看出作者的推论是不符合逻辑的。其二,作者所褒扬的具有"壮士一去兮不复返"之气概的鲁迅,是不是总是"特立独行"呢?事实也并非如此。民初

---

  ① 许纪霖:《无穷的困惑——黄炎培、张君劢与现代中国》,上海三联书店1998年版,第165—166页。
  ② 黄大能:《忆念吾父黄炎培》,黄炎培:《八十年来》,文史资料出版社1982年版,第168页。

之际，鲁迅也曾有过"隐居"生活和研读佛经的经历。这是"特立独行"？抑或是"外圆内方"？

可见，"标签化"在历史研究中有着极大的危害。所以，严耕望先生认为，虽然我们一般人治史没有什么特别的目的，"但仍不免主观，也不免欣喜自己意见之能成立，虽然作者并无曲解之意，但为欣喜自己意见的意识所蒙蔽，无意中也会犯了抽样作证的毛病"。他提醒治史者要"慎作概括性结论"，认为"这是一个谨慎的史学家应采取的态度"①。

所以，还是让我们去掉加在研究对象上的"标签"，走进黄炎培的生活，深入而全面地了解和认识黄炎培其人、其心、其事吧。

第一节　黄炎培的自我概念与行为方式

一、黄炎培的认知自我、他观自我和理想自我

对自己，黄炎培曾有过以下一些描述："我有一种怪脾气，欢喜在百忙中干完多量的工作，而又绝对不许马虎。""做人必须自己立定脚跟，且不可依墙傍壁，人家说好，就是好，说坏，就是坏。且必须服从真理，也许好之中有坏，坏之中有好，不宜有成见，必须真真切切地查明它的实在。可是，不要单听人家怎样说，还得看人家怎样做。"②"我天性爱好旅行。"③由此笔者认为，黄炎培的认知自我大体可以概括为：多做工作，不许马虎；立定脚跟，不依墙傍壁；对事不带成见，看到好坏两端；对人重行不重言；爱好旅行等。

黄炎培的他观自我，可见于以下两位先生的评价。第一，蔡元培的评价。1940年蔡元培逝世后，黄炎培在《吾师蔡孑民先生哀悼辞》中曾说："吾师曾评骘及门诸子，谓小子有学，一从实际获得。吾又将如何加勉以实

---

① 严耕望：《治史三书》，辽宁教育出版社1998年版，第30—31、25—26页。
② 黄炎培：《延安归来》，黄炎培：《八十年来》，文史资料出版社1982年版，第145、150页。
③ 黄炎培：《苞桑集·自序》，黄炎培：《黄炎培诗集》，中国文史出版社1987年版，第5页。

吾师言邪！"①第二，江问渔的评价。江问渔在《苞桑集·江序》中，对黄炎培的评价是："天生成一副侠骨慈肠，锦心绣口。""先生不但是邃于学，雄于文，而且是长于处理事务。……他更是儒而兼侠，好急人所急，拯人之难。有时为人打抱不平，竟忘却了自身的利害。这一股傻劲，直到现在年将七十，犹未见松减。""通常文人总是好静的居多，独有这位老先生恰恰相反，一味主动，且动得不休。""先生既纯以'动'的精神创办各种文化事业，同时又勤于记载，敏于思索，善于组织，每一度旅行，归必著成一书。"②

除去江问渔的赞誉之辞，笔者认为，黄炎培能够接受的他观自我是：注重实际和从实践中学习；长于处理事务；好动；勤于记载，敏于思索，善于组织。

那么，黄炎培的理想自我又是怎样的呢？笔者认为，黄炎培的理想自我可以用他自己的语言表述：

高尚、纯洁、正直、诚朴、任侠、好义之风。③
理必求真，事必求是，言必守信，行必踏实。
事闲勿荒，事繁勿慌，有言必信，无欲则刚。
和若春风，肃若秋霜，取象于钱，外圆内方。④
泛爱众，而亲仁。（《论语》）亲亲而仁民，仁民而爱物。（《孟子》）
民吾同胞，物吾与也。（《宋儒学案》，张载：《西铭》）
鸡鸣而起，孳孳为善者，舜之徒也。鸡鸣而起，孳孳为利者，跖之徒也。（《孟子》）
志士仁人，无求生以害仁，有杀身以成仁。（《论语》）⑤

---

① 田正平，李笑贤：《黄炎培教育论著选》，人民教育出版社1993年版，第343页。
② 江问渔：《苞桑集·江序》，黄炎培：《黄炎培诗集》，中国文史出版社1987年版，第10、11、13—14页。
③ 中华职业教育社：《黄炎培教育文集》第1卷，中国文史出版社1994年版，第247页。
④ 黄大能：《忆念吾父黄炎培》，黄炎培：《八十年来》，文史资料出版社1982年版，第168页。
⑤ 黄炎培：《八十年来》，文史资料出版社1982年版，第29—30页。

> 我之人生基本观念,得力于一语,释迦牟尼说:"吾生为一大事而来。"彼所谓大事,自度度人而已。①

二、黄炎培的成长历程与自我概念的形成

黄炎培1878年10月1日(农历九月初六)出生于江苏省川沙县高行镇(现为中国最发达地区之一——上海市浦东区)的"内史第"(1986年上海市文物管理委员会把"内史第"定为黄炎培故居)②。原号楚南,后改号韧之、任之,别号抱一。

在回忆录中,黄炎培专门提到自己的外祖父孟荫余和"东野草堂",对自己的出生地"内史第"为什么却只字不提呢?搞清楚这个问题,对我们理解黄炎培自我概念的形成,有着密切的关系。

笔者认为,黄炎培只字不提"内史第",可能有两方面的原因。第一,历史背景。黄炎培1958年开始着手写作《八十年来》,1964年完稿。按他自己原来的计划,是要写"一本八十万字的《八十年来》"③,但最后成稿只有区区十几万字,且只记述到1949年止,"不免给人以名实不副之感"。所以有人认为:"联系当时的历史背景,不难发现多变的政治风云,使黄炎培一心愿做'历史见证人','不为尊者讳,不为亲者讳','秉着是是非非的直笔'来记载历史的想法难以实现。"④黄炎培在回忆录中说.:"我的父亲是知识分子。自己没有土地,并且没有房屋,终他的一生租住人家房屋的。"⑤这既符合当时的政治背景,也不失历史的真实。第二,个人原因。黄炎培没有明确他父亲"一生租住人家房屋(即'内史第'——笔者注)"的"人家"是谁。或许正是这个"人家",是黄炎培不愿记述"内史第"的个人原因。可以

---

① 黄路路,黄万里等:《父亲给了我们哪些遗产》,朱鸿伯、杨正德:《黄炎培在浦东》,红旗出版社1995年版,第172页。
② 杨正德:《"内史第"和黄炎培故居》,朱鸿伯、杨正德:《黄炎培在浦东》,红旗出版社1995年版,第19页。
③ 黄大能:《写在〈八十年来〉再版以后》,《教育与职业》1987年第6期。参见田正平,周志毅:《黄炎培教育思想研究》,辽宁教育出版社1997年版,第182页。
④ 田正平,周志毅:《黄炎培教育思想研究》,辽宁教育出版社1997年版,第183、184页。
⑤ 黄炎培:《八十年来》,文史资料出版社1982年版,第4页。

说"内史第"是黄炎培家,又不是黄炎培家。这绝不是笔者故意搞文字游戏,而是因为它和本研究有着极大的关系。说"内史第"是黄炎培家,是因为黄炎培和祖父、父亲都在此居住。说不是黄炎培家,是因为"内史第"确实不是黄家的房产。简单说就是,黄炎培的祖父长期借住在"内史第"的岳父家。

"内史第"建于清咸丰九年(1834年),其主人名叫沈树镛。黄炎培在回忆录中记载了沈树镛其人,也表明了自己和他的关系。

> ……沈树镛,号韵初,举人,考取内阁中书,住北京很久,是一位有名的金石文考订专家,写作都好。……我呢,和他家关系太密了。沈树镛和我父亲的母亲是胞姊弟,又和我母亲的母亲是胞兄妹。沈肖韵是我的姑丈,又是我父亲一手教导出来的学生(廪贡生)。我吸收的一些旧文化,和他家是分不开的了。①

如果不仔细分析,人们很难发现其中的问题和黄家、沈家以及黄炎培的外祖父孟家之间错综复杂的关系。沈树镛的姐姐就是黄炎培的祖母,沈树镛的妹妹就是黄炎培的外祖母,而沈树镛的儿子又是黄炎培的姑夫。事实上,所谓"他家",就是黄炎培祖父的岳父家,就是黄炎培所说父亲"一生租住人家房屋"的"人家",也就是黄炎培的"家"。笔者不知道当时川沙是否有居住岳父家的风俗,但按照封建社会的一般习惯,居住在岳父家似乎不属于一种常态。黄炎培不是也说吗,"我的母亲是地主的女儿。……但封建社会制度,财产传子不传女,我母亲倒因此干干净净地克勤克俭地过了一生"②。《红楼梦》第三回《贾雨村夤缘复旧职 林黛玉抛父进京都》中有一段林黛玉初进大观园外祖母家时的心情描写:"这林黛玉常听得母亲说过,他外祖母家与别家不同,他近日所见的这几个三等仆妇,吃穿用度,已是不凡了,何况今至其家。因此步步留心,时时在意,不肯轻易多说一句话,多行一步路,惟恐被人耻笑了他去。"这颇能说明封建时代一般人借住外祖母家时的心理。或许正是因为祖父、父亲就是"借住",而自己青少年

---

① 黄炎培:《八十年来》,文史资料出版社1982年版,第26页。
② 黄炎培:《八十年来》,文史资料出版社1982年版,第5页。

时代又有很长一段时间"借住"在外祖父家这种非常态的原因,使得黄炎培不愿提及"内史第"自己的"家"①。考虑到黄炎培青少年时期生活环境的复杂性以及他独特的个人遭遇(见下述),再考虑到当时整个中国社会的生存状况,说黄炎培对"生存"问题的意识、思考比一般人要深刻得多似乎不为过。所有这些,对黄炎培自我概念的形成多多少少会有一定的影响。

正如有人所说,"黄炎培的一生是充满传奇色彩而又丰富多彩的一生"②。

黄炎培从出生之日,似乎就与不幸相联。有人记载:"当黄炎培于1878年夏历九月初六出生时,正好他的伯父病殁。祖父在悲痛中得孙,感叹说:'我们家何其不幸,还望生个好孙子吗?'而当他满月时,祖父病殁,这给襁褓中的新生儿蒙上了不祥的阴影。"③如果这些记载无误的话,按照中国的传统文化,从社会心理学的角度看,留给黄炎培的就是一个极大的"不祥阴影",因为它将影响人们对黄炎培的看法,也就是角色期望,从而影响黄炎培自我概念的形成。如果真的如此的话,可以说黄炎培从出生就背上了沉重的人生包袱。

不管别人怎么看,在母亲的眼里,自己的儿子就是最优秀的、就是独特的。所以黄炎培的母亲孟樾清从小就对他倍加呵护和爱抚。黄炎培说:"根据我童真时的想象:世界上有美人,最美是我母亲;世界上有好人,最好

---

① 这或许也是黄炎培不愿把孟荫余称为"外"祖父的主要原因。对黄炎培为什么不愿把孟荫余称为"外"祖父,许纪霖等认为,老人对黄炎培十分疼爱,读书、生活等方面都关爱有加,可能是原因之一(许纪霖、倪华强:《黄炎培:方圆人生》,上海教育出版社1999年版,第5页),这一观点也不无道理。作为20世纪80年代较早采用心理史学方法研究历史和历史人物的一个代表,许纪霖的著作中借用了许多精神分析学派的概念和名词,诸如"潜意识"、"情结"等。也许正是看到了这种研究中存在的问题,所以许纪霖在回顾自己研究历程时曾说:"……80年代我的文章中有大量的心理学的痕迹,从心理分析的角度研究知识分子的心态人格。"他所得出的结论是,对心理学了解多了,"我慢慢发现心理学只是一门行为科学,它所能达到的层次是很浅的,许多问题是无法用心理学来回答的"。(许纪霖:《自序》,许纪霖:《中国知识分子十论》,复旦大学出版社2003年版,第5页)如果说"许多问题是无法用心理学来回答"还有一定道理的话(毕竟,心理史学只是史学研究中的一种方法),那么,说"心理学只是一门行为科学,它所能达到的层次是很浅的"就不能不让人怀疑作者对心理学知识的了解程度了。而在这种心理学掌握程度基础上进行的心态人格研究,无怪乎连研究者本人也不能满意了。

② 田正平,李笑贤:《黄炎培教育论著选》,人民教育出版社1993年版,第184页。

③ 尚丁:《黄炎培》,人民出版社1986年版,第2页。

是我母亲。"①孟樾清出身于大户人家,据黄炎培说,她家"有佃出地一百五十二亩,还有自耕地一百来亩"。她接受过一定的教育,知书识礼,为人勤奋,富有同情心。黄炎培6岁就开始跟母亲学习识字、写信等。可以说,母亲的教育和身体力行,对黄炎培自我概念的形成起到了决定性的作用。

黄炎培在回忆录中写道:

> 我母亲待人多么好呀!只记得我仿佛十岁多些时,一天午饭,有一碟菜,我想吃。母亲说:"留一下,某人要来吃饭。儿呀!待人好些,自己省俭些。"我至今没有敢忘……
>
> 记得还有一次,受到病里的母亲大大的训斥。她说:"奎(我的小名),你看!谁在那里闲荡过日子?公公怎样?婆婆怎样?爹在外边怎样?农民一个个忙得怎样?只有你既不读书,又不做事,怎么对人得起?"这一场病中大训斥,使我直到老年,永远忘不掉。"儿懒惰,母生气,儿劳动,母欢喜。"
>
> …………
>
> 有一天,母亲讲盲词《珍珠塔》给我听,说:"你看方卿多么苦!儿呀!你将来必须争气。"到一九五七年我在无锡看锡剧《珍珠塔》演出,想起童年母训,我哭了。做一首诗(游无锡四绝句之一):
>
> 余兴逢场听管弦,珍珠塔影隐华筵。
> 人情冷暖儿时记,母训回头七十年。
>
> 娘呀!您哪里知道七十年后您所疼爱的儿子还在人间,重新看到娘当年讲给我听的方卿故事呀!②

从角色期望和角色采择的角度看,这正是黄炎培多做工作、"仁民爱物"、努力不懈等自我概念形成的基础。

黄炎培的父亲黄叔才(烨林),自己虽然没有房产,但"个性是得钱即

---

① 黄炎培:《八十年来》,文史资料出版社1982年版,第6页。黄炎培一生有很多怀念母亲的文字留世,足见黄炎培对母亲的爱戴,也说明母亲在黄炎培早期不利的生活环境中的作用是多么的重要。

② 黄炎培:《八十年来》,文史资料出版社1982年版,第6—7、10页。

使,挥金如土",又好打抱不平。受到父母的这些影响,江问渔评价黄炎培"侠骨慈肠"恐怕也不无道理。

多舛的命运总是和黄炎培过不去。1891年黄炎培14岁的时候,年仅32岁的母亲不幸撒手人寰。据记载,黄炎培的母亲临终时,"已经气绝,撤去帐帷,盖上面幂,举家号哭。约半小时,忽见幕动,众人环围呼唤,母亲竟然苏醒,举首四顾,颤悠悠地问:奎在哪里?阿妹在哪里?黄炎培和他两个妹妹急忙抱住母亲呼应,母亲凝视有顷,才瞑目长逝"。这是多么悲惨的一幕啊!可老天爷偏偏不长眼睛,仅仅过了三年,不到40岁的父亲也因咯血而逝。临终之时嘱咐黄炎培:"奎,你已经十七岁,是长子,应当知道怎样自立,我所放心不下的,你的两个妹妹呀!你要好好待她们!"①可以设想,黄炎培对生命危机和责任感的意识,是常人难以想象的。加之复杂的生活环境,我们对黄炎培独特的自我概念的形成,也就不难理解了。从黄炎培20年后的一篇日记中,我们或许可以看到这一点。

1916年10月11日全国教育会联合会议在北京开幕。会议期间,黄炎培于20日忽然症疾大作,30日病愈后作《病榻杂感》一文。在当天的日记中,黄炎培写道:

> 此回之病,可为吾生哀痛之一大纪念。吾今年三十九岁,吾父实以三十九岁殇。当余卧病北京医校昏瞀之中,正往年吾父之殇日也。当时余年十七,侍父疾,今长儿方刚年十六,肆业清华学校,亦乞假来侍。语之曰:昔年今日,情景正复相同,汝父病不至死,而汝祖死矣。回想当日汝父兄妹三人,无父无母,零丁孤苦,流转寄食于诸父之家,求如汝今日之境而何可得。②

和他悲惨的遭遇相比,黄炎培青少年时期的教育环境还是得天独厚的。6岁时,黄炎培开始跟母亲学习识字、写信;8岁时,随两个叔叔诵读四书;9岁起,黄炎培开始住到外祖父孟荫余家,在孟家开设的家塾"东野草堂"里接受了长达十年的传统教育。

---

① 尚丁:《黄炎培》,人民出版社1986年版,第7页。
② 中华职业教育社:《黄炎培教育文集》第1卷,中国文史出版社1994年版,第247—248页。

孟家不仅生活殷实,孟老先生也具有相当高的文化水平。但他一生闲居乡里,种花、植桑、养蚕,从不应试。据黄炎培说,原因是孟荫余的父亲,因清朝官吏勒索巨款,无力交纳,被逼投水而死,遗嘱孟姓子孙勿做清朝的官,勿应清朝的试,孟老先生一生恪守父训。黄炎培在回忆录中曾说:"我应清朝考试,在后来懂得这一点道理的时候,有些抱歉的。"①孟老先生每日教育黄炎培要"高尚、纯洁、正直、诚朴、任侠、好义",这成为黄炎培理想自我的重要组成部分。只可惜孟老先生在黄炎培的父亲去世一年后,也撒手西去了。这对当时只有18岁的黄炎培无疑又是一个巨大的打击。

在黄炎培青少年时期,还有一个人对他产生了很大的影响,这人就是黄炎培的姑丈沈肖韵。黄炎培在回忆录中这样写道:"只有一个人从小看重我,喜爱我,培育我,就是我的姑夫也就是我父亲的学生沈肖韵名毓庆。"②1894年甲午战争爆发,沈肖韵曾投笔从戎,跟随河南郑州河东河道总督吴大澂出山海关与日军作战,甲午战败,从此沈肖韵脱离军营,解甲归乡,经营川沙毛巾业。沈肖韵丰富的阅历,对黄炎培爱好旅游的自我特点,或许也有一定的影响。另外,沈家(也就是黄炎培"家")藏书最多,且所藏金石碑版还特别丰富。清同治、光绪年间,著名的文学家俞描就曾在作品中赞道:"川沙沈家收藏金石之富甲于江南。"黄炎培回忆说:"我一进城,经常在他书斋里泛览群书。他还随时购新书给我读,第一部清楚地记得是赫胥黎的《天演论》。"③可见,黄炎培对西学的了解,就是从沈肖韵那里开始的。

说到黄炎培儿时的求学经历,有一件事是我们不能不提及的,那就是黄炎培学诗。据黄炎培的回忆,他开蒙时就读了唐诗三百首。"九岁,师出题'家在江南黄叶村',命我演绎成四句。我的首二句是'处士家何在,江南第几村',大得师的褒勉,把这两句加上了密圈。有一天,某亲长来,出一联'相对一庭花,久而生厌'。我立对:'纵谈千古事,快也何如'。小孩子经不起大人们夸奖的,从此我对于诗特别感觉兴趣,入人家的书斋,见有诗集,必乱翻,必借阅。"④这一方面说明黄炎培的好学,一方面也证明成人的角色期望对一名青少年自

---

① 黄炎培:《八十年来》,文史资料出版社1982年版,第17页。
② 黄炎培:《八十年来》,文史资料出版社1982年版,第25页。
③ 黄炎培:《八十年来》,文史资料出版社1982年版,第25—26页。
④ 黄炎培:《苞桑集·自序》,黄炎培:《黄炎培诗集》,中国文史出版社1987年版,第5页。

我概念形成的重要性。黄炎培能够成为一名诗人,与这种角色期望以及他自己的角色采择是密切相关的。

在东野草堂这段时期内,黄炎培不仅读完了五经,而且博览群书。从十三经中的《尔雅》到二十四史中的《史记》《前汉书》《后汉书》《三国志》;从诸子百家中的庄子、墨子,到唐代诗人李白、杜甫。同时,它还日日流连于汉唐佛学和宋、元、明、清理学家的学说①。可见,儒、墨、道、释的学说和思想,都对黄炎培理想自我的形成产生了影响。当然,其中仍以儒家"泛爱众,而亲仁"等君子理想为主。

由于父母早亡,寒暑假,黄炎培也常到叔叔在川沙城开设的一所百货零售店里帮忙,挣些临时的工资。在这里,黄炎培不仅学会了零售柜一些必要的技术,为他将来注重职业教育准备了经验基础;同时,也使他认识到社会中大鱼吃小鱼、小鱼吃虾米以及大鱼与大鱼之间竞争的激烈与残酷。

在黄炎培早期的记忆中,有一件事颇耐人寻味,即"文丐"。

> 特别使我忘不了的,是一种文丐。一条街道,一个文人,衣尽管破,必须长衫,手里拿一把折扇,一面漫步,一面摇摇摆摆地朗读诗文,边读边走,长长的街,一来一往,再来再往,到三来三往,伸着手依次向街旁商店或人家很文雅地接受薄薄的馈赠。积少成多,大约这一天生活来源有着了。更使我忘不了的,在孟家书塾里,某天,来个上边所说那样的文人,一进门很客气地问老师姓名,老师答"乔文如"。索纸笔,立刻写一首诗。我还记得头两句"落拓江湖恨见迟,温文儒雅是我师。"把老师别号"文如"两字写进去了(虽然"如"换了"儒"),乔老师大大称赞。荫余祖父出见,请地一顿酒饭,送了轻微的一笔钱而去。②

我们能不能说"文丐"作为一种反面角色,使黄炎培在角色采择中抛弃了"腐儒"的追求而更注重实际呢?笔者认为,从黄炎培一生的为人行事看,做出肯定的结论似乎不会错到哪里去。这与他注重职业教育也不能说

---

① 尚丁:《黄炎培》,人民出版社 1986 年版,第 10 页;田正平,周志毅:《黄炎培教育思想研究》,辽宁教育出版社 1997 年版,第 6 页。

② 黄炎培:《八十年来》,文史资料出版社 1982 年版,第 19—20 页。

没有一定的关系。

在东野草堂接受了十几年的传统教育后,为了生计,20岁的黄炎培也不得不像多数传统文人那样,走上了为"塾师"的道路。

三、黄炎培"外圆内方"的行为方式特点

黄炎培行为方式特点"外圆内方",这一结论并没有什么新意,有人对此已经做了淋漓尽致的描述①。所不同的是,"外圆内方"的行为方式并不表示"双重人格"。笔者认为,黄炎培正是通过"外圆内方"的行为方式,获得了注重实践等认知自我与"理必求真,事必求是,言必守信,行必踏实"等理想自我之间的平衡,保证了自我的内在一致性。

事实上,一个人要做到认知自我与理想自我之间的统一,是要付出很大努力的。在分析蔡元培行为方式特点时我们曾经提到,儒家"内圣外王"的君子理想本身就存在着"角色内的冲突",而主要以儒家君子为理想自我追求的黄炎培,同时又面临着现实的生存、责任与理想之间的矛盾。通过对黄炎培早期生活环境和经历的考察,可以说,"外圆内方"是黄炎培保持自我内在一致性的最好方式。如果不是这样的话,从心理学的角度看,那才会造成真正的"人格分裂"。

不错,黄炎培在面对挫折时没有像陈天华那样"杀身成仁,舍生取义",或许也确实如人所说:"教育与政治之于黄炎培,犹如双轮之于马车,双翼之于飞机,是他当时或未来的立足基点。"②但这些都不构成黄炎培人格上的不统一。当然,如果在所谓历史—政治角度③的"标签"下,又另当别论了。不过,那已经超出了心理史学的解释范畴,也非心理学的专业概念。笔者认为,心理学中关于自我抑或人格的解释,都属于德国史学家韦伯(Max Weber)所说的价值无涉④的范畴。心理史学的研究也是如此。

---

① 许纪霖,倪华强:《黄炎培:方圆人生》,上海教育出版社1999年版,第45—46、132—133页。
② 许纪霖,倪华强:《黄炎培:方圆人生》,上海教育出版社1999年版,第68页。
③ 许纪霖:《智者的尊严——知识分子与近代文化》,学林出版社1991年版,第3页。
④ 马克斯·韦伯:《儒教与道教》,王容芬译,商务印书馆1995年版,第5页。价值无涉,是韦伯倡导的一种社会科学研究方法的准则,要求研究人员在进行研究时,不能带任何价值取向,学术研究只解决"是什么"的问题,不解决"应当是什么"的问题。

第二节　黄炎培的社会认知、社会态度与行为方向

20岁开始充当塾师时,在当时社会,黄炎培已经到了谈婚论嫁的年龄,作为唯一活在世间的长辈,黄炎培的祖母是多么希望自己的孙儿能够早日成家呀！可是,谁又愿意嫁给一个不名一文且"借住"在别人家的穷小子呢？人们要么以"占卜不吉"、"我家已够穷了,女儿还配穷小子么"等为借口,要么干脆以"不允"回绝了黄炎培的求婚。还是在沈肖韵的帮助下,也是王筱云老先生慧眼识人,才答应把女儿王纠思嫁给黄炎培。1899年,黄炎培没有辜负王老先生的希望,考取了秀才,并与王纠思女士成婚。

一、南洋公学：人生道路上的第一个转折点

在当时全国一片"废科举,兴学堂"的声浪中,秀才的功名并没有给黄炎培带来多少乐趣。而姑夫沈肖韵不断传来的义和团被洋兵打败、八国联军进北京、皇帝和皇太后出奔等消息,却不时激荡着黄炎培那颗热血涌动的年轻的心。对一个有志的青年来说,在当时的社会环境下,塾师的生活必然是无聊的。黄炎培的心情也的确如此。

打破这种无聊塾师生活的,还是沈肖韵。1900年,有一天沈肖韵忽然从川沙派专人给黄炎培送来了一封信,信中说：上海南洋公学登报招考了。你快回来,去上海应考。如果考取,你的全家生活费,我已约定三个亲戚资助你(即沈肖韵、黄炎培的舅父孟侣鸥和表伯莫子欣)。不要当塾师了,去当学生吧！[1] 这不仅给黄炎培后来的人生之路带来了转机,这种期望对黄炎培未来角色的扮演,也给予了极大的鞭策和鼓励。

南洋公学(今上海交通大学)创办于1897年,创办人是当时的实业界领袖、招商和电报两局督办盛宣怀,总办是汪凤藻。南洋公学的创办,可以说是19世纪60年代以来的中国洋务教育思潮、维新教育思潮推动的一个必然结果。这类新式学堂的创办,代表了中国新教育的萌芽[2]。

以黄炎培的天赋和国学功底,1901年,他顺利地考入了南洋公学特

---

[1] 黄炎培:《八十年来》,文史资料出版社1982年版,第29页。
[2] 田正平,周志毅:《黄炎培教育思想研究》,辽宁教育出版社1997年版,第8—11页。

班,选读外交科。正如黄炎培自己所说,这是他跳出旧文化教育的圈子,踏上新文化教育舞台的人生的"第一个很大的转折点"。

实在算起来,黄炎培在南洋公学的时间并不长(1901年8月至1902年11月),仅一年有余。但当时南洋公学总教习蔡元培的言论举止,却影响了黄炎培的一生。"最初启示爱国者吾师,其后提挈革命者吾师。"①"启示""提挈"两词实不为过。从川沙办学、加入同盟会到1917年创立中华职业教育社,等等,甚至"外圆内方"的行为方式,黄炎培都无不受到蔡元培的"启示"和"提挈"。

在第二章中,笔者把1899—1907年这一时期称为蔡元培社会认知、态度的转变和救国行为方向上的探索阶段,并把这一时期蔡元培社会认知和态度改变归纳为对社会发展方向的认知和态度的改变、对"天子"和君臣关系等认知和态度的转变、对群己关系认知和态度的改变、对传统教育认知和态度的改变以及对教育功能的探索等方面。蔡元培社会认知和态度上的改变,反映在外在的行为上,对黄炎培产生了极大的影响。

黄炎培在悼念蔡元培的文章中写道:"斯时吾师之教人,其主旨何在乎?盖在启发青年求知欲,使广其吸收,由小己观念进之于国家,而拓之为世界。又以邦本在民,而民犹蒙昧,使青年善自培其开发群众之才。一人自觉,而觉及人人。其所诏示,千言万法,一归之爱国,不惟课本训语有然。"②与上对比可以发现,黄炎培的这些概括,可谓深得蔡元培当时思想的真谛和旨趣。

蔡元培经常告诉学生,世界日在进化,事物日在发明,学说日新月异,今后学人须具有世界知识。"现在中国被各国欺侮到这地步。'知彼知己,百战百胜。'我们要知道自己弱点,还要了解国际情况。"有一天,蔡元培招全班同学谈话,说:"中国国民在极度痛苦中,还没有知道痛苦的由来,没有能站立起来,结合起来,用自力解除痛苦,这是中国根本弱点,你们将来出校,办学校以外,还要唤醒民众,开发他们的知识。这些固然可以靠文字,但民众识字的少,如能用语言,效用更广。你们大家练习演说罢!"黄炎培说,"蔡师这几句话,我永远记着"③。

---

① 中华职业教育社:《黄炎培教育文集》第4卷,中国文史出版社1995年版,第5页。
② 田正平、李笑贤:《黄炎培教育论著选》,人民教育出版社1993年版,第341页。
③ 田正平、李笑贤:《黄炎培教育论著选》,人民教育出版社1993年版,第340页。黄炎培:《八十年来》,文史资料出版社1982年版,第32、33、36页。

蔡元培是这么说的,也是这么做的。当时,震旦学院和复旦大学的创办人马相伯正住在南洋公学附近的徐家汇土山湾,蔡元培便和几位老师趁机向马学习拉丁文,黄炎培等也随同前往。马相伯就曾赞扬蔡元培和张元济好学,"清早奔往受业,从不缺课"。此后,黄炎培与马相伯成为忘年之交,过从几十年。马对黄炎培从事的职业教育,也给予了很大的帮助。黄炎培认为自己生平有两大幸事,其一是结识了美国发明家爱迪生,其二就是马相伯对他的厚爱[①]。

可以说社会进化、爱国、好学、注重群己关系和个人自由等,是南洋公学时期蔡元培对黄炎培社会认知、社会态度上的最大影响。

1902年,身在南洋公学的黄炎培在姑夫沈肖韵的催促下,参加了南京举行的江南乡试,考取了举人。据黄炎培回忆,特班同学分别在其他本省应试,中选12人。中间一个共同的优越条件,就是这年科举开始改八股为策论。许多人做惯八股,不会做散文,这一群特班学生,经过了一年半散文的锻炼,当然没有什么困难。

> 而我个人还有一点,江南乡试有一个试题:《如何收回治外法权》?治外法权,在《万国公法》上说:"于驻在国所治之地外,得管辖其民之权",是限于使馆所在地和使馆人员的。自五口通商,各国在我国开辟租界,把领事裁判权,假名着"治外法权",是完全违反万国公法的。这一些道理,一般人不尽能正确分析,研究过万国公法,当然能信笔直书,我就在这上边得了便宜。[②]

正是黄炎培的这段回忆,又成了有人分析的话头:

> ……考取功名的结局,于旧学无疑属正果,对新学绝对是讽刺。而问题恰恰是黄炎培烩新学、旧学之好处于一炉的同时也集正果与讽刺于一身。这可真是绝妙的结果。在新旧更迭时期,黄炎培的智慧同时获得新学、旧学的双重认可,于旧学是得功名,在

[①] 中华职业教育社:《黄炎培教育文集》第3卷,中国文史出版社1994年版,第396、400页。

[②] 黄炎培:《八十年来》,文史资料出版社1982年版,第34页。

新学是获新知。颇有意味的是,如此居中周旋的情形,在黄炎培是第一次,但绝不是最后一次。①

笔者认为,回到100年前的中国,黄炎培的这种行为并没有什么特别的意义,更谈不上什么"周旋"。作者的这种结论,未免有些牵强附会了!

二、社会认知、社会态度的转变和行为方向的探索

南洋公学短暂的求学经历,留给黄炎培的印象是美好的。那时,"每到夕阳西下,徐家汇周围大道旁,师生三三两两地漫谈散步,一种相亲相爱精神,简直描写不尽"②。但就在黄炎培考取举人回校不久,南洋公学便发生了中国20世纪的第一次学潮,导致南洋公学学生集体退学。表面看来这场风波是由"墨水瓶事件"所引起,但就其实质而言,则是当时新旧两种教育主张、教育内容和教育方法等矛盾冲突的必然结果。

1902年11月,蔡元培率全体特班学生退学后对学生说:"汪总办不让我们完成学业,我们应该自动地组织起来,扩大容量,添招有志求学的学生来更好地进修,同学中对某一门能当教师的就当教师,愿回乡办教育的也好。"③于是,特班的学生根据自己的志愿,各奔前程了。

黄炎培没有选择留下跟随蔡元培在上海爱国学社继续读书,而是选择了回乡办教育。按照黄炎培自己的说法,作出这种选择的动机,"是受着了'教育救国'新学说的影响。看看国事,已经糟到不可收拾;看看老百姓,大家还是睡在鼓里。记得当时我还亲见一本书,叫做《并吞中国策》,是日本尾崎行雄做的,简直不把我们中国放在眼里。大家发一个愿,认为要救中国只有到处办学堂"④。笔者认为,这可能不失为黄炎培回乡办学的主要动机。但考虑到当时黄炎培具体的生活状况(在南洋公学读书时的学费和家用,都是由亲戚资助的)和社会变化趋势(改书院为学堂是庚子以后清政府"新政"的重要举措),笔者认为,黄炎培回乡办学或许与维持生活(虽然

---

① 许纪霖,倪华强:《黄炎培:方圆人生》,上海教育出版社1999年版,第15页。
② 黄炎培:《八十年来》,文史资料出版社1982年版,第34页。
③ 黄炎培:《八十年来》,文史资料出版社1982年版,第36页。
④ 中华职业教育社:《黄炎培教育文集》第3卷,中国文史出版社1994年版,第355页。

黄炎培当时办学是不拿薪水的,但以黄炎培"孤傲"①的性格,他是不愿多求亲戚朋友的资助的)、顺应时代潮流也有一定的关系,这与他注重实际的自我特点是一致的。如果说这时他已经确立了教育救国的思想和行为方向,就黄炎培此后一个时期的活动来看,可能为时尚早。因此,笔者把这一时期看作是黄炎培社会认知、社会态度的转变和行为方向上的探索期。

1901年清朝和占领北京的八国订立《辛丑和约》,命令各省州县办小学;1902年清朝公布同等中小学堂章程,命令各省把书院改办为学堂。正是借着这样的机会,黄炎培返回川沙后,和川沙的几位朋友张访梅(志鹤)、陆逸如(家骥)等联名,向川沙地方官和两江总督张之洞公呈,要求把川沙当时唯一的一所书院——观澜书院改为川沙小学堂。由于黄炎培等人的"呈文措词根据着上谕,使官厅无可批驳",所以观澜书院遂改办为小学堂,并将书院所有田产全充了小学堂基金。②

就这样,1903年正月末,川沙小学堂开办了。黄炎培在回忆录中说:

> 我和访梅分别被聘为总理和副办(名称照官定),为了减少人家反对,在我们所订章程上写明总理副办都尽义务,不拿薪水,自膳。访梅还有老辈贴钱,我是一个穷汉,怎么过去呢?去年分送乡试中式的文章(称朱卷,当时风俗,把朱卷送给某人,某人须送钱,每本一元至四五元不等),我收到的钱,除掉开销,约还余一百元。半年多的家用就靠这笔款。……但(川沙小学)不收女生。我和我兄济北(名洪培)在家另开一女学,名开群女学(开群我嫂的名),我兄、我和访梅都兼授课。③

学堂虽然办起来了,但因开办学堂向人借的开办费怎么还呢?后来,多亏当地水木工场的场主杨斯盛的慷慨捐助,学堂才顺利地开办下去。

黄炎培等人在开办学堂的同时,每周还进行公开演讲,以开启民智,因此学堂办得轰轰烈烈。但是,就在学堂开办仅半年后,一场意想不到的事情发生了。

---

① 黄炎培:《八十年来》,文史资料出版社1982年版,第42页。
② 中华职业教育社:《黄炎培教育文集》第3卷,中国文史出版社1994年版,第356页。
③ 黄炎培:《八十年来》,文史资料出版社1982年版,第37—38页。

1903年5月,南汇学界人士顾次英从日本留学归来,对当地的教育状况十分不满,遂"函致各绅士劝筹经费,兴学校",并邀请黄炎培等时而去新场,时而到大团,时而在川沙等地讲学,受到社会各阶层的普遍欢迎。6月20日,新场讲学会再邀黄等去讲学,并协同筹办小学堂。

新场镇有座耶稣教堂,新场讲学会和教堂牧师陆子庄关系极好,讲学会的会友都参加了教堂开设的益赛会。19日黄炎培与张访梅等应邀来到新场教堂,恰巧这一天是老百姓传说中观音菩萨的诞辰日,有庙会,黄炎培便和会友一起,到当地的一座寺庙永宁寺游玩。

> 永宁寺者,有住持尼数人,声名素狼藉,谬倡先天门教名目,勾诱良家妇女,招留无赖匪徒,男女密室,对坐蒲团,托名点道,暧昧之事,久播人口。是日又大开香会。黄君与会友信步往观,入西偏小室,男女杂坐,形迹可疑。旋于床畔拾得药水一瓶,正欲试嗅,一口操江西音之男子,急起攫去,言词支吾,神色张皇。因即报明营讯,饬丁将该匪拿获,议送县究办。①

黄炎培等人万万没有想到,这样一件维护社会风化的事,却惹来了杀身之祸。

事情发生后,寺庙的尼姑便星夜贿赂当地痞棍黄德渊帮忙疏通。20日,黄德渊到讲学会疏通放人,讲学会的人非但没有放,有人还把黄德渊嘲笑一通。黄德渊怒吼道:"妈的,咱们走着瞧!"便愤愤离去。黄德渊又去到讯丁处疏通,也没有放人。于是,黄德渊便到处扬言,说:你们看见没有,这样的学生聚众滋事,今日干涉,明日干涉,将来非造反不可!我们新场镇可要遭难了!你们可知道,听说官府也不喜欢呢,认为这些人不安稳。"茶寮烟室,流氓溷杂,皆德渊党也,从而和之。"有怕事的人就劝会友把人放了算了。但顾次英等人还是决定把人送县究办。演讲会也按计划进行。

晚上七点半,忙碌了一天的讲学会会友们正吃饭,突然传来一阵阵锣声、喧哗声,大家以为发生了火警,急忙奔到大门口,望见许多人持着火把,在黄德渊的唆使下,蜂拥而至。众人见状凶猛,慌忙紧闭大门。黄德渊率

---

① 中华职业教育社:《黄炎培教育文集》第1卷,中国文史出版社1994年版,第2页。

众砸门,嚣张之极。叶镇董闻警赶来劝阻黄德渊说:"你竟敢聚众枉动!有事明日再讲,鸣金聚众有干律法!"黄德渊有恃无恐,见众无赖砸门不开,满以为讲学会的人也许都在教堂,便不理睬叶镇董的规劝,率众向教堂跑去。益赛会王会正见状慌忙拦道:"你们何事深夜到教堂?"众无赖乱哄哄呼喊:"你干什么?进去找人,走!"说着拽着王会正向里涌去。地保也闻讯赶来力劝,众无赖方把王会正放了。有的还乘机捣毁门窗,砸坏桌椅用具。由于两次没找到讲学会的人,黄德渊很是恼火,便留下些人守住教堂,领其余人将营廨捣毁,并劫走了人。

黄炎培等人非常气愤,21日便把这事告到县令戴运寅那里,戴运寅也答应办理此事。但当戴运寅把黄德渊传到县衙,听了黄德渊的一番话后,联想到上海发生的《苏报》案、革命党,他深思良久,计上心来。不仅放了黄德渊,23日晚,把黄炎培等人传到,不分青红皂白,便把黄炎培、顾次英、张志鹤、张尚思四人定为革命党,拘捕起来,并在南汇县衙门照壁上贴起六言告示:"照得革命一党,本县已有拿获。起获军火无数……"就这样,自24日至26日,四人被关押牢中,严密监管。

戴运寅把四人关起来后,便电详两江总督魏光焘,江苏巡抚恩寿请示。苏抚电令解省讯办,江督电令就地正法。督抚电令两歧,再电请示。就是这个再电请示,为挽救四青年的生命赢得了时间。

当时在上海的美国监理会长老步惠廉,得知教堂被扰,四人被逮,急忙谒见美国驻上海领事,并于26日晨,偕同陆子庄、方渊甫、袁恕庵三个牧师持领事公文来到南汇。经过一上午的交涉,戴运寅在无可奈何之下,才答应放人。中午十二时一刻,黄炎培等出牢,随步惠廉乘船回上海,到十二时三刻,"就地正法"的电令就到了①。(据黄炎培回忆,四人被捕,新场一群发起演说会的青年极度惶急,他们懂得"官怕外国人",恰巧发起人里有一新场基督教堂陆子庄牧师,四人一下狱,他们立即约陆牧师连夜去上海总教堂见美国人步惠廉总牧师。步惠廉预测四人将受极刑,大感不忍,商之老律师佑尼干,设法援救。佑摇头。再问,佑答:我和你是美国人,一切要通过美领事、上海道、转详督抚,几个弯弯曲曲的手续,四个青年头早落地

---

① 中华职业教育社:《黄炎培教育文集》第1卷,中国文史出版社1994年版,第3—10页。

了。步惠廉老是不忍,坚求设法,事情已给杨斯盛先生知道,杨先生是老上海,说律师是非钱不行的。空口商量,律师哪肯提出办法!代步惠廉赠律师公费银五百两。佑尼干得了银两,才提出了救人的办法①。)

四人出狱后,由于事情闹得沸沸扬扬,佑尼干律师急告步惠廉总牧师:四青年案不行了,万一清政府派上海道就上海租界会审公堂审问,一经审过,可以立即解往内地,那就完了,只有快快出国。于是,黄炎培、顾次英、张访梅三人(因张尚思已声明并未参加演说,案中除名了)由杨斯盛慨然赠给川资,买到西伯利亚船四等舱票,连夜逃往日本。这就是黄炎培"新场党狱"的基本经过。

黄炎培在回忆录中对"新场党狱"有两点语焉不详:第一,"新场党狱"的起因;第二,地方痞棍曾乘机捣毁过教堂的门窗,砸坏过教堂的桌椅用具。但是回忆录对"百姓怕官,官怕外国人,外国人怕百姓"的社会状况描述得十分详细。这既是一种客观事实,也可能是黄炎培为适应当时写作环境的一种选择。

善于从实际中学习的黄炎培,通过"新场党狱"学到了什么呢?在回忆录中黄炎培写道:

> 西伯利亚船出了吴淞口,茫茫黄海,回看祖国,一片大陆的黑影,逐渐逐渐地随着夕阳而西没。挥泪告读者们:我生最难堪,要算此时此境。陈天华烈士就在这种情况下蹈海了。……我们一行三人,不甘自杀,定要为祖国生存而奋斗。先从改名字下手。顾次英原号冰一,改号仲修;张志鹤原号访梅,改号伯初,我呢,原号楚南,改号韧之。韧字的意义,刃是刀,韦是牛皮,要杀敌。要坚忍。②

据黄炎培说,自己"在青年时代,饱受外患的戟刺,痛恨清朝政治的腐败,精神上是很奋激的,很不平和的"③。通过上述回忆,笔者认为,已经学

---

① 黄炎培:《八十年来》,文史资料出版社1982年版,第39—40页。
② 黄炎培:《八十年来》,文史资料出版社1982年版,第41—42页。
③ 中华职业教育社:《黄炎培教育文集》第3卷,中国文史出版社1994年版,第371页。从黄炎培把自己1901年出生的长子起名黄方刚来看,黄炎培的这种说法是比较真实的。

会处理复杂日常生活环境的黄炎培,这时或许也意识到处理社会事务的复杂性,自觉不自觉地把处理复杂日常生活的行为方式迁移到了处理社会事务上来。可以这么说,认识到社会事务的复杂性和自己的应对方式,是黄炎培通过"新场党狱"所产生的社会认知、社会态度的新的转变。"新场党狱"促使黄炎培"外圆内方"行为方式延续,同时,也对这种行为方式起到了强化作用。所以,黄炎培说:"觉悟到干燥的奋激,没有什么用处,只有努力干"①。这与他改号为"韧之"是一致的,与他的自我概念也是一致的。

黄炎培在流亡日本期间一定思考了很多问题,这是不言而喻的。由于没有相关的史料记载,研究者作出一些推论或想象也是势所必然。但像下面的这种推论和想象,未免就过于"大胆假设"了:

> 在亡命东瀛的半年里,黄炎培一定思考了许多问题。在他考虑问题的众多视角中,至少有一种是绝对不同凡响的,即他的孤儿身份和心态。年届弱冠之前,少年黄炎培就失去双亲,此后虽有亲友的关心,但若隐若现,时有时无。自己很不容易取得了功名,不经意中险些连性命也断送。在无助的境地里,黄炎培不会不思念父母,不会不因此想有所庇护或者依靠,毕竟此时的黄炎培还青春年少,还需要呵护与关爱。如果说黄炎培有"孤儿情结",或许并不为过,这一情结在日后的社会实践或政治经历里多有呈现和展示。②

不说所谓黄炎培"孤儿情结"的有无,只说"毕竟此时的黄炎培还青春年少,还需要呵护与关爱"这一论断,实在是一个"持续的、惹人生气的时代颠倒的错误"。也许今天看来一个26岁(虚岁)的青年还是一个孩子(我想,即便是今天,一个26岁的男人也不能被看成一个孩子),还需要大人的"呵护和关爱",那么把那个时代已经为人父的黄炎培说得像个孩子,那就真的是"退缩的历史"了。

如果对黄炎培这一时期的思考加以推论和想象的话,笔者认为,黄炎

---

① 中华职业教育社:《黄炎培教育文集》第3卷,中国文史出版社1994年版,第371页。
② 许纪霖,倪华强:《黄炎培:方圆人生》,上海教育出版社1999年版,第27—28页。

培更可能思考的是他的恩师蔡元培。同是演讲,"张园"演讲的蔡元培却没有引来杀身之祸;同样是鼓吹革命,蔡元培却因各种原因没有像《苏报》案的章太炎、邹容那样锒铛入狱。这固然是巧合,但这种巧合的结果却不能不引起黄炎培的思考。笔者发现,天性安静的蔡元培可以以"难进易退"的行为方式跳出社会事务,成为一个理性而冷静的观察者;而天性好动的黄炎培却始终希望成为一名社会事务的参与者。那么,采取什么样的行为方式参与社会事务,就不能不是黄炎培需要思考的一个问题。而蔡元培无疑给他提供了某些"启发"。这或许也是他以"外圆内方"的行为方式参与社会事务的原因之一。

1903年末,因费用逐渐增多,黄炎培等三人又不愿再接受杨斯盛先生的捐助,加之国内父老的催促,三人便从日本返回。

从1904年归国到1913年8月发表《学校教育采用实用主义之商榷》,和蔡元培在1899—1907年间的状况类似,黄炎培也参与了很多活动、加入过不同的组织。笔者认为,这表明黄炎培还没有完全确立实现自己救国理想的行为方向,还处在一个行为方向上的探索期。正如有人所言:"加盟同盟会时,黄炎培不一定是坚定的革命志士,而入籍学务总会时,黄炎培也还没有觉察其立宪倾向的政治敏感。""或许年轻的黄炎培还没有成熟到能明了政党是主义、纲领、信念的结合,当革命党和立宪派能超越两者的不同而表现出反封建反专制的共同取向时,对于有志于反清的黄炎培而言,选择立宪派与加入革命党,或许只是无可无不可的事,后世之人没有理由认为黄炎培此类做法有如儿戏。当然,这一切也绝没有政治家想象的那么严肃。"①这可以说较为准确地反映了黄炎培当时的社会认知和社会态度。这一时期,黄炎培从事教育活动的心理状态,大体也是如此。

这一时期,有几件事对黄炎培确立职业教育救国的行为方向,产生了巨大的影响。

第一,开办浦东中学。1904年黄炎培归国后不久,便担任了由杨斯盛出资创办的广明小学和广明师范讲习所的负责人。1906年,杨斯盛又出资12万两白银兴办了浦东中学。黄炎培在回忆录中写道:

---

① 许纪霖,倪华强:《黄炎培:方圆人生》,上海教育出版社1999年版,第30、34页。

一九〇六年浦东中学开办了。就浦东六里桥购地四十亩,特建校舍,嘱我设计草图,由校主杨先生以专家资格亲自督工,中间大礼堂容千人以上坐(座)位,东西各建匡字形的两层楼,楼上下各容几十个教室,两个匡字形向大礼堂对抱着。一边是小学,容量较小,一边是中学,容量更大。后边是两座饭堂。再后是两座雨中操场。礼堂前是很大的运动场,设备着各种运动器具。校舍以北是杨先生别墅,花木满庭,下临白莲泾,清幽绝俗。我和伯初(张访梅)是直接受杨先生委托的。各科教师,由我严格选聘。校医有西医还有中医。大家感于杨先生热诚兴学,被聘的个个尽最大的努力。每周定期,我和伯初、广明师范毕业生孙肖康、王则行各肩小黑板,分向附近各村落,招集男女老幼,从识字中间,讲到国家情况,国民责任,教得六里桥一带人心兴奋起来。杨先生得暇即来校,和师生谈笑为乐。开学那天,杨先生亲向全体学生提出修养三点:"勤"、"朴"、"诚"。把一个新兴的教育机关,办得如火如荼,各地考察教育的,争来参观。[①]

由此可以看出,当时的浦东中学是何等的红火。

可就在浦东中学办得如火如荼之际,1908年的一天,它的创始人杨斯盛先生病残于浦东别墅。在病中杨斯盛告诉黄炎培:我早知我校基金不够,还想天假余年,学校还应大扩充。我死,你将向哪里募款呢!现在我勉力凑捐基金12万两。只望我死后,支撑这校的稍减艰苦。黄先生!你跟各位校董勉力罢!次日杨先生长逝。弥留时自言自语"学校里黑板还要改良"。

那么,这位如此关心教育,不惜"毁家兴学"的杨斯盛先生,究竟是何许人呢?在此多费一点笔墨,以表笔者对杨先生的敬意,也希望对今日之办教育者有所启迪。

杨斯盛,号锦春。据《黄炎培:方圆人生》的作者记载:

杨先生生于1851年,川沙人,年幼时就成为孤儿,13岁时流

---

① 黄炎培:《八十年来》,文史资料出版社1982年版,第46—47页。

落上海当泥水匠学徒,直到三十多岁。由于他勤奋正直,深得建筑工人信任,加上20年的工作经验与积累的资本,他开始独立承包建筑工程。通过建造江海关大楼和江海北关,杨斯盛先生一举成名,并渐有积蓄,"业逐日成"。平时,杨先生虚心好学,30岁后还请人授课,与人交往时,敬贤礼士,言必有信。

及至晚年,杨先生因感自己年幼失学,没有读书,对乡邻子弟失学之苦感同身受,遂起了以毕生所得捐资办学的念头。……据统计,杨先生为浦东中学捐产数额约三十余万两,占其家产总额的三分之二,余产也多作公益,如捐资医院、修筑道路、救济赈灾等,留给自家后人的仅占十分之一。

杨先生"毁家兴学"之举盛传一时。为此,清朝政府准备褒奖他,杨先生却以办学不是为了高官厚爵而断然拒绝。浦东中学落成之后,地方政府多次要求上书请奖,杨先生始终不同意,直至1908年杨先生逝世后,清朝政府才得以追赠他为"盐运使衔",并列入国史馆立传。当时,清朝政府对杨斯盛先生"毁家兴学"的评价很高,认为"慨罄巨金,广建学校情事,与山东义丐武训略同,而捐款且俞十倍,成绩更远过之"。[①]

有这样的榜样,有这样的临终嘱托,从角色期待和角色采择的角度分析,黄炎培会形成什么样的理想自我,扮演什么样的社会角色,自然可想而知了。

第二,担任江苏省教育会调查干事。20世纪初,由于国家面临内忧外患,清政府无奈之下宣布实行"新政",于是全国各地兴学之风大开。但与此同时,学校与学校,学校与官府、地方绅士、绅士派别之间,学生与学校以及官府之间各种纠纷也此起彼伏。为了缓解和解决这些纠纷,1905年,江苏成立了学务总会(后改为江苏省教育会),推举张謇为会长。黄炎培也加入了此会。黄炎培回忆说:

(江苏省教育会成立后)各县纠纷发生新旧冲突,我常被推为

---

① 许纪霖,倪华强:《黄炎培:方圆人生》,上海教育出版社1999年版,第64—65页。

调查干事,实地调查,具一书面报告,根据理论和事实,判明曲直,解开症结,恢复和平,这份报告书公布后,取得双方当事者接受,使学潮得以平息。因此,我遂被推为常任调查干事。这是我深入社会的初步,也就给我向群众学习的机会。江苏六十三县,我足迹及四分之三。①

由于注重实际和善于从实际中学习,通过长时期的教育实践和调查、观察,黄炎培的社会认知和社会态度发生了一定的变化。这些转变可以概括为两点。

1. 对教育认识和态度的转变

黄炎培最初是十分相信教育特别是普通教育在唤起民众、救国中的作用的。创办川沙小学、浦东中学等,无一不反映了他的这种社会认知和态度。但经过一段时间的实践和深入调查,黄炎培发现了普通教育在当时中国社会存在的问题:

当清光绪季年,任职浦东中学。第一班学生毕业,某生的父亲来校,对吾说:"吾的儿子毕业了。升学,吾力不够;做生意,珠算不熟,英语不够说,英文不够写,国文能写,但不很能应用。请问先生该怎么办?"吾就把中学是普通的,毕业后不是预备进商界的这一套话来对付他。虽然如此,总不能不想到这种普通的中学,至少给某一类学生以毕业后走投无路的痛苦。②

可以说这是黄炎培对教育认识和态度发生转变的最初原因。

1912年,中华民国成立后,黄炎培担任了江苏省教育司司长(相当于现在的省教育厅厅长)。结合自己长年的调查和观察,1913年6月,黄炎培发表了《教育前途危险之现象》一文。在文章中,黄炎培详细论述了当时的教育现象和存在的问题:

---

① 黄炎培:《八十年来》,文史资料出版社1982年版,第48—49页。
② 中华职业教育社:《黄炎培教育文集》第3卷,中国文史出版社1994年版,第370页。

> 光复以来,教育事业,凡百废弛,而独有一日千里、足令人瞿然惊者,厥惟法政专门教育。尝静验之,成都友朋,驰书为子弟觅学校。觅何校?则法政学校也。旧尝授业之生徒,求为介绍入学校。入何校?则法政学校也。报章募集生徒之广告,则十七八法政学校也。行政机关呈请立案之公文,则十七八法政学校也。①

黄炎培调查发现,就江苏省来说,仅江宁、苏州、上海、镇江、清江五处,报告公立、私立法政大学、法政专门学校在校学生数,就已达 4742 人;而农、工、医、师范等七所学校录取合格人数仅 471 人,不足法政学校人数的十分之一。教育发展的这种不平衡现象,令注重实际的黄炎培深感不安:"吾江苏教育前途,有极危险之现象焉。虽欲不言,安得而不言?"他认为:

> 今之论中国者,莫不以民多分利、少生利为致贫弱之一大患。习法政者所为事业,分利事业也,其趋之也如彼;农工,生利事业也,其弃之也若此。乃至日日言卫生,一都市之大,求一良医而不得。日日言改良小学,一学区之大,求一合格教员而不得。今于其患少者,莫或储之,莫或养之;于其患多者,悉一国之才与智以从事焉。何也?或曰:此亦佳事,法政教育则既普也已。夫诚欲与国民以常识,于小学设国民科,于中学设法制经济科,更为已成年者、服地方公职者,设法政讲习所。吾闻之矣。今悉一国之才与智,以从事法政专门教育,有治人者,无治于人者,有官而无民,方以民国号于天下,其结果乃名实相盩至此耶。或曰,此何足虑?天演之道,优胜劣败,物极则必反,彼醉心习法政者,必有被淘汰于天行而思返者。是消极语,抑亦滑稽语耳?夫优胜劣败云者,谓夫劣果宜败,而优之必可胜也。今悉一国之才与智,而群趋于法政之一途,其皆优乎?供多而求少,已消耗多数人才于无何有之乡,而或劣者杂出其间乎!吾恐国家社会之蒙受祸害,乃且加厉,比其觉悟,而元气已伤,漂摇之国运,将与此如狂如醉之潮流,

---

① 田正平,李笑贤:《黄炎培教育论著选》,人民教育出版社 1993 年版,第 13 页。

同不返耳。①

黄炎培认为:"夫吾非谓法政之不足习,而法政学之可废也。求学必求当世必需之学,教人必教之为当世不可少之人。"由此可以看出,此时,黄炎培已经发现中国教育发展脱离实际的问题,产生了"求学必求当世必需之学,教人必教之为当世不可少之人"的"实用主义"教育思想的萌芽。

1913年8月,黄炎培发表了体现他社会认知和社会态度根本转变的一篇重要论文——《学校教育采用实用主义之商榷》。在文章中,黄炎培就什么是教育、为什么采用实用主义教育、实用主义教育的理论基础、实用主义教育的理想等问题发表了自己的看法。

第一,什么是教育。黄炎培认为:"教育者,教之育之使备人生处世不可少之件而已。人不能舍此家庭绝此社会也,则亦教之育之,俾处家庭间、社会间,于己具有自立之能力,于人能为适宜之应付而已。析言之:即所谓德育者宜归于实践;所谓体育者求便于运用;而所谓智育,其初步一遵小学校令之规定,授以生活所必需之普通知识技能而已。"

第二,为什么采用实用主义教育。黄炎培在文章中指出,与他所说的上述教育不同,今天的学生,"往往受学校教育之岁月愈深,其厌苦家庭鄙薄社会之思想愈烈,扞格之情状亦愈著。而其在家庭社会间,所谓道德身体技能知识,所得于学校教育堪以实地运用处,亦殊碌碌无以自见。即以知识论,惯作论说文字,而于通常之存问书函,意或弗能达也;能举拿破仑、华盛顿之名,而亲友间之互相称谓,弗能笔诸书也;习算术及诸等矣,权度在前弗能用也;习理科略知植物科名矣,而庭除之草不辨其为何草也,家具之材不辨其为何木也。此共著之现状固职教育者所莫能为讳者。然则所学果何所用?而所谓生活必需者,或且在彼不在此耶?"接着,黄炎培论述道:

> 自社会困于生计,于是实业教育问题惹起一世之研究。一般论者,谓将以教育为实业之先导,不得不以实业为教育之中心。其道维何?曰多设实业学校也;曰于普通学校加设实业科也;曰

---

① 田正平,李笑贤:《黄炎培教育论著选》,人民教育出版社1993年版,第15页。

提倡实业补习教育也。潮流所趋,几不闻有歧出之论调。余亦推荡此潮流之一人也。进而思之,诚将以实业为教育中心,则一切设施必求悉与此旨相合。苟于普通诸学科不能使之活用于实地之业务,此外,管理训练亦未能陶冶之,使适于实际之生活。而徒专设学校,增设学科,壁犹习运动者,感觉袍大,服之不适也,特制一种运动用衣,袭于其外,乃其里衣之宽大如故,可乎哉?夫里衣苟犹是宽大也,将何从袭此特制之衣?袭矣,亦安能达其适于运动之目的?彼不从事于普通诸学科之改良,而徒专设学校增设学科,何以异是?

十年以来,吾国民思想界不可谓无开拓活动之进步,而独至物质文明,则奄然无生色。识者忧之,谓殊与救国之道相背驰也。今夏美教育家孟罗[禄]博士东来,既觇吾国教育现状,语余曰:"贵国未尝无优良小学校,第以余所见一般学校,理化等科,程度去欧美太远,殊无以为富国之本。"又曰:"贵国地层以上之农产,地层以下之矿产,如此天然大富源,加以民俗习于勤俭,苟能于教育注意此点,以余辈外人观之,致富强易易耳。君其善为之。"余聆此语,未尝不感孟罗[禄]君之厚意,颇欲于小学注意输入理科知识以植其本。虽然,今小学校未尝废理科也。而若此,毋亦其所取之材与所用之法,不能使之应用于实地之业务使然耶?

这些问题时时萦绕于黄炎培的头脑中,令黄炎培十分郁闷。反思自己以往的教育实践,黄炎培感慨万千:"余辈往日执业于学校,凡所设施,果能使来学者所得确实否?适于应用否?果不见憾于生徒亲属否?此亦五十步之于百步。吾过矣!吾过矣!"在这种社会认知和态度促使下,黄炎培提出了学校教育采用"实用主义"的主张,并且认为,"今观吾国教育界之现象,虽谓此主义为惟一之对病良药,可也"。

第三,实用主义教育的理论基础。黄炎培认为,实用主义的教育思想并不是他的创造,"去今千八百年前,罗马塞南加(Seneca)氏有言曰,青年之于学校,为生活而学,非为学校而学。近世博爱派之教育学者,如白善独(Besedow)氏、康丕(ComPe)氏、柴之孟(Salzymann)氏,亦大鼓吹此实用主义。自裴斯泰洛齐(Pestalozzi)氏出,益主张生活教育,务使学校教育与实际的生活渐相接近"。可见,黄炎培实用主义教育主张的提出,是以裴斯泰洛齐等人的理论为基础的。

第四,实用主义教育的理想。黄炎培认为,实用主义教育的理想,"一言蔽之,即打破平面的教育,而为立体的教育。易言之,盖欲渐改文字的教育,而为实物的教育"①。

黄炎培对教育的这种认知和态度,与他1907年的"德育、智育、体育,方今谈教育者盛称之矣。有于是三项得收神速圆满之效果者,则旅行是"②相比有了很大的转变,无论在实践上还是在理论上都有了长足的发展,成为黄炎培确立职业教育救国理想的社会认知和态度的坚强的基础。

2. 对个人参与社会事务立足点的认知和态度的转变

"君子劳心,小人劳力。劳心者治人,劳力者治于人。治人者食于人,治于人者食人。天下之通义也。"这是黄炎培自认学习了将近20年的旧文化所深深地中着的"一种毒素"③,说白了,这种"毒素"实质上就是传统读书人"学而优则仕"参与社会事务、"修齐治平"的共同模式,黄炎培也没能例外。但社会发展的潮流到了黄炎培所处的时代,这种传统模式已不具有现实意义,黄炎培所接受的近代西学思想也使他已不完全等同于传统的读书人,加之当时中国社会的具体现实、"新场党狱"留下的经验教训等原因,促使以注重实际、鄙弃"腐儒"等为自我概念的黄炎培对个人参与社会事务立足点的认知和态度发生了转变。

在中华民国成立的最初日子里,黄炎培也像很多人一样充满了希望和憧憬。但理想与现实的差距,让他最终放弃了自己的幻想。

作为民国江苏省教育司的司长,黄炎培对教育有自己的一番大计划。"今之时代,临时政府时代也。吾人即偶居一日之官,要不可不为地方谋百年之计。"他所希望的是"民国必期长久"。黄炎培认为:"创业非难,用人为难。况教育之为事,感化最神,有如影响。"因而提出两字的用人标准:朴诚④。在黄炎培看来"清之亡,官吏亡之也。官吏曷以能亡清,曰:清之用官吏与官吏之用其所属之官吏,其败坏事业,最灵且捷,举国滔滔,无一事

---

① 田正平,李笑贤:《黄炎培教育论著选》,人民教育出版社1993年版,第17—22页。
② 田正平,李笑贤:《黄炎培教育论著选》,人民教育出版社1993年版,第1页。
③ 黄炎培:《八十年来》,文史资料出版社1982年版,第30页。
④ 田正平,李笑贤:《黄炎培教育论著选》,人民教育出版社1993年版,第7—12页。

不败坏，而欲国不亡，得乎？"

>念某之尝厚我也，一朝有权，能贵贱人，奈之何勿报？而况其有所托乎；或且悲其遇之穷也，一念之慈，而立诺焉。念某之力，足不利我也，引而与之欢，幸及其未裂焉。适然而有所求，奈何其勿应？名也，禄也，其公物耶？足为我利，则利用之而已矣。试问往昔用人，有能逃此种种心理否？是故求其标准至易易也，两言括之，曰感情、曰势力。

清亡国的原因在此，那么社会现实又是怎样的呢？"吾何暇论亡清，所窃窃然忧且惧者，谓自民国成立以来，此风未始能绝焉；谓以吾圣洁高尚之教育界，此俗亦未始能免焉。"①

社会现实如此，作为民国统治者的袁世凯又是怎样的呢？先是"不肯南来"，窃取了革命胜利果实后又"任意杀人"。与此同时，"不愿害民"的江苏都督程德全在国民党与袁世凯的矛盾冲突中被迫下野。回顾一下黄炎培对程德全被迫下野的回忆，对我们理解黄炎培认知和态度的转变，或许不无裨益。

>就我在南方目睹的说来，国民党既和袁世凯势成水火，中间陈其美最主张起兵北伐，看到程德全率民军打垮张勋，创议依前轨进行；而黄兴为人比较慎重，陈其美故意诬他受袁世凯贿，逗他说：你不是受袁贿，何不去南京劝程桂、全都督出兵，你不去说程，证明你受袁贿。黄兴急赴程德全前跪下，要求出兵讨袁，否则将不可为人。程德全说：袁世凯这样残杀，我自然同意讨袁的。但是出兵要饷要械，总而言之要钱。黄兴长途电话问上海陈其美，答称明天有两列车钞票运来。明天钞票运到，一检查，全是已经因接济民军而倒闭的信成银行的无用钞票（行长沈缦云因此被害于大连）。程德全色然对黄兴和大众说：讨袁我和诸君完全同意，

---

① 中华职业教育社：《黄炎培教育文集》第1卷，中国文史出版社1994年版，第20页。

不过把废票当军饷,军官和士兵拿了枪械向民间购食用品,老百姓苦死了。黄兴再请,叩首不已,程德全说:"这样害民的事,即使出兵,也不能打胜仗。诸君!害民事我决不做,我辞职。"随后上海来电话,黄兴就临时以江苏都督名义宣告组织革命军。这是一九一二年七月十五日我在场目睹的事。①

面对如此复杂之政局,黄炎培也不能不思考自己的出路。在回忆录中,黄炎培写道:

> 我很感谢张謇。……有一天袁语謇:闻江苏有一黄某,很活跃,我想招他来,政事堂里还缺人。謇答:"黄某不宜做官,外边也要留个把人的。"……袁世凯有一天语人:江苏人最不好搞,就是八个字"与官不做,遇事生风"。后来当国的两次发表我为教育总长,我都辞不就。②

黄炎培之所以感谢张謇,不能不说和他对当时社会状况的认知和态度有关,而"一个国族的复兴,须有人从最高层用力,还须无数人从中层、下层用力。而彼此所用之力,须相应的。我呢?很愿意在中下层用力。因为愿站在高层者多,而高层需要人数反少,中下层需要反多"③。这恐怕也是这时他得出的结论、作出的选择。

由此,笔者认为,黄炎培此时对个人参与社会事务立足点的认知和态度发生了转变。这种转变既符合他好动、乐于参与社会事务的自我特点,也符合他注重实际和鄙弃"文丐""腐儒"的自我概念,并使认知自我和理想自我之间通过"外圆内方"的行为方式得到了统一。

通过上述分析,我们还可以发现,无论是对于"新场党狱"、清亡国,还是对当时的教育和社会现实,黄炎培都是从内部、从个人的努力等方面去找原因。所以,笔者认为,把成败归于内部的、不稳定的和可控的因素,体现了黄炎培的归因风格。这种归因风格,在黄炎培的教育实践中也多次得

---

① 黄炎培:《八十年来》,文史资料出版社1982年版,第63—64页。
② 黄炎培:《八十年来》,文史资料出版社1982年版,第65页。
③ 中华职业教育社:《黄炎培教育文集》第3卷,中国文史出版社1994年版,第371页。

到体现。1917年5月,在中华职业教育社成立宣言书中,黄炎培认为:"吾侪所深知确信而复敢断言者,曰方今受教育者之不能获职业,其害决非他方面贻之,而实现时教育有以自取之也。"①1926年,当职业学校毕业生的出路遇到问题时,黄炎培还是认为:"故今日之患,不患人之不信仰学校,而患在学校之无法使人信仰。"②这种归因风格,对黄炎培寻求自立、自强,起着非常重要的作用。

三、职教救国思想与行为方向的确立

有了上述认知和态度的转变,黄炎培的行为方向自然也会有所变化。可以说,程德全被迫下野事件,已经促使黄炎培产生了退出政界、走向"下层"的思想萌芽。1914年初张勋被任命为江苏省都督,第一件事就是为他母亲做寿,僚属纷纷献屏幛,有人来逼黄炎培签名,于是黄炎培便留书给江苏省省长韩国钧,飘然遂行了。

黄炎培辞职回上海后,发生了一件不大不小的事情,令他的传记作者颇感兴趣。当时,黄炎培租赁西门黄家阙大吉路和林荫路附近的一间陋室居住,给自己的斗室取名"非有斋",取庄子《知北游》中"吾身非吾有"之意。有趣的是,有一日,黄炎培自书的"非有斋"匾额却不翼而飞。黄炎培便作了两首小诗记其事:

身外我何有?何尝有我生?林荫容我位,"非有"当斋名。
君子梁上来,贪奇负之走。语我以真理,非有非非有。

于是,他又把陋室改名为"非非有斋"。

对这首诗所反映出的黄炎培的心理活动,人们可以做各种不同的分析。笔者认为,黄炎培虽然对从事上层政界活动发生了认知和态度上的转变,但刚刚卸任,不免也会产生些许的失落。从社会心理学认知相符理论看,通过这两首小诗,黄炎培可以平衡自己认知和情感间的失调,强化自己的行为选择,达到认知、态度、行为的一致性。

---

① 田正平,李笑贤:《黄炎培教育论著选》,人民教育出版社1993年版,第81页。
② 田正平,李笑贤:《黄炎培教育论著选》,人民教育出版社1993年版,第207页。

第三章 黄炎培的社会心理与行为特点研究

有人认为,黄炎培在这间小小的"非非有斋"中,研读了大量西方著作。从罗马塞南加(Seneca),到近世博爱派教育家如白善独(Basedow)、康丕(Campe)、柴之孟(Salzymann)的学说,都引起他广泛浓厚的兴趣。特别是裴斯泰洛齐的生活教育主张,黄炎培更是深信此为唯一对病之良药。因此认为:"'非有斋'里的书籍,成了黄炎培思想活水的重要来源。"①

从本文前面的论述中我们可以看到,黄炎培对这些教育家思想的研究和接受,当是在1913年,和"非有斋"或许没有太大的关系,说:"'非有斋'里的书籍,成了黄炎培思想活水的重要来源",仅从时间顺序上来看,就似乎不太妥当。

正如黄炎培自己所言:"我在职是有计划地工作,我去职是有计划地活动。""去职了,我计划搞什么呢?我虽去行政职,江苏省教育会常任调查干事,职名还在。我要向各地去看社会情况、教育情况。这种教育,既然不实无用,我要调查各地中学毕业生的出路,要用江苏教育会名义向全省调查。"②于是,"好动"、"注重实际"的黄炎培2月辞职,2月下旬便以《申报》记者的身份,开始了皖、赣、浙三省的实地教育考察,并取别号"抱一"。

有人认为:"辛亥革命后,袁世凯及以后的北洋政府曾多次电邀他去北京担任教育总长,都被他婉言拒绝,并把'韧之'改为'任之',意即不管袁世凯与北洋政府如何拉拢、引诱,都不为所动而任我为之也。""民国三年(1914年)袁世凯篡权登上了洪宪帝座,黄炎培干脆辞去了江苏省教育司司长之职,并以《申报》记者的身份,往来于安徽、江西、浙江、山东、河北等十多个省区,进行实地调查,继而又到美国、日本、菲律宾进行考察。他抱定一个宗旨,立足现实,寻求改革中国传统教育的途径,便以'抱一'署名……'抱一'的笔名即由此而来。"③笔者认为,这种分析虽然也存在某些时间颠倒的问题,但从认知相符的社会心理规律来看,说黄炎培通过改名以保持认知、态度和行为上的一致性,还是有一定道理的。

自1914年至1917年,黄炎培共进行了三次长时间的国内外考察。正是通过这三次教育考察,使黄炎培最终确立了自己职教救国的思想和立足

---

① 田正平,周志毅:《黄炎培教育思想研究》,辽宁教育出版社1997年版,第43—44页。
② 黄炎培:《八十年来》,文史资料出版社1982年版,第65、67页。
③ 杨正德:《任老用名》,朱鸿伯、杨正德:《黄炎培在浦东》,红旗出版社1995年版,第24—25页。

职教参与社会事务的行为方向。

1. 1914年的国内考察

1914年2月和9月,黄炎培两次对国内不同地区的社会、教育状况进行了考察(从宏观的角度,笔者把它们归为"一次"考察)。

在《黄炎培年谱》一书中,作者对黄炎培这次考察的动机、目的和任务,作了明确的说明。

> 以"教育者,将俾其人克自适于所处之社会,以遂共生存者也。故离社会无教育。欲定所施为何种之教育,必察所处为何种之社会。凡夫一切现象苟足以表示其一社会之特性习惯能力者,皆在所宜考。例如,宗教之盛衰,政治之得失,民业种类之差别,物价工价之消长,及其风俗习尚之异同,不可不三致意"。此为其旅游考察教育之动机和目的。在考察中并以二事自任:(一)介绍各地有志之士俾互相结识,减其索居岑寂之悲,予以切磋相得之益;(二)各地教育上善良之方法,则为之传播,俾彼此交换所长,而促其进步。①

从1898年维新变法提出"废科举、兴学堂",中经晚清"新政"、1904年"癸卯学制"颁布、1905年全面废止科举,到中华民国成立,颁布新的教育宗旨,近20年的教育改革究竟是一种什么状况呢?黄炎培经过实地考察,发现了中国教育中存在的问题。撮其要者,笔者认为有以下几个方面。

第一,组织制度不健全,学校官气十足。黄炎培发现,"今之小学教育状况,在行政官厅与地方人士,往往重视高等,而忽视初等。一县之大,初小校数,或仅仅倍于高小。一城之大,初小校数,或仅仅等于高小。此其流弊不惟有妨义务教育之预备,且试问高小合格之新生,何从产出?供不应求,上级学校乃降格以竞招徕,而其程度遂难存者"。究其原因,则是由于各县高等小学,往往以书院改成,其初等小学,往往以私塾改成,均不脱旧时气息。而"习惯之力量甚大,凡学校之以旧机关改设者,均觉平常。其有

---

① 许汉三:《黄炎培年谱》,文史资料出版社1985年版,第12页。

特色者,均特建设者也"。黄炎培认为:"凡一机关之成立与发达,观于其组织,将来之命运,可推而知也。各地学校鲜特设者,其组织也,杂糅拉凑,性质不纯粹,权责不分明,精神不融洽,譬之曳物,彼东而此西,甲作而乙辍,或埋之,或掘之,是以无成功,学校之不易收良果,十九坐此矣。斯校也,与其归功于校长教员之热心,毋宁归功于其组织之善良,分子之纯一。""故欲求教育之进步,莫如特设小学,以为模范。"①

而与此同时,各地学校官气十足。"余行内地,所见学校,几于无一不带几分官气。若其学校较大者,其模仿官厅式样更肖。"黄炎培认为:"夫敬畏官厅,殆现今社会普通之心习,因此而办学者,以为非此不足耀一时耳目,似亦一种苦心。但一方面即养成学生重视官吏轻视其他职业之心理,于共和国民一律平等之旨不无少背,故余认为非至善之法。"②

第二,"新瓶装旧酒",在教育内容和教育方法上,"往往取貌遗神,以至所获之结果,恰与其目的相反"③。

就教育内容言,"江西安徽一带私塾,所用启蒙之课本,若《三字经》《千字文》《百家姓》不多见,最多者为《昔时贤文》《四言杂字》《幼学故事琼林》《龙文鞭影》等。而《贤文》一书,几于家传户诵。其命名本已不可通,尝购阅之,其内容自首至尾,皆古今谚语也。而其鄙怪粗俗,与文理费解处,触目皆是。析其意义,大抵愤时疾俗、嗟贫怨命为多,亦间有劝勤学、劝为善语,而其主要之旨趣在教人退缩让步,委天任运。如'命里无时莫强求''烦恼皆因强出头''得缩头时且缩头'等语,几于满纸。盖压迫于专制威权,束缚于多神宗教,心醉夫科举功名,身困于穷途潦倒,一种郁勃牢骚之思想,藉半通不通之文理,倾倒以出之,又藉泥版印刷之力,传播于一般社会,深入于风俗人心。嗟嗟!以此为初等教育惟一之方针,于儿童心理上,获得先占之大权,亦何怪今日有此现象也。此等处虽似与学校无关,实为吾人所提倡教育主义之大敌。即论今日,其势力之伟,影响之广,远过于教科书。亟须觑定病根,对之发药。夫欲究今日人心风俗之所由养成,此等处

---

① 中华职业教育社:《黄炎培教育文集》第1卷,中国文史出版社1994年版,第37、40、132页。
② 中华职业教育社:《黄炎培教育文集》第1卷,中国文史出版社1994年版,第36页。
③ 中华职业教育社:《黄炎培教育文集》第1卷,中国文史出版社1994年版,第42页。

实有可研究之重大价值者也"①。

就教育方法言,"能用问答启发式者,甚属寥寥,概用注入法"②。

第三,学生毕业无出路。"学生毕业无出路,为方今教育上亟待研究之一问题。初等小学毕业,舍升高小无他路。高小毕业,舍升中学无他路。等而上之,莫不如此。而以小学为最甚。……(以江苏公私立学校为例)就所报告统计之,大约毕业生升学者百分之二十五,谋事而不得事者二十。夫毕业者百人,失业者二十,似未为多。然即此比例,他日中学教育益发达,此无业之民,从而增益。观其揭举,在养成社会中坚人物,究其结果,适产出若干高等游民,其将何以自解。况各地中学毕业生失业者,或且不止此数耶。此其原因,必非一种,余雅不欲率尔下断。第观各省中学校,大都承一府一校之旧例,在各种学校中,往往居最多数,供求不相剂,倘亦其一原因乎"③。

所以黄炎培的结论是:"私塾改良之结果,可以使校数骤增,而不能使教育改进。且不惟不改进而已,紫可乱朱,则为紫者众矣。""教育普及,谈何容易。苟抹去教育二字,但求学校普及,则国家苟借得数千万款,顷刻间黉舍遍中国矣。一言教育则谁为教育者,此一问题。谁教育此教育者,又为一问题。层层推想,正如一副大机器,非全部运动,不能丝毫有所成就。今之谋国者,盛唱普及教育,强迫教育,其意甚盛。虽然,苟一究及教育实际,而深思种种关键之所在,必恍然于此问题非可简单解决,而同时有急须提倡者在矣。"④

通过与教会学校的比较,黄炎培发现,"中国之事,名实恒得其反"。黄炎培不无感慨地说:"……教会设学校,外人代中国办教育,吾辈思之,诚宜感愧。囊者教会之学校,多在高等教育方面,近则注意小学及师范,此行见江西诸立女师范学校,每一师范毕业生,为之设一附属小学,现已有五十四

---

① 中华职业教育社:《黄炎培教育文集》第1卷,中国文史出版社1994年版,第42—43页。

② 中华职业教育社:《黄炎培教育文集》第1卷,中国文史出版社1994年版,第132页。

③ 中华职业教育社:《黄炎培教育文集》第1卷,中国文史出版社1994年版,第49—50页。

④ 中华职业教育社:《黄炎培教育文集》第1卷,中国文史出版社1994年版,第41页,第45—46页。

所之多。再十年或数十年,其发达更不知何若。"①

在上述认知和态度的基础上,我们可以设想,黄炎培今后的行为方向,自然将与建立新的学校形式、组织,开设新的教育内容,采用新的教育方法,打开学生毕业后的出路等有密切的关系。这是认知、态度、行为保持一致性心理活动的必然结果。

2. 1915年的美国教育考察

1915年4月,农商部组织游美实业团,黄炎培应邀参加担任编辑工作。9日,乘太平洋公司"满洲利亚号"船由沪启行。此次游美,历时三个月,游26城,考察各类教育机关52处。

在这次游美过程中,黄炎培经历了几件事情,令他长期不能释怀。

第一件事:日本留下的印象。在去美国的行程中,途经日本横滨,"中国青年会邀往东京开会演说。致欢迎词。既竟,牧师俞君语余,诸君其努力哉,余辈日受日本儿童垢詈,亡国奴、亡国奴,愤极无以应也"。"偶翻一世界年鉴,日本人尹东氏所编,其插图之一曰东洋地图,吾山东之青岛及辽东半岛,早与四国、九州、台湾、朝鲜同其颜色矣,吾国人其知之否。"②由此可以看出,作为一位爱国人士,黄炎培是十分敏感的。不仅日本人对华人的态度令黄炎培"愤极",日本人在地图上把青岛、辽东半岛、台湾等地划为己有,也给黄炎培心理上留下了极深刻的印象。此后,黄炎培一直关注日本的动态,这次经历可以说是最初的心理基础。同时,旅日华人的角色期望,看似轻描淡写,但无疑对黄炎培的责任感和角色采择产生了不小的影响。

第二件事:结识爱迪生。前文已经提到,黄炎培把结识爱迪生看作他人生的两大幸事之一。那么,黄炎培为什么会有这种认知和态度呢?爱迪生让注重在实践中学习的黄炎培学到了什么呢?黄炎培在回忆录中写道:

> 六月八日到纽约,青年会总干事穆德对我说:有位老科学家爱迪生要求你去看他一下。我为求知欲驱使,就去纽约郊外西橘村,这里是一个电机厂,制造种种新发明事物。老科学家爱迪生

---

① 中华职业教育社:《黄炎培教育文集》第1卷,中国文史出版社1994年版,第136页。
② 中华职业教育社:《黄炎培教育文集》第1卷,中国文史出版社1994年版,第162页。

告诉我:"我老了,没有别的希望,只希望允许我把这座电机厂,带到地下去,让我继续有所贡献。黄先生!我知道你是上海有名的人,上海是大都市,现有一种新发明的播音器,请你完全用上海话,向着这播音器说,不到几分钟,就会照你的话放出来。如果上海也有这样的播音器,双方通了电,上海人会同样地听到你这篇话。"我答应了他的请求,坐下来,对着播音器的喇叭口说:"中国是东方大国,美国是西方大国,两国人民如果同心同意采取和平手段,互相帮助,我相信大家一定走上幸福的道路。上海是中国大商埠,纽约是美国大商埠,我愿代表中国人民提出这点希望,和敬爱的大科学家爱迪生先生在这里握一次手,祝先生长寿!"说毕,不几分钟,同样的方言和声调放出来了。[1]

相识40多年后,年已80岁高龄的黄炎培对此事仍能记忆得如此清晰,可见此事对他的影响。从上述回忆中,笔者认为,从爱迪生那里,黄炎培至少学到了两件事情:其一是美国科技之发达,而这种发达又与教育特别是职业教育有着不可分割的关系;其二是爱迪生对科学发明的献身精神。

第三件事:偶遇傅兰雅。游美期间,黄炎培正赶上1915年世博会,偶遇曾长期在中国传教的牧师傅兰雅,傅兰雅对黄炎培说:"我几十年生活,全靠中国人民养我。我必须想一办法报答中国人民。我看,中国学校一种一种都办起来了。有一种残废的人最苦,中国还没有这种学校,就是盲童学校,因此预命我儿子学习盲童教育,已毕业了,先生能否帮助我带他到中国去,办一盲童学校?"[2]傅兰雅的一席谈令黄炎培大为感动。1916年3月18日,在黄炎培的帮助下,傅兰雅以私蓄五万元在上海曹家渡办成一盲童学校,傅兰雅的儿子傅步兰为校长,教盲童习字,还教盲童做手工,如制藤椅、织毛巾等,直到抗日战争爆发、上海沦陷。如果说傅兰雅的言行,对黄炎培起到了某种榜样和激励作用,似不为过。

黄炎培在游美期间和回国后,多次撰文、发表演讲,介绍美国的教育情

---

[1] 黄炎培:《八十年来》,文史资料出版社1982年版,第73—74页。

[2] 黄炎培:《八十年来》,文史资料出版社1982年版,第74页。

况。在这些文章和演讲中,最能体现他心理活动的就是一个"我"字,表现出黄炎培以"我"为主的自我概念特点:

> 余之考察教育,所兢兢于心者不敢忘一"我"字。盖考察者我也,非他也。我之所以考察,亦为我也,非为他也。以故足迹所至,苟有咫闻尺见,其所发第一念即"于我之比较如何",其第二念即"我之对此当如何"。蓄之心者既深,一启口而莫能自易。我之为此题,不简直报告彼国教育状况,而必挈两方以为比较,此物此志也。①

从"我"出发,黄炎培认为,中美之间的差距根本原因在教育,虽然两国教育的目的都是"利人群,福国家",但仔细分析,却有很大的不同。这些不同的具体表现,其一曰:彼之教育,大都取自然,而吾取强制也;其二曰:彼之教育,大都取各别,而吾取划一也;其三曰:彼之教育,最重改造,而吾惟重模仿也;其四曰:彼之教育,最重公众,而我惟重一己也。

黄炎培还作了中、美、德三国教育的比较,认为:

> 美国:重道德而尤注意于公德。知识贵切实适用而高深次之。体育十分重视。而处境人人求快乐幸福。
>
> 中国:重道德而偏重私德,知识重虚文而少切实。体育不甚重视。而处境崇尚耐苦。于此可见两国由来教育之不同矣。兹更援引德国之教育方针于下,以资参考。
>
> 德国:重道德而尤注意于公德,知识切实而更求精深。体育十分注重。而处境犹崇尚耐苦。
>
> 比较三国历来之教育,孰得孰失,不难体会。于此,并可考见其国民性之特点。②

黄炎培的结论是:"凡此不同之点,皆本于其思想,而方法从之。故方

---

① 田正平,李笑贤:《黄炎培教育论著选》,人民教育出版社 1993 年版,第 49 页。
② 中华职业教育社:《黄炎培教育文集》第 1 卷,中国文史出版社 1994 年版,第 177—178 页。

法不足究,亦不胜究也。愿治教育者究其本而已。"①

通过考察,黄炎培发现,他所提倡的实用主义,"在美国实为全国所倾向,日进而未有已。凡种种设施,昔仅得诸文字或托诸理想者,今乃使我耳目亲闻见之,而益深信其必可行,且必有效,而弥哀我国之瞠乎其后也"②。可以说,通过在美国的"耳目亲闻见",黄炎培基本上确立了立足职教、职教救国的行为方向。

3. 1917年的日本、菲律宾教育考察

1917年1月8日,黄炎培偕北京高师校长陈宝泉、武昌高师校长张谊、南京高师教务主任郭秉文、蒋维乔等六人赴日本和菲律宾考察教育,归国后作《东南洋之新教育》,其考察之完备,询问之周详,记录之详细,堪称教育考察报告的典范。

与去美国考察不同,黄炎培此次考察的目的已经非常明确了。他在考察报告中写道:"同行诸子考察之目的多重在师范教育,而余重在职业教育。"③通过此次考察,黄炎培得出了九点结论:

一、日本之教育,殆可以军国民教育代表之。利用古来武士道之遗风,其国势上、政体上易于统一之优点,以军国民主义为其骨干,而一切设施万变不离其宗。

二、日本自军国民教育庆告成功,一方益励行之,一方大注意于经济。盖其民节俭耐劳,克勤小物,实具有天然的治生能力,而今将以国家之力从而发展之。

三、日本于职业教育之名词,虽未见十分煊烂,而于实际则励行弗懈。观其全国实业补习学校,多至八千余所,可知其从前之强国政策,得力于军国民教育;而今后之富国政策,将取径于职业教育。且以其于世界大势之所趋,不以经济政策为后盾,而徒博军国民主义,知非完全可制胜也。

四、日本现行学制,彼国抨击之者甚多,大有改革之朕兆。而其大端,殆不外乎普通教育与职业教育关系问题。

---

① 田正平,李笑贤:《黄炎培教育论著选》,人民教育出版社1993年版,第49—51页。
② 中华职业教育社:《黄炎培教育文集》第1卷,中国文史出版社1994年版,第163页。
③ 中华职业教育社:《黄炎培教育文集》第1卷,中国文史出版社1994年版,第332页。

五、日本育英小学之设职业科，从调查下手，其准备方法大可则效。

六、斐（菲）律宾之政治组织，大都本于美人所极意提倡之增进效能主义，观其各机关设置之分合，与其内部支配之灵活，凡立一部、设一员，全应于其时、其事之需要，而不凭乎理论，斯为最新式之组织，而教育制度其一也。

七、斐律宾之教育，以扶助其独立为政策，故励行职业教育，将发达其生计，以植独立之基础。

八、欧美之职业教育，大都由于社会自然之发展，而斐律宾之职业教育，完全以政府之力设施之，故其组织最完密而有秩序。

九、欧美之职业教育，其设施之方面大都属于职业界，而斐律宾则完全属于教育界，虽普通教育亦盛含职业教育之意味。[1]

由以上论述可以看到，通过国内外三次长时间考察，黄炎培从实际中发现了中国教育存在的问题，了解到世界教育发展的趋势（这是从黄炎培的社会认知和态度来说）。与此同时，黄炎培在这三年期间，还潜心阅读和学习了很多西方教育家（如德威、蒙特梭利、麦加利、波临顿、卫西琴等人[2]）的教育思想。可以说实地考察的经验、个人的际遇、西方学者的理论等，所有这一切，为黄炎培确立职教救国的思想、立足职教参与社会事务的行为方向提供了经验、榜样和学理上的支持。黄炎培此后的行为，虽然在不同历史时期由于社会具体历史环境不同而有不同的表现，但在总的行为方向上始终没有太大的背离。所以，笔者认为，这一时期是黄炎培职教救国、立足职教行为方向的确立期。

这一时期颇值得研究者注意的，还有一件事情，那就是黄炎培开始素食。黄炎培在回忆录中说：

一九一七年六月游新加坡海滨，亲眼看到捕鱼人出海归来，

---

[1] 中华职业教育社：《黄炎培教育文集》第1卷，中国文史出版社1994年版，第326、327页。

[2] 中华职业教育社：《黄炎培教育文集》第1卷中《抱一日记》，中国文史出版社1994年版，第187—265页。

船上满载活鱼。渔夫——将鱼破腹,挖掉内脏,投入另一空船,鱼儿跳跃几次才死去。人类为了果口腹,这样地残杀生物,使我感触很深,立下了素食的志愿。①

黄炎培把他素食的原因归因"民吾同胞,物吾与也"的观念,认为:同类者宜视为兄弟,称为"吾同胞";异类者宜视为朋友,称为"吾与"。于是"天赋吾不忍杀生之一点仁心,如获得强有力的援军,扎成了硬寨,不可动摇。中年以后素食,实伏根于此。从此,吾思想,吾行为,都归宿于一点,即如何造福公众是也"②。

笔者无意去探寻黄炎培素食的思想根据,只想说明的是,黄炎培这种社会认知和社会态度,为我们理解他以后的行为选择方向提供了重要的社会心理基础。

四、"朴诚"与"节取":对他人的认知和态度特点

社会心理学研究表明,在社会认知中,人们通常使用的锚定点就是自我③。也就是说,人们的认知和态度,总是以个人的自我作为标尺来加以衡量和判断的。黄炎培是以注重实际和追求儒家君子理想等为其自我概念特点的,因而,他对他人的认知和态度,基本也是以此为标准的。

《黄炎培》的作者在书中写道:

> 黄炎培很善于团结人,发挥伙伴们的主动精神和积极性。他待人诚恳,急人之所急,以心换心,高度地信任自己的伙伴。他说,对于交友,"我接受颜习斋(元)的一句话:'择交不如节取。'社会上有几个完人呢?善者从,不善者改,人人皆吾师友"。④

这段论述,基本反映了黄炎培对他人的认知和态度。

早在1913年任江苏省教育司司长的时候,黄炎培就认为,晚清灭亡的

---

① 黄炎培:《八十年来》,文史资料出版社1982年版,第76页。
② 尚丁:《黄炎培》,人民出版社1986年版,第10页。
③ 章志光:《社会心理学》,人民教育出版社1996年版,第140页。
④ 尚丁:《黄炎培》,人民出版社1986年版,第66页。

原因在用人不当,而用人不当的原因则出在用人的标准上,那就是"感情"、"势力"。为此,黄炎培提醒教育界用人者要"破感情、排势力,一心为事谋,毋为人谋"①。此时他认为:"创业非难,用人为难。况教育之为事,感化最神,有如影响。"于是提出了用人的两字标准——朴诚。可以说,"朴诚"是黄炎培认知和评判他人的"中心品质"。

1941年,当黄炎培等总结中华职业教育社成立24周年的经验时,有两条都和黄炎培对他人的认知和态度特点有密切关系。

> 吾们"用人",是取着"难进难黜"的"政策"。选用一个人才,吾们必是尽可能地广征博访,测验甄选,一经入社以后,非至万不得已,决不轻易更动甚至黜退。对于教育一个干部人才,吾们自信是不惮烦的。现选的时候,吾们不仅希望得到工作上的同事,而且希望得到思想上、待人处事态度上的同志。入社前如不可能,入社后一定朝着这样目标作去。②

可以说,中华职业教育社之所以能"有很多工作同志的不厌不倦,用全副精力去干",之所以同人间能"团结一致",黄炎培这种以"择交不如节取"为原则、以"朴诚"为中心品质的对他人的认知和态度特点,起到了至关重要的作用。

第三节　黄炎培的行为动机与教育实践

由于黄炎培注重实际的自我特点,他在从事职业教育实践过程中,其活动动机也常随社会环境、条件的变化而发生变化和调整。有人把黄炎培职业教育思想的特点归纳为三点:第一,"自尊自立,择善而存";第二,"离社会无教育",施何教育必察何社会;第三,与时俱进,奋斗不息③。笔者认为这一概括和评价还是十分准确和中肯的。但正是由于黄炎培的"择善而

---

① 中华职业教育社:《黄炎培教育文集》第1卷,中国文史出版社1994年版,第20页。
② 中华职业教育社:《黄炎培教育文集》第4卷,中国文史出版社1995年版,第16页。
③ 田正平:《中国教育思想通史》第6卷,湖南教育出版社1994年版,第131—139页。

存"、施何教育必察何社会和与时俱进,使笔者在分析他的教育实践动机时感到十分困难。可以说善于从实践中学习的黄炎培,他的职业教育思想也是随实践而不断发展、丰富和完善的,任何意欲对他从事职业教育实践的行为动机进行概括性说明的研究,恐怕都不免顾此失彼。因此,笔者需特别说明,本研究对黄炎培教育实践动机的探讨,主要集中于1917—1931年这个时间段。

1941年,黄炎培等人在对中华职业教育社及其职业教育活动进行回忆总结时,曾明确表示:

> 中华职业教育社这二十四年来的工作,就其总目标、总趋向说来,可以分为两个时期:第一个时期是以努力使教育配合社会为中心,第二个时期是以努力使职业教育配合国家民族为中心。……(第一个时期)吾们所以主张职业教育,最基本的出发点是想消灭贫穷。……自从"九一八"事发,吾们内心起了极大的冲动,精神受了极大的影响。吾们亲切地看出,在我们中国这样一个政治上、经济上受着种种枷锁的国家,所谓社会问题的解决,必须统一于国家、民族的解放。……吾们深深觉到,吾们的教育工作如其不配合于一个合理的政治主张和措施中,是不能有什么成效的。从那时起,吾们的工作便力谋与国家的需要相配合,而有一部分同人呢,倒反像离开了教育的工作岗位,致力于国事的奔走。抗战爆发后,益觉这样的路向没有走错,朝这样路向的努力益觉迫切而重要。①

此处所谓的"有一部分同人,倒反像离开了教育的工作岗位,致力于国事的奔走",黄炎培即包括于其中。黄炎培自己也多次表示:"个人在'九一八'以前,整个时间及精神都用在教育的研究、教育的服务上。以后才提出一部分时间来同热心的朋友们从事挽救民族危亡的工作,实际上担负起解除国难、复兴民族的重任。""到二十年(1931)是我一生思想和行为急剧转变的一年。"②所

---

① 中华职业教育社:《黄炎培教育文集》第4卷,中国文史出版社1995年版,第19—20页。

② 尚丁:《黄炎培》,人民出版社1986年版,第73页。

以，笔者认为，就常态社会下黄炎培的教育活动而言，主要集中在 1917—1931 年间，对这一时期黄炎培的教育活动动机进行探讨或许更有代表性。

一、自存、自强、自立观念的推动力

黄炎培在回顾中华职业教育社的创立时，反复强调的一点，就是社会发展时势的作用。譬如，1922 年黄炎培在中华职业教育社成立 5 周年时说："凡一学说、一制度之倡，非人能倡之，盖时势所迫，察其需要之攸在，而为之振导，未几推行全社会。"①1941 年在纪念中华职业教育社成立 24 周年时，黄炎培又说："一个事业的出生与发展，主要的是若干客观条件的反映。例如，中华职业教育社为什么不早不迟、而要在我国'海禁'已开、欧战正酣、所谓'列强'对于我国的经济侵略不能不稍松弛的民国六年出现呢？这显然是因为到那时期职业教育的客观需求已经酝酿成熟了的缘故。"②这些都说明，职业教育的实行与社会发展的需要有着密切的关系。但我们要问，处于同一时代，为什么偏偏是黄炎培能够提出实用主义教育、职业教育的主张，而不是其他人呢？这就不能不从黄炎培注重实际等的自我概念入手了。

前文我们已经说过，注重实际等是黄炎培自我概念的重要组成部分，而这种自我概念的形成与黄炎培的生活环境和社会经历密不可分。他对生命的脆弱和对生存状况的危机意识，比一般人要敏锐和强烈得多。因此，与个人生命和生存相联系的事物，便很容易地成为他首先认知的对象。"文丐"式的传统读书人悲惨的下场，使他不能不思考读书受教育的人生意义。可以说，自存、自强、自立是黄炎培教育实践的根本推动力。

"生计"是黄炎培教育论著中出现概率很高的一个词。为了生计，他提出了实用主义教育的主张；为了生计，他极力鼓吹职业教育并身体力行；为了生计，他把职业教育拓展开为大职业教育；为了生计，他使职业教育与抗战紧密结合在一起。他的"生计"，不惟为个体的生命和生存，推而广之，更是为了种族的生命和生存。

1913 年，当黄炎培提出"实用主义教育"主张时，他说："自社会困于生计，于是实业教育问题惹起一世之研究。"而"十年以来，吾国民思想界不可

---

① 中华职业教育社：《黄炎培教育文集》第 2 卷，中国文史出版社 1994 年版，第 340 页。
② 中华职业教育社：《黄炎培教育文集》第 4 卷，中国文史出版社 1995 年版，第 14 页。

谓无开拓活动之进步,而独至物质文明,则奄然无生色"。继而,黄炎培又论述道:"生而为人,第一目的曰生活。任天而行,其能生存与否,未可知也。则不得不辅以人力,本其天赋之能,而长养之,扩大之,求有以利其生,而教育起焉。"①由此不难看出,黄炎培的实用主义教育主张,是以维护个人和社会的生计为动机的。

1915年,在《调查美国教育报告》中,黄炎培认为:"方今世界竞争,日益剧烈,一国之教育,非注重生计,绝不适于生存。而人之资质,各有不同,又非用各别教授之法,不能尽其所长。"②1916年,在给当时在美国留学的陶文清(即陶行知)的信中,黄炎培指出:

> 盖江苏最急要之问题,无过于教育与职业之联络。……若今之教员与校长,往往但求教学生至毕业为止,而学者亦但求博得毕业虚名为止,至所教所学之是否适于所用,两俱不问,无惑乎有此结果也。依此现象,所谓教育者,不惟不能解决世界最重要之生计问题,且将重予生计问题之困难。幸而教育未发达未普及耳,苟一旦普及,满地皆高等游民,成何世界。③

这些无不说明,从美国考察回来的黄炎培,真正关心的还是教育对"生计"的价值问题。

1917年1月中华职业教育社成立前期,在论证职业教育的希望时,黄炎培指出:

> 以因果律推之,吾敢知今后中国数年之间,民生尚不已其穷蹙,变故尚不已其纠纷。教育非不逐渐扩张,而其无补于社会、国家最困难之生计问题,将日益显明,其显明之区域将日益推广;而社会、国家一切现象所以表示其对于改革教育之要求,将日益迫切,其迫切之程度,将日益增加。因而使教育讲演者不得不大发挥职业教育,著作者不得不大揭橥职业教育,可断言也。虽然,说

---

① 中华职业教育社:《黄炎培教育文集》第1卷,中国文史出版社1994年版,第52页。
② 中华职业教育社:《黄炎培教育文集》第1卷,中国文史出版社1994年版,第280页。
③ 田正平、李笑贤:《黄炎培教育论著选》,人民教育出版社1993年版,第69—70页。

食其能饱耶？何可眩于言论而盲于实行也。①

5月，中华职业教育社在上海创立。在成立宣言书中，上述观点表现得更为明确和具体：

> 今之策国是者，莫不重教育；策教育，莫不谋普及。夫教育曷贵乎普及，岂不曰教育普及，则社会国家一切至重要至困难问题，根本上皆得缘以解决也。今吾中国至重要至困难问题，尚有过于生计者乎！兴学二十余年，全国学校亦既有十万八千余所，何以教育较盛之区，饿莩载涂(途)如故，匪盗充斥如故。更进言之，谓今之教育而能解决生计问题，则必受教育者之治生，较易于其未受教育者可知。而何以国中自小学以至大学，学生之毕业于学校而失业于社会者比比。此同人所谛观现象，默审方来，而不胜其殷忧大惧者也。
>
> ……………
>
> 吾侪所深知确信而敢断言者，曰今吾中国至重要至困难问题，厥惟生计。曰求根本上解决生计问题，厥惟教育。曰吾中国现时之教育，决无能解决生计问题之希望。曰吾中国现时之教育，不惟不能解决生计问题，且将重予关于解决生计问是(题)之莫大障碍。……
>
> ……方今最重要最困难之问题，莫生计若。而求根本上解决此问题，舍沟通教育与职业，无所为计。②

黄炎培为什么总抓住"生计"不放？看看黄炎培对当时教育状况的认知和态度，我们就不难理解了：

> 观今之学子，往往受学校教育之岁月愈深，其厌苦家庭鄙薄社会之思想愈烈，扞格之情状亦愈著。而其在家庭社会间，所谓

---

① 田正平，李笑贤：《黄炎培教育论著选》，人民教育出版社1993年版，第74页。
② 田正平，李笑贤：《黄炎培教育论著选》，人民教育出版社1993年版，第80—84页。

道德身体技能知识,所得于学校教育堪以实地运用处,亦殊碌碌无以自见。即以知识论,惯作论说文字,而于通常之存问书函,意或弗能达也;能举拿破仑、华盛顿之名,而亲友间之互相称谓,弗能笔诸书也;习算术及诸等矣,权度在前弗能用也;习理科略知植物科名矣,而庭除之草不辨其为何草也,家具之材不辨其为何木也。此共著之现状固职教育者所莫能为讳者。然则所学果何所用?而所谓生活必需者,或且在彼不在此耶?①

今兹学校教育方法之未善,学子自入学校,起居饮食无一不与家庭与社会相扞格,寄宿者尤甚。往往毕小学业,习农则畏勤动之多劳,习商则感起居之不适。而自实际应用上观之,其所学固一无所得也。循是不变,学校普而百业废,社会生计绝矣。②

多数儿童,未入校前,伶俐活泼;既入校后,日渐呆钝。……余之家族及亲戚中之子女,其初亦甚活泼,一入学校,渐渐迟钝,不解其意。近视各学校毕业时所谓品学兼优之学生,得名誉证书及奖品者,睹其人,诸君以为何如欤?则近其视也,屈其背也,又弱其身体也。夫今日学校教师所期望、所理想之标准学生乃如是,是尚可以为教育乎?③

通过对这些现象的分析,善于从实践中学习的黄炎培,慢慢触摸到了中国传统教育的根本弊病:

盖社会积习重士而轻农、工、商,贵劳心而贱劳力,千百年养成之,非一朝一夕所能返。流毒至极,人人以安坐享食为荣;非甚贫苦,不肯施其一手足之烈。以故农之子恒为农,工之子恒为工。而毕业于农、工、商学校者,乃至舍而求为官,不得,则求为师,以自慰。往往有学生父兄,其境遇已不能不使子弟自食己力,乃其希望犹欲使子弟坐享虚荣。④

---

① 田正平,李笑贤:《黄炎培教育论著选》,人民教育出版社1993年版,第17页。
② 田正平,李笑贤:《黄炎培教育论著选》,人民教育出版社1993年版,第19页。
③ 田正平,李笑贤:《黄炎培教育论著选》,人民教育出版社1993年版,第61页。
④ 田正平,李笑贤:《黄炎培教育论著选》,人民教育出版社1993年版,第75页。

他满目所见,不正是他深为担忧的"文丐"的坯子吗?这怎能不让深具生命和生存忧患意识的黄炎培深感不安呢!从个人的自我概念出发,黄炎培得出"世安有不实无用,而尚得谓教育"、"离社会无教育"的认识是再自然不过的了。

综上分析,笔者认为,黄炎培职业教育实践的行为推动力,就是希望通过"自存、自强、自立"习惯的养成,克服传统教育"贵劳心而贱劳力"、"非甚贫苦,不肯施其一手足之烈"等弊端,避免"文丐"的产生。

可以说,这一行为推动力在黄炎培的职业教育实践过程中始终没有太大的改变。譬如,1922年,当平民教育正兴之时,黄炎培说:"自平民主义兴,为普及教育于社会计,颇盛倡义务教育,此为最近之趋势。虽然,义务教育而诚欲福利平民也,是不可不藉职业教育以完成其目的矣。平民之所急者生计,苟输入文化而于彼所急曾无裨益,将曷以劝?今社会积习,青年一受教育,便有使君于此不凡之概,最普通之职业若农,若小工小商,多不屈就,而转让夫未受教育者之较易谋生。如是,教育愈广,生事且愈窄。苟诚普及,其影响于社会经济为何如?"①1930年,谈到职业教育机构唯一的生命是什么时,黄炎培又说:"职业学校校长资格所最不相宜的,怕就是富有孤独性的书呆子。"②

二、"使无业者有业,使有业者乐业"的目标牵引力

"使无业者有业,使有业者乐业。"不仅是黄炎培实施职业教育的理想,也是他的社会理想。这种理想来自他早期所接受的教育影响。黄炎培认为他将近20年旧文化学习所得之一,就是:"……故人不独亲其亲,不独子其子,使老有所终,壮有所用,幼有所长,鳏寡孤独废疾者皆有所养,男有分,女有归。货恶其弃于地也,不必藏诸己,力恶其不出于身也,不必为己,是故谋闭而不兴,盗窃乱贼而不作,是谓大同。"③可以说,这一所得,影响了黄炎培的一生。

正如前文所言,以注重实际等为自我概念的黄炎培,在实现这一总的

---

① 中华职业教育社:《黄炎培教育文集》第2卷,中国文史出版社1994年版,第341页。
② 田正平,李笑贤:《黄炎培教育论著选》,人民教育出版社1993年版,第229页。
③ 黄炎培:《八十年来》,文史资料出版社1982年版,第30页。

教育和社会理想时,在不同的历史时期,又有不同的具体认识。

最初,根据当时教育存在的组织制度不健全、"新瓶装旧酒"、学生毕业无出路等问题,黄炎培认为,欲实施职业教育,"第一,须确立职业教育之制度","第二,须审择职业之种类与其性质"①。他认为,在传统教育观念积弊日久的社会中,欲提倡职业教育,"诚戛戛乎其大难!不得已,惟有一方从贫民教育下手,成效渐见,使人人知向所卑视之者,可以得食;而对于中流社会,先酌授以向所不甚鄙夷之种类,成效渐见,使其对于职业教育,津津有味,渐近而授以其他。又一方,极意提倡职业神圣之学说,发挥职业平等之精神,务先于普通教育植其基础,庶几有效乎"②。

中华职业教育社成立之时,其目标是:第一,推广职业教育;第二,改良职业教育;第三,改良普通教育,为适于职业之准备③。1918年,职业教育的目标又有了进一步的深化,黄炎培提出:"职业教育之旨三:为个人谋生之准备,一也;为个人服务社会之准备,二也;为世界、国家增进生产力之准备,三也。"④至此,职业教育的目标基本确立了下来。随着社会和教育环境的不断变化,职业教育的目标又增加了"谋个性之发展";到"九一八"后(1934年),第二条"为个人服务社会之准备"又被改为"为民族谋独立与繁荣"⑤。

在职业教育实施的过程中,黄炎培逐渐发现,仅仅强调职业教育是不够的,因此,他又提出"大职业教育"的主张:

> 以我八九年的经验,很想武断的提出三句话,就是:(一)只从职业学校做工夫,不能发达职业教育;(二)只从教育界做工夫,不能发达职业教育;(三)只从农、工、商职业界做工夫,不能发达职业教育。
>
> ……
>
> 社会是整个的。不和别部分联络,这部分休想办得好;别部

---

① 田正平,李笑贤:《黄炎培教育论著选》,人民教育出版社1993年版,第74、75页。
② 田正平,李笑贤:《黄炎培教育论著选》人民教育出版社1993年版,第75—76页。
③ 田正平,李笑贤:《黄炎培教育论著选》,人民教育出版社1993年版,第82页。
④ 田正平,李笑贤:《黄炎培教育论著选》,人民教育出版社1993年版,第120页。
⑤ 中华职业教育社:《黄炎培教育文集》第3卷,中国文史出版社1994年版,第216、218页。

分没有办好,这部分很难办的。……

那么,怎样才好呢?积极说来,办职业学校的,须同时和一切教育界、职业界努力的沟通和联络;提倡职业教育的,同时须分一部分精神,参加全社会的运动。消极说来,就算没有训训的声音、颜色,只把界限划起来,此为"职业教育",彼为"非职业教育",已经不行哩。换一句话,内部工作的努力不用说了,对外还须有最高的热诚,参与一切;有最大的度量,容纳一切。①

由此可以看出,黄炎培的确是"择善而存"、施何教育必察何社会和与时俱进,在不同的历史时期,根据社会和教育发展的不同需要,黄炎培职业教育实践的目标(即牵引力)也在发生着变化和深化。

综上所述,笔者认为,正是在自存、自强、自立观念的推动力和不同时期教育实践目标的牵引下,黄炎培创立中华职业教育社,建立中华职业学校,创建《教育与职业》杂志,开辟徐公桥乡村改进试验。

黄炎培注重个人、社会生命和生存,以"生计"为目标的职业教育主张,触动了千百年来中国传统教育的基本价值观,因而,自然会引起那些"肩不能担担,手不能提篮"、"坐享虚荣"的"读书人"的揶揄和非议。黄炎培等回忆:"初发起职教社的时候,吾们被骂为'破靴党'、'饭桶教育家',吾们的'职业学校'被以'作孽学校'的恶名。后来又有人以为职教事业是落后的,非革命的。"面对这些压力和困难,他们提出了一个基本主张,即"悠久的事业,产生于坚韧的战斗性"②。

事实上,黄炎培又何尝不知道"教育曷贵也,语小,个人之生活系焉;语大,世界国家之文化系焉"③。他又何尝不知道"人生之目的,并不仅在生活而已。道德尤为人类所必不可少者,重生活而不重道德,则逸居无教,无所不为,其患有不可胜言者"。"但人无恒产,则无恒心。"④在黄炎培看来,个人和社会的生命和生存是第一位的,舍此,个人、国家、民族皆无从谈起。

这不免让我想起这样一句话:"长期的饥饿使我知道,食物对于人多么

---

① 田正平,李笑贤:《黄炎培教育论著选》,人民教育出版社1993年版,第204—205页。
② 中华职业教育社:《黄炎培教育文集》第4卷,中国文史出版社1995年版,第16页。
③ 田正平,李笑贤:《黄炎培教育论著选》,人民教育出版社1993年版,第81页。
④ 中华职业教育社:《黄炎培教育文集》第1卷,中国文史出版社1994年版,第82页。

的重要。什么光荣、事业心、理想、爱情，都是吃饱肚子才有的事情。"①当回观今日的教育时，我们不能不深深地忧虑，"文丐"式的高级游民真的要成为一种现实吗？

---

① 莫言:《明报月刊》2000年5月号，第47页。转引自李泽厚:《历史本体论·己卯五说》，生活·读书·新知三联书店2003年版，第20页。

第四章　陶行知的社会心理与行为特点研究

瑞士心理学家皮亚杰(Jean Piaget)的认知发展理论,是一种关于认知发展的普遍理论,并没有明确地关注自我发展。但诚如有人所言,许多研究者已经把他的许多观点应用到了自我研究当中①,即使以 ego 为自我概念的自我发展理论研究,也不能回避皮亚杰的理论②。而同化(assimilation)、顺应(accommodation)、平衡(equilibrium)等概念,是皮亚杰认知发展机制理论中的重要概念。所谓同化,是指主体将其所遇到的外界信息直接纳入自己现有的认知结构的过程。所谓顺应,是指主体通过调节自己的认知结构,以使其与外界信息相适应的过程。皮亚杰指出,同化和顺应并不是彼此分离的两个独立的过程,而是相互联系、相互依存的。甚至在同一个认知活动中,同时包含着这两个过程。只是在某些活动中,同化占支配地位,在另一些活动中,顺应占支配地位③。

与蔡元培、黄炎培不同,陶行知在青少年成长、求学时期,不仅受到中国传统文化和教育的影响,也曾较长时间在教会学校就读,受到基督教教义的影响,并于 1913 年成为一名基督徒。因此,从皮亚杰认知发展理论来分析,在陶行知的认知结构和自我概念形成过程中,既有同化,也有顺应,也就是说既包含了中国传统文化的要素,也体现出基督教教义的影响。

2004 年 6 月,香港基督教文艺出版社出版了何荣汉先生撰写的《陶行知——一位基督徒教育家的再发现》。在为该书所作的序中,章开沅先生肯定了作者"遍读中外相关论著和数量浩繁的陶行知自己的著作"、"梳理辨析各种不同学术观点并逐一给以评点"、"以大量的实证工作为基础,郑重而又鲜明地阐述自己的学术观点",提出要在陶行知的研究上突破"讳莫如深,避而不论"的态度,"对于陶行知这位'典型人物'所代表的一类较受

---

① 乔纳森·布朗:《自我》,陈浩莺,薛贵,曾盼盼译,人民邮电出版社 2004 年版,第 76 页。
② 简·卢文格:《自我的发展》,韦子木译,浙江教育出版社 1998 年版,第 76—82 页。
③ 陈英和:《认知发展心理学》,浙江人民出版社 1996 年版,第 58—60 页。

基督教影响的中国知识分子及其与基督教的关系及如何受其影响,作重新的发现和评估的研究"。章先生还指出:

> 我一向认为"治史犹如看山"。苏东坡诗云:"横看成岭侧成峰,远近高低各不同。不识庐山真面目,只缘身在此山中。"认识庐山必须走出庐山,必须远眺、近观、俯瞰、仰视、横看、竖望,然后才能经过比较、分析,综合提炼成为比较切近真实的总体形象。因此,我认为,从基督教的角度研究陶行知虽然是一个新的路向,但毕竟不是唯一的路向;研究者可以从这一角度切入,然而却不可忽视其他角度。像陶行知这样的大教育家、大学问家,对于中西各种文化、精神资源,多半是相容并包,博采众长,然后经过研究与实际形成真正属于自己的思想体系和学术体系。正如他服膺王学而不可能称之为儒家,师从杜威而又超越杜威一样,基督教的影响也很难把他局限于基督徒教育家这样狭窄的框架之中,这是他与赵紫宸、韦丰民、陈裕光等教育家不同之处。陶行知就是陶行知,卓然不群,自有特色,称之为人民教育家或平民教育家即可,不必给他戴上这种尺寸或那种尺寸、这种颜色和那种颜色的特定帽子。我认为作者把陶行知称之为"较受基督教影响的中国知识分子"或"有传教精神的教育家",都是比较符合实际的。但是没有必要在"基督徒"字眼上钻牛角尖,因为真正重要的是思想的内容而不是表现形式。基督徒中不是也有"Rice Christian"吗?是否基督徒并非衡量陶行知接受基督教影响的确切标准,过分拘泥于这一身份,非以见其深,反而显其浅。①

笔者认为,章先生的这段评述是客观、公允的。第一,这段评述再一次说明,历史研究中是不宜把研究对象"标签化"的。给研究对象"戴上这种尺寸或那种尺寸、这种颜色和那种颜色的特定帽子",无疑会影响研究对象"比较切近真实的总体形象",进而造成研究结果"非以见其深,反

---

① 章开沅:《章序》,何荣汉:《陶行知——一位基督徒教育家的再发现》,基督教文艺出版社2004年版,第 ix—xi 页。

而显其浅"的结局。第二，从皮亚杰的认知发展理论出发，笔者接受陶行知是"较受基督教影响的中国知识分子"的观点，同意把陶行知称为"有传教精神的教育家"（这是陶行知本人乐于接受的他观自我①）。但笔者认为，如果把陶行知在教育上这种宗教家般的"传教精神"仅仅看作是受了基督教的影响，把他仅仅称为"基督徒教育家"，仅从学术的角度分析，也是不十分妥当的。这种观点只强调了顺应，而忽略了同化，是不符合认知发展和自我概念形成的内部心理机制的。那么，陶行知是怎样通过同化和顺应，完成了认知结构的转化并形成独立统一的自我概念的呢？通过对陶行知社会心理和行为特点的研究，或许我们可以找到问题的答案。

第一节　陶行知的自我概念与行为方式

一、陶行知的认知自我、他观自我和理想自我

以人格独立著称于世的梁漱溟先生把陶行知和毛泽东、周恩来相提并论，看作是自己"亲切结识的盖世人物而衷心折服者"之一。他说："其笑我把服务社会的教育家和秉国钧的政治家毛周二公相提并论为可怪，须知三位先生大有相同之处：这就是他们的襟怀气概都卓然地向着世界全人类，廓然没有局限，从而三位先生在我心目中实同一钦重的。"②1946年陶行知逝世后，梁漱溟在纪念陶行知的文章中写道：

---

①　华中师范学院教育科学研究所：《陶行知全集》第5卷，湖南教育出版社1985年版，第59页。1923年12月12日陶行知在给王伯秋的信中谈到在蒋梦麟家的一桩趣事：梦麟兄近来忙得很。我昨晚到他家里去劝设平民读书处的时候，他颇露难色。我问他说："中国最高学府，北京大学代理校长家里可以容得不识字的人吗？"他笑笑说："错是不错。"我说既是不错就要干。你如无暇，我来代你训练助教，只须老兄下一命令："从今天起，家里的人不识字的都要读书，识字的都要教书。我就有办法。"他先后找了他的世兄蒋仁裕和门房李白华进来，我就一五一十地教了他们一回。他们即刻去教老妈子和车夫，高兴得很。对此，蒋梦麟评价陶行知说："你很有传教的精神。"这是陶行知生前记录的为数不多的他人对自己的评价，由此可以看出陶行知对这种评价的认可度。

②　梁漱溟：《怀念我敬佩的陶行知先生》，江苏省陶行知教育思想研究会：《纪念陶行知》，湖南教育出版社1984年版，第299页。

陶先生是一个一往直前，奔赴真理的人。他心目中，有他对于社会的理想要求。就在这里，他好便真好，恶便真恶，好恶真切分明，虽然有时不形于色。大家谁都佩服陶先生是一个力行的人。但须晓得，他所以表著出来如此者，正因为他内心好恶简捷有力。当今天这个"好话说尽"的世界，一切只见说不见做，越显得陶先生朴勇卓绝，任何人都落在他后边。你只见众人随着他走，受他感动鼓舞而向前；不是吗？他不唯勇往，而且踏实沉毅。因此，勇于奔赴理想的人尽还有，而终不及他。我在此等处，最折服陶先生。我简直要五体投地向他膜拜。①

这说明，一生追求"知行合一"的陶行知以自己的行动实现了自己的理想，也获得了世人的尊敬。同时也说明，陶行知的理想自我和认知自我是合而为一的，他的理想自我就是他的认知自我。

陶行知的理想自我和认知自我是怎样的呢？早在崇一学堂读书期间，陶行知就确立了理想自我的形象，那就是"我是一个中国人，要为中国做出些贡献来"②。这一理想自我，成为陶行知一生自我概念的中心，所有其他自我概念，都是围绕这一中心并且为了实现这一中心而展开的。具体而言，陶行知的认知自我和理想自我包括："热心力行"③、"立真去伪"、"行出一真是一真，谢绝一伪是一伪"④，"人生必有出世之精神而后可以入世"，"佛不入地狱，谁入地狱"，"己达达人，爱人如己，超度众生"，"我本来是一个中国的平民"，"为一大事来，做一大事去"，"幼吾幼以及人之幼"，"以治人者治己，在劳力上劳心"，"在立脚点要平等，于出头处求自由"，"捧着一颗心来，不带半根草去"，"奋斗是成功（万物）之父"，"宁为真白丁，不作假秀才"，"追求真理做真人"，"友穷，迎难，创造"，"博爱存心，和光映面，不惑不忧，不惧不恋。学而不厌，诲人不倦，服务第一，手不释卷。思想青春，何

---

① 梁漱溟：《悼念陶行知先生》，陶行知先生纪念委员会：《陶行知先生纪念集》，（出版地缺）1946年版，第153页。
② 朱泽甫：《陶行知年谱》，安徽教育出版社1985年版，第5页。
③ 华中师范学院教育科学研究所：《陶行知全集》第1卷，湖南教育出版社1984年版，第2页。
④ 华中师范学院教育科学研究所：《陶行知全集》第1卷，湖南教育出版社1984年版，第28页。

可不变,愿师少年,站在前线","仁者不忧,知者不惑,勇者不惧,达者不恋","富贵不能淫,贫贱不能移,威武不能屈,美人不能动"①,等等。除了这些自我概念外,陶行知也有自认不足之处,即"容易发怒",而这种习惯在他看来则是"于人于己,两受其害"②。由此可以看出,在陶行知的自我概念中,虽然强调理想自我与认知自我的一致性,但他也自认有和常人一样的不足,没有自诩为"神"。

陶行知生前愿意接受并记录下来的他人评价(即他观自我)是下面两位先生的评语。第一,前文所述蒋梦麟对他的评价,即"有传教精神的教育家";第二,1946年冯玉祥对他的评价,即"古今两大叫化子,乞讨兴学教赤子。利他无我超孔子,祝君高寿一百几"。这是冯玉祥给陶行知的祝寿诗,由于搞错了年龄(冯玉祥把55岁的陶行知说成了50岁),冯玉祥专程找到陶行知以致歉意。为此,陶行知专门写了一首诗答谢冯玉祥,"如果我是五十岁,祝您花甲才初度。但愿不知老将至,发奋忘食给人助"③。并把此事写信告诉自己的儿子陶晓光。由此可以看出,陶行知在心理上接受了冯玉祥对他"乞讨兴学,利他无我"的评价。因此可以说,"有传教精神的教育家"和"乞讨兴学,利他无我"构成了陶行知的他观自我。正像笔者在第二章中所论述的那样,陶行知逝世后对他的赞誉虽然有很多,但由于大多没有进入陶行知的心理领域,不能把它们作为陶行知他观自我的内容。

二、陶行知的成长历程与自我概念的形成

正如周洪宇先生所说:"不同于近代中国许多著名人物,陶行知生前几乎没有给自己留下什么自传或回忆录之类的文字。由于这个原因,人们对他早年的人生经历所知甚少。"④这就给笔者研究陶行知的成长历程与自我概念的形成带来了很大的困难。值得庆幸的是,笔者师从的几位先生都是陶研专家,他们在陶研中考证缜密,学养深厚,思路宽阔,文笔隽秀,为笔

---

① 华中师范学院教育科学研究所:《陶行知全集》第5卷,湖南教育出版社1985年版,第28、42、54、55、89、133、160、235、422、700、760、782、964页。
② 华中师范学院教育科学研究所:《陶行知全集》第5卷,湖南教育出版社1985年版,第842页。
③ 华中师范学院教育科学研究所:《陶行知全集》第5卷,湖南教育出版社1985年版,第954页。
④ 周洪宇:《陶行知与基督教》,《安徽史学》1991年第4期,第64—70页。

者的研究提供了大量珍贵的资料。

陶行知出生于安徽省歙县(今属安徽黄山市)县城城郊的黄潭源村,原名文濬,后改名陶知行、陶行知,字世昌,乳名"和尚"(提醒读者对此特加留意。以往研究者或许忽略了这一乳名对陶行知具有"传教精神"的影响)。关于陶行知的生年,学界有几种不同的说法。有人认为应是 1891 年 10 月 18 日(夏历九月十六)①,有人认为应是 1892 年 11 月 5 日②,也有人认为是 1893 年 11 月 10 日③,还有人认为 1894 年说也可成立,这些观点各有证据,均不失为一家之言。但在目前尚难确定之前,"我们还是倾向于信从亲属支持的 1891 年说,这也是按照多说从众的基本写作原则"④。笔者更为感兴趣的是,究竟是什么原因导致陶行知对自己的生年"似乎不甚在意"的现象呢?或许这也是以往研究者所忽略之处。

据考证,陶行知祖籍浙江省绍兴市陶家堰。始祖明子公于 1510 年(明代正德五年)由浙江初迁至安徽"新安新桥"(或称"江南徽歙之西曰古溪"处,大概在今安徽休宁县东万安之西)。传至十一世祖舜廷公,才由第一次迁居地"古溪"再迁至歙县西乡黄潭源村,在村东隅建房居住。可能是效法东晋大文学家陶渊明弃官隐居之事,因"宅边有五柳树",便把自己的居所命名为"五柳堂","意在借陶潜气节以励后世、淳化家风"。入皖后的陶氏家族自始祖明子公起,至陶行知这一世止,已传十六世⑤。

陶行知的祖父允禄公,娶鲍氏、李氏。"鲍氏生三子长曰德生次曰厚生幼殇三曰盛生李氏生一子名长生继与允裕公。"⑥李氏所生之子长生,就是

---

① 余子侠:《山村社会走出的人民教育家陶行知》,湖北教育出版社 1999 年版,第 19 页;《陶行知生平事迹五考》,《安徽史学》2001 年第 3 期,第 64—69 页。
② 夏德清:《陶行知生年质疑》,《长江日报》1982 年 3 月 12 日;《陶行知生年新史料》,《文教资料简报》1982 年第 9 期,第 91—92 页。
③ 周洪宇:《陶行知生年考》,《历史研究》1983 年第 2 期,第 146 页;《陶行知生年新证和兄妹问题略考》,《文教资料简报》1983 年第 4 期,第 16—20 页;《关于人民教育家陶行知的生年问题》,《华中师院学报》1983 年第 5 期,第 105—108 页。
④ 章开沅、唐文权:《平凡的神圣——陶行知》,湖北教育出版社 1992 年版,第 56 页。
⑤ 董宝良,周洪宇,喻本伐,李红梅:《陶行知家世考略》,《教育研究与实验》1983 年第 1 期,第 24—34 页;余子侠:《山村社会走出的人民教育家陶行知》,湖北教育出版社 1999 年版,第 21 页。
⑥ 董宝良,周洪宇,喻本伐,李红梅:《陶行知家世考略》,《教育研究与实验》1983 年第 1 期,第 24—34 页。

陶行知的父亲。陶父是长子，据陶城回忆："慈祖父陶位朝，号槐卿，字笑山，于1867年生于安徽省歙县，1915年病殁于江苏省南京市。"①

关于陶父位朝公的经历，已有研究说法不同，但我们可以得出以下一些基本史实。陶位朝青少年时陶氏家族生活尚富裕，接受过一定的教育且古文功底不浅；曾经营过酱园，做过教员，掌管过田赋契约；因经营不善，酱园破产，兄弟分家，家境渐入清贫；与曹翠仂女士结婚，爱女宝珠（陶行知的姐姐）因病为医误诊而夭亡；曾染吸食鸦片的不良嗜好；入教堂信奉洋教……这些史实证明，陶行知出生后，生活较为贫困，家境已经衰落，已无力供养他上学读书②。

陶行知的父亲为人诚笃，家境衰落后虽生活清苦，但仍乐于学，并对新鲜事物颇为敏感。陶行知出生后，在还没有长到启蒙读书的年龄时，父亲就利用休闲时间教他识字临帖，希望把他培养成为一颗"读书种子"③。父亲的榜样和期望，无疑对陶行知"学而不厌"、"思想青春，何可不变，愿师少年，站在前线"、勇于"创造"等自我概念的形成有很大的影响。父亲的角色期望对陶行知的影响，从他1931年所写的一首回忆父亲的诗中，可以略窥一斑。

> 我十七岁之春，独自一人，乘船赴杭学医，父亲躬自送到水篮桥下船。回想初别情景，历历如在目前。今特追摄入诗。送别人竟不及见，思之泪落如雨。
>
> 古城岩下，
> 水篮桥边，

---

① 陶城：《真善美的爱——陶行知一家》，周洪宇，余子侠，熊贤君：《陶行知与中外文化教育》，人民教育出版社1999年版，第225页。周洪宇等考证认为，陶行知的父亲名长生，字位朝，号筱山（笑山）。参见董宝良，周洪宇，喻本伐，李红梅：《陶行知家世考略》，《教育研究与实验》1983年第1期，第24—34页。

② 陶城：《真善美的爱——陶行知一家》，周洪宇，余子侠，熊贤君：《陶行知与中外文化教育》，人民教育出版社1999年版，第225页；余子侠：《山村社会走出的人民教育家陶行知》，湖北教育出版社1999年版，第22页；章开沅，唐文权：《平凡的神圣——陶行知》，湖北教育出版社1992年版，第57页；童富勇，胡国枢：《陶行知传——纪念伟大的教育家陶行知诞辰一百周年》，教育科学出版社1991年版，第3—4页。

③ 余子侠：《山村社会走出的人民教育家陶行知》，湖北教育出版社1999年版，第23页。

> 三竿白日，
> 一个怀了无穷希望的伤心人，
> 眼里放出悲壮的光芒，
> 向船尾直射在他的儿子面上，
> 望到水、山、天合成一张大嘴，
> 隐隐约约的把帆影儿都吞没了，
> 才慢慢的转身回家去。
> 我要问芳草上的露水，
> 何处能寻得当年的泪珠？
>
> 二十年四月十日①

　　这可以说是一幅中国社会中下阶层父亲望子成龙的经典图画。23年后的陶行知仍能清晰地忆起父亲那伤心人无穷希望和悲壮的眼神,足见这种角色期望对他角色采择的影响。

　　陶行知的母亲曹翠仂女士,系安徽绩溪县人,生于1866年,1933年11月26日因脑出血病故于上海。陶母"是一位勤劳、善良、朴实、忠厚、爽朗,富有好学求真精神的劳动妇女"②。1904年,陶父因染上不良嗜好,体力渐衰,陶家生活越发困难。陶母曹翠仂也不得不走出家门,由下田帮耕到外出帮佣,进入当时一家内地会传教士开办的崇一学堂当杂工。"翠仂手脚勤快,不但操持家务,帮助丈夫种地,为人缝补做鞋,还接过祖传的剃头刀,为孩子和丈夫理发。"③陶母57岁时还发愤读书,跟自己6岁的孙子学习认字。为此,1934年陶行知还专门写过一首题为《慈母读书图》的诗来纪念母亲④。不仅如此,陶行知能有辉煌的成就,与母亲及妻子、妹妹的奉献也有极大的关系,以至当陶母遗体入殓时,陶行知一边痛哭一边说:"母亲、

---

①　华中师范学院教育科学研究所:《陶行知全集》第4卷,湖南教育出版社1985年版,第138—139页。

②　陶城:《真善美的爱——陶行知一家》,周洪宇,余子侠,熊贤君:《陶行知与中外文化教育》,人民教育出版社1999年版,第228页。

③　童富勇,胡国枢:《陶行知传——纪念伟大的教育家陶行知诞辰一百周年》,教育科学出版社1991年版,第4页。

④　华中师范学院教育科学研究所:《陶行知全集》第4卷,湖南教育出版社1985年版,第213—215页。

文渼妹、纯宜妻,你们实在是三位最伟大的女性,实在是被我拖垮累垮的啊!"①可以说,母亲的身体力行,为陶行知"热心力行"、"友穷、迎难"、自居"平民"等自我概念的形成,提供了最为切近的榜样。

陶位朝夫妇共生育子女三人②。长女宝珠,因病为庸医所误而夭亡。陶行知是位朝公夫妇的第二个孩子,也是家里唯一的男丁。陶行知还有一位小自己四岁的妹妹美珠,学名文渼。可能是由于长女的夭亡,为了使自己的第二个孩子好生好养,父母便给陶行知起了一个乳名,叫"和尚"。在一部陶行知的传记中,作者这样写道:

> 父母耽心行知这一宝贝孤丁也被厄运夺走,他们祈求上天保佑,给他寄入佛门,取名和尚。还由于行知从小由母亲剃的光头,村里人都叫他"小和尚"。③

不知是否有史料可以证明陶行知入过佛门,但可以肯定的是,以往的研究者大多忽略了佛教思想对这位"小和尚"的影响。何荣汉先生发现了这一问题,但由于他太专注于把陶行知定为"基督徒教育家",对这种影响也未进行深入探讨④。

笔者认为,不管陶行知曾否寄入过佛门,"和尚"的乳名却是一个事实,加之如果他小时候的确经常被村里人称为"小和尚"的话,从社会心理学角色理论分析,这种角色期望,不可避免地会影响陶行知的角色采择,至少也会影响陶行知对知识学习的选择和倾向。陶行知的自我概念也恰恰证明了这一点。

---

① 陶城:《真善美的爱——陶行知一家》,周洪宇,余子侠,熊贤君:《陶行知与中外文化教育》,人民教育出版社1999年版,第229页。

② 也有说陶行知共有兄弟姊妹四人的。参见童富勇,胡国枢:《陶行知传——纪念伟大的教育家陶行知诞辰一百周年》,教育科学出版社1991年版,第5页。但据考证,陶行知有一哥哥的说法有误。参见董宝良,周洪宇,喻本伐,李红梅:《陶行知家世考略》,《教育研究与实验》1983年第1期,第24—34页。

③ 童富勇,胡国枢:《陶行知传——纪念伟大的教育家陶行知诞辰一百周年》,教育科学出版社1991年版,第5页。

④ 何荣汉:《陶行知——一位基督徒教育家的再发现》,基督教文艺出版社2004年版,第33页。

"佛不入地狱,谁入地狱"、"超度众生"等自我概念,无一不表现出极强的佛教色彩。而被世人所赞誉的"为一大事来,做一大事去"、"捧着一颗心来,不带半根草去"的陶行知精神,也不无佛教思想的痕迹。

心理学和语言学的研究表明,一个人语言表述的方式和习惯,与他已有的知识经验和认知结构有着密切的关系。"来"、"去"的表述方式,如果不"仅是",也是佛教常用的表述方式。《金刚经》中对佛的一句核心的描述就是:"如来者,无从所来,亦无所去,故名如来。"(《金刚经·第二十九品》)如果说这种解释仍显得牵强附会的话,从陶行知所编写的《平民千字课》教材第七十五课《佛》一节中,我们或许可以看到陶行知接受了哪些佛教思想的影响:

> 他不贪世上的富贵安乐,丢了太子不做,一心一意想要普渡(度)众生。他的教训,就是慈悲两个字。他情愿自己到地狱里去代替世人受苦,所以许多人被他感化了。[①]

由此可以看出,佛教中"普度众生"、"慈悲为怀"、甘愿"代替世人受苦"等思想和精神,对陶行知自我概念的形成产生了某种程度的影响,而这种影响或许也是他接纳基督教的某些思想,并成为他自己概念中"基督徒"的认知前提。因此,笔者认为,把具有"传教精神"的陶行知仅仅说成是"基督徒教育家",是不十分妥当的。由此我们是否还可以猜测,陶行知生前不写自传和回忆录,以至对自己的生年"似乎不甚在意"的现象,是不是与他接受的某些佛教思想有关?

陶行知的姐姐究竟夭亡于哪一年?姐姐的夭亡对陶行知究竟会产生什么样的影响?这些问题,以往的研究说法不一。据童富勇等所撰陶行知传记的记载,陶宝珠夭亡当在陶行知5岁甚至更早以前[②],死因则是为庸医所误。如果仅是这样,其影响不外乎父母对陶行知和他妹妹加倍呵护和关爱,促使陶行知曾一度以"医药救国"为志向。但据陶城的回忆,姐姐的

---

① 华中师范学院教育科学研究所:《陶行知全集》第6卷,湖南教育出版社1985年版,第125页。

② 童富勇,胡国枢:《陶行知传——纪念伟大的教育家陶行知诞辰一百周年》,教育科学出版社1991年版,第5页。

夭亡对陶行知的影响要复杂得多。

陶城在回忆中有这样一段记述:"在我小时候,祖母曹翠仂女士曾痛哭流涕地对我说:'你的姑母陶宝珠,由于我家贫苦,不得已被送往别家当童养媳。她在婆家甚苦,有一天她回家说她很想吃一碗蛋炒饭,但未吃到就赶紧回到婆家。她十分可怜,不久就去世了。现在想起来十分内疚。'当时家中困难,为了保证爸爸上学,祖母才不得已把自己的亲骨肉宝珠姑母送到别家当童养媳,这是宝珠姑母为了保证爸爸能成才,能为人民多作贡献而作出的巨大牺牲。"① 如果这段回忆无误的话,其一,说明陶宝珠夭亡当在陶行知上学的年龄,至少也在 6 岁左右。那么,陶行知"和尚"的乳名可能与宝珠的夭亡没有关系。如果"和尚"的乳名的确是在这一时期取的,那么陶行知曾寄入佛门的可能性极大,而且佛学对他的影响也会更深。其二,说明陶宝珠的夭亡多少与为了保证陶行知读书成才有一定的关系。从积极方面看,这体现了陶位朝夫妇对陶行知成才期望的强烈程度,从而使这种期望成为陶行知立志成才角色采择的强大内在动力。从消极方面讲,这一事件也会使陶行知产生某种程度的负疚感,从而变为他立志成才的另一种内在动力。从他以后对母亲和妹妹陶文渼的态度和行为表现看,笔者认为,上述推论,大体是可以成立的。这对陶行知"奋斗不息""勇于奉献"等自我概念的形成,也会产生一定的影响。

由于从小受到父亲识字临帖的培养,幼年时的陶行知便表现出不同于一般乡野童顽的聪慧,被旸村塾师方庶咸秀才发现,愿收为弟子。无奈陶父家贫,不能送子入学。后在陶行知六岁时,由方秀才免费代为启蒙。

启蒙后,陶行知便在家跟父亲读书习字。1899 年,8 岁的陶行知随父前往休宁万安,得入吴尔宽私塾伴读。在随后 5 年里,他在学习上显露出惊人的聪明,深得外祖母及塾师、学友喜爱。13 岁时,陶父因染上不良嗜好,体力渐衰,不得已将陶行知辍学带回黄潭源村参加劳动。陶行知在辍学参加劳动之余,利用空闲读书自学。陶父也利用劳作空闲教子攻读。后经亲友介绍,陶行知得到歙县上路街秀才程朗斋对四书的解说指点。陶行知还经常主动到相距 15 里外的航埠头曹家经馆求师问业。经馆塾师王藻

---

① 陶城:《真善美的爱——陶行知一家》,周洪宇,余子侠,熊贤君:《陶行知与中外文化教育》,人民教育出版社 1999 年版,第 226 页。

是前清贡生，道德文章在当时当地享有盛名。他被陶行知风雨无阻前来求学所感动，谆谆教导，不厌其烦；陶行知对王老师也极为尊敬，就教时常立门外，静候老师室内课毕始入。有次大雪纷飞，他赶到曹家照常立在门外静候，待王藻发现，呼其入室，当众表扬陶行知有"程门立雪"的古人之风，一时传为美谈①。就这段求学经历对陶行知的影响，余子侠先生在他所著陶行知的传记中写道："由是，凭借父亲家教身传和四处求学问师这两条途径，陶行知深受传统文化熏陶，打下了较为扎实的儒学基础，为自己的知识体系的建构作出了最底层次的铺垫。"②可以说，这种"较为扎实的儒学基础"对陶行知"我是一个中国人，要为中国作出些贡献来"、"学而不厌，诲人不倦"、"仁者不忧，知者不惑，勇者不惧"、"富贵不能淫，贫贱不能移，威武不能屈"等自我概念的形成，起到了至关重要的作用。而方庶成、王藻两位先生"有教无类"、"得天下英才而教育之"的教师形象，或许也为陶行知自我概念的形成树立了榜样。

我们可以在与陶行知年龄相仿的另一位教育家陈鹤琴先生的回忆录中看出中国传统的私塾教育对人自我概念形成所起的作用。"那时（私塾）的先生真的能'因材施教'呢。聪明的学生，给他多学一点。愚笨的学生，给他少学一点。不举行划一的公共考试，引起所谓的竞争。倒用个别的指导，个别的考察，以资鼓励而促上进。对于学问的获得是如此，对于品格的训练也是如此。其实学业的成就从私塾先生的眼光看来，还不及道德的培养来的重要呢。孔子不是说过吗？'行有余力，则以学文。'品行为上，读书次之。"③由此可以佐证，以"品行为上"的私塾教育，给予陶行知不单在知识上，更重要的是在自我概念的形成和保持认知自我与理想自我间的一致性。

1906年，因家庭原因和崇一学堂校长唐进贤慧眼识珠，陶行知得以免费进入崇一学堂读书。崇一学堂是基督教内地会在安徽设立的一所教会

---

① 朱泽甫：《陶行知年谱》，安徽教育出版社1985年版，第2—4页；余子侠：《山村社会走出的人民教育家陶行知》，湖北教育出版社1999年版，第23页；章开沅，唐文权：《平凡的神圣——陶行知》，湖北教育出版社1992年版，第57页。

② 余子侠：《山村社会走出的人民教育家陶行知》，湖北教育出版社1999年版，第23页。

③ 陈鹤琴：《我的半生》，《民国丛书》第二编(86卷)，江西省教育用品厂1941年版，第50—51页。

中学,正式名称为"安徽省徽州府崇一私立中学堂",校长由教堂的牧师、英国人吉布斯(Gibbs,汉名唐进贤,又作唐敬贤)担任①。

崇一学堂学制三年,开设的课程主要有:德行、修身、经学、国文、英文、中西历史、算学、代数、格致、地理、音乐、体育等,分别由五位教师担任,唐进贤则一人担任除德行、体育等之外的七门西学课程。1908年,崇一学堂因"当时惟一教授西学的教师"唐进贤回国探亲"而停办"②,陶行知实际只在此学习了两年多的时间。就在这短短的两年多时间内,陶行知发愤攻读,如饥似渴地学习西方的文化科学知识,得到很大长进。对此,周洪宇认为:"尽管在此所接触到的西方文化还极为有限……但无论如何,他毕竟给幼小的陶行知打开了一扇眺望新世界的窗口。从这扇窗口,他看到了发达的西方,看到了四书五经、子曰诗云所无法告诉他的新天地。"③笔者认为,这种观点还是比较客观公允的。同时,这段学习历程为他后来考入美国基督教会开办的南京汇文书院,又升入由汇文书院和宏育书院合并而成的金陵大学堂以及1913年"皈依基督教"并于1914年留学美国打下了社会现实基础。

崇一学堂虽然是一所教会学校,但在此学习期间陶行知并未加入基督教。如何认识这一问题呢?如果说《陶行知年谱》的作者在记述这一现象时,有符合"某种以中国本位意识与基督教对立的陈述倾向"的话④,那么如何解释在崇一学堂两年间,陶行知并没有认真思考是否接受或拒绝基督

---

① 周洪宇:《近代知识分子与教会教育——一项以陶行知为观照基点的历史透视》,章开沅,林蔚:《中西文化与教会教育》,湖北教育出版社1991年版,第358—402页;周洪宇:《陶行知与基督教》,《安徽史学》1991年第4期,第64—70页;余子侠:《山村社会走出的人民教育家陶行知》,湖北教育出版社1999年版,第25—59页。

② 华中师范学院教育科学研究所:《陶行知全集》第8卷,湖南教育出版社1992年版,第727页。

③ 周洪宇:《近代知识分子与教会教育——一项以陶行知为观照基点的历史透视》,章开沅,林蔚:《中西文化与教会教育》,湖北教育出版社1991年版,第364页。

④ 何荣汉:《陶行知——一位基督徒教育家的再发现》,基督教文艺出版社2004年版,第44页。朱泽甫在他所写的《陶行知年谱》中有这样一段记述:陶行知在崇一学堂读书期间没有信奉基督教,并在该校楼上学生宿舍墙壁上书写"我是一个中国人,要为中国作出一些贡献来"。见朱泽甫:《陶行知年谱》,安徽教育出版社1985年版,第5页。对此,何荣汉认为:这样有意无意间把这两件事情关联起来,虽然没有事实根据,但却符合了某种以中国本位意识与基督教对立的陈述倾向。

教,而是到1908—1909年才开始认真思考基督教信仰问题,且一直到1912年底才决定信奉基督教的呢①?

笔者认为,可能的解释有两种。第一,由于贫穷,无力在旧教育上继续学习的陶行知,好不容易才有了进入崇一学堂继续学习的机会,并且又被先进而新鲜的西学所吸引,或许他没有时间和精力去思考什么所谓的信仰问题。第二,在当时陶行知的心理上,或许所谓基督教信仰与他所接受的儒家经典思想和佛教精神并没有什么本质的不同。

不管基于哪种解释,陶行知当时没有认真思考是否接受或拒绝基督教的事实说明,崇一学堂的课程内容给予陶行知的,更多的是西学知识的影响,对陶行知自我概念的形成影响不大。但这并不是说崇一学堂的经历对陶行知自我概念的形成没有影响。相反,崇一学堂的几位教师,特别是校长唐进贤和华人牧师、传教翻译章觉甫热心教育、治病救人的行为,不仅强化了陶行知心理上"有教无类"、"得天下英才而教育之"的教师形象,还一度促使陶行知产生了立志从医的思想。如果不是历史的机缘巧合,或许我们今天讨论的就不是教育家陶行知,而是医学家陶行知了。

如前所述,1908年因唐进贤回国探亲,陶行知不得不提前从崇一学堂毕业。或许是受到章觉甫的影响,也抑或由于姐姐被庸医误诊而夭亡,从崇一学堂毕业后,陶行知孤身一人第一次离开父母、家乡,赴杭州学医,考入同为教会学校的杭州广济医学堂。前述陶行知怀念父亲的那首诗,描写的就是父亲送他去杭州求学时的动人一幕。

关于徽州的社会文化背景对陶行知的影响,章开沅、唐文权先生撰写的《平凡的神圣——陶行知》和余子侠先生撰写的《山村社会走出的人民教育家陶行知》都做了精辟的分析和论述,笔者不欲再做冗长的引述。笔者认为,无论是以朱熹为核心和代表的新安理学,还是以江永、戴震为主要代表的徽州朴学,它们对陶行知自我概念形成所产生的影响,与陶行知早年所接受的"较为扎实的儒学基础"的影响,没有太大的差别。倒是被外地人常常谑称的"徽骆驼"或"绩溪牛"的徽州人的性格,对陶行知自我概念形成的影响可能更有独特性。对此,《山村社会走出的人民教育家陶行知》一书

---

① 何荣汉:《陶行知——一位基督徒教育家的再发现》,基督教文艺出版社2004年版,第44—45页。

中这样写道：

> 徽歙社会由于农耕相当困苦负累，外出经商又风险多不可测，自古以来生活在这种社区的人们大多养成了一种艰苦耐劳坚忍不拔的性格，这就是人们经常谑称的"徽骆驼"精神。尤其外出谋事经商，近则数十百里之程、数月半载不归，远则千里万里之遥、长年累月不返。……更有甚者，或则年少离家，即成永别。由是徽歙人物养成了一种为了实现事业目的出门无复顾返的坚毅性格。这种一往无前勇于献身的事业精神，对陶行知的影响尤为重要。①

笔者认为，陶行知"奋斗是成功（万物）之父"自我概念的形成，正是家乡人这种性格的反映和影响的结果。陶行知1923年春所写《游牛首山》诗中的注，也充分证明了这一点。"吾乡称绩溪人为绩溪牛，人以为侮辱，我以为是尊敬。因为牛是农家之友，没有牛，我们那里来的饭吃。"②

陶行知进入广济医学堂不久，由于该校对于非基督教学生在课程学习等方面有歧视性的规定，他便愤然退学了。对此事，陶行知曾经写道："（因崇一学堂停办）我只好怀着学医的念头冒险去了杭州。然而，由于进的那所学校对非基督教学生有明显歧视，甚至反映在学习课程等问题上，三天之后我就退学了。"③周洪宇先生对此的评价是："这表现了一个中国青年的铮铮傲骨。"④对这种评价，专注于把陶行知说成是"基督徒教育家"的何荣汉先生颇有微辞，并引用了童富勇等著陶行知传记中的一段叙述，发表了自己的看法⑤。可惜的是，何荣汉所引用的那段"早年认识陶行知友人

---

① 余子侠:《山村社会走出的人民教育家陶行知》，湖北教育出版社1999年版，第33页。
② 华中师范学院教育科学研究所:《陶行知全集》第4卷，湖南教育出版社1985年版，第7页。
③ 华中师范学院教育科学研究所:《陶行知全集》第8卷，湖南教育出版社1992年版，第727页。
④ 周洪宇:《近代知识分子与教会教育——一项以陶行知为观照基点的历史透视》，章开沅，林蔚:《中西文化与教会教育》，湖北教育出版社1991年版，第364页。
⑤ 何荣汉:《陶行知——一位基督徒教育家的再发现》，基督教文艺出版社2004年版，第46—49页。

忆述",根据笔者对两种原文的考察,只有"他俩只得过着将衣服当得三百文铜钱过一日的穷困日子"是来自早年认识陶行知的友人陈家康的忆述①。因此,何荣汉先生的微辞,也就显得不那么具有说服力了。

离开杭州后,陶行知投靠苏州的表兄张志暴(一说张志白)家,因生活困难,返回歙县,专攻了一年英语。1909年秋,巧遇办完事回到中国的唐进贤,经其介绍,考入南京美国基督教会美以美会办的汇文书院。1910年春,汇文书院与基督会和长老会宏育书院合并为金陵大学堂,陶行知直接升入金大。金大初创时,仅设文科及若干数理学程。文科分预科、本科两部。预科2年,本科3年。因陶在此前已有汇文的半年成绩,故预科只读了一年半,便于1911年升入本科。至1914年夏完成学业,他在金大生活和学习了五年②。

关于金大经历对陶行知的影响,章开沅、唐文权先生这样写道:"金陵大学是陶行知早年智悲双修、悟证光明的菩提树。自度自觉自证光明之后,便以度他觉他光明于他作为己任。"③

这说明,经过金大的锤炼,陶行知的自我概念已经基本形成,此后的陶行知就将以这样的形象展示于社会并投身社会实践。(这段论述也颇为有意思地借用了很多佛学术语,这是否意味着作者已经意识到陶行知自我概念的形成与佛教的影响有某些关系呢?答案或许是肯定的吧。)

金大学习期间,严复的《天演论》使陶行知看到了"盖以生乎今之世,列强既具有进取之特性,其学术工商复高出吾人之上,以强佐强,进步一日千里。吾人欲与并驾齐驱,其进取当有列强什百倍之猛勇。即欲在世界求一生存,犹当夙兴夜寐,不容稍事蹉跎"④。西方资产阶级民约论和天赋人权说以及孙中山所宣称的资产阶级共和主义,让他认识到走向共和是挽救中国社会唯一之正途,而"自由、平等、民胞,共和之三大信条也。共和之精神

---

① 童富勇,胡国枢:《陶行知传——纪念伟大的教育家陶行知诞辰一百周年》,教育科学出版社1991年版,第15页;陈家康:《陶行知思想路线》,陶行知先生纪念委员会:《陶行知先生纪念集》,(出版地缺)1946年版,第32页。

② 周洪宇:《近代知识分子与教会教育——一项以陶行知为观照基点的历史透视》,章开沅,林蔚:《中西文化与教会教育》,湖北教育出版社1991年版,第364—365页。

③ 章开沅,唐文权:《平凡的神圣——陶行知》,湖北教育出版社1992年版,第82页。

④ 华中师范学院教育科学研究所:《陶行知全集》第1卷,湖南教育出版社1984年版,第12页。

在是,共和之根本在是"①。这些可以说是金陵大学对陶行知社会认知和社会态度的巨大影响。那么,金大的经历对陶行知自我概念的形成又产生了怎样的影响呢?

在金大,有三种思想对陶行知自我概念的形成产生了巨大的影响。

第一,进化论思想。前述已经说明,进化论思想使陶行知认识到,中国欲与世界"并驾齐驱,其进取当有列强什百倍之猛勇。即欲在世界求一生存,犹当夙兴夜寐,不容稍事蹉跎"。但与世界进化发展的潮流相对应的,则是中国人的因循守旧,并每每为自己的这种行为找出合适的理由。"因循者,每自饰其说曰:'欲速则不达','其进锐者其退速'。与其不达何如迟? 与其退速何如藏其锋?"陶行知认为,因循守旧的原因在于"畏"、"惰"、"自满"、"自私"、"宴安"(这也反映出陶行知把问题归因于内部的、不稳定的和可控制的归因风格)。而因循的结果则是"失时机"、"长惰"性、"伤名誉"、"妨他人之进步"、"引他人之因循"。由此,陶行知得出结论:

> 因循之害,既足以自误,复足以误人,更足以误国。吾人果自爱,则不当因循,吾人果爱人爱国,尤不当因循。然世之因循,相习既久,脑印已深,一旦除之,自非易事。于此则吾人所当垂择者,有二事焉:(一)不问他人因循与否,吾为努力前进,勇行其是;(二)因循既由畏、惰、自满、自私、宴安诸念所致,则欲远离因循,自非排去畏、惰、自满、自私、宴安五念不可。自警警人,务期易怯为勇,易惰为勤,易自满为不足,易自私为利人,易宴安为忧劳,使国人共跻于勇为之士,则吾辈所不可放释之责任也。……果能如是,则吾国虽弱且贫,其前途必有光荣之希望。不然,社会因循而民气不张,政府因循而国魂不振。吾国行将由贫弱而渐臻于沦丧,岂不甚可畏乎? 勉哉国人!②

这说明,进化论的思想对陶行知"努力奋斗"等自我概念的形成,产生

---

① 华中师范学院教育科学研究所:《陶行知全集》第1卷,湖南教育出版社1984年版,第44页。

② 华中师范学院教育科学研究所:《陶行知全集》第1卷,湖南教育出版社1984年版,第12—16页。

了相当大的影响。不仅如此,陶行知对中国人因循守旧特点的认知和态度,也为他后来人生道路的选择提供了一定的心理铺垫。

第二,基督教义。金陵大学期间,陶行知皈信了基督教,成了一名他自己观念中的"基督徒"。这是一个基本的历史事实。1916年2月16日,陶行知在给哥伦比亚大学师范学院院长罗素的一封介绍自己简历和志向的信中写道:"在包文博士(Dr. Bowen)和亨克博士(Dr. Henke)的指导下,又深受詹克教授(Prof. Jenk)的'基督教的社会意义'观点的影响,我于1913年成为一个基督徒。"[1]何荣汉先生发现的最新史料,也再一次证明了这个事实。为了全面深入地了解基督教对陶行知自我概念形成的影响,特将这份史料引述如下:

> 金陵大学学生陶文濬的信仰见证
> 一九一二年十二月二十一日
>
> 四年多以来,耶稣基督与撒但在我内心中争战,要夺取我这一颗心,耶稣得到了胜利,从今以后,我是耶稣基督的跟随者。
>
> 从前,我没有来的他那边,是因为我一直期望从他那里得着一些不恰当的益处。如果我有任何厌弃的东西,那就是这样的一个人,常常问:"我可以从中得到什么?"我现在之所以信仰基督,很大程度上是因为读了康奈尔大学詹克教授(Jenks)所著的《耶稣的社会原则》(Social Principles of Jesus)。虽然我不能在这里很仔细地讨论基督哪些教导是重要的,但我必须指出,就是他教导我们如何爱人如己,叫我决志成为基督徒;而我刚才提及的书籍,正好清晰地论述和印证了这个原则。
>
> 除了以上这点,我从历史学习当中,留意到很多伟大的领袖,以及他们与耶稣基督的关系,我也发现哲学家和科学家当中,是耶稣基督坚定的信仰者和跟随者,比起那些没有直接把哲学或科学知识归于耶稣基督,以及他的教导和他的教会的人来说,比例上多出很多。

---

[1] 华中师范学院教育科学研究所:《陶行知全集》第8卷,湖南教育出版社1992年版,第727—728页。

第四章 陶行知的社会心理与行为特点研究

再者,现今世界最伟大的共和国是哪个国家呢?当然你会说是美国。美国从何而来的呢?我看华盛顿是她的创建者,我看林肯是她的拯救者,这两位是怎样的人呢?他俩都奉耶稣基督的名字,为自己的国家献上自己,献上一切,他们正如耶稣一样爱自己的国家和人民,因为他们都是耶稣的跟随者。

中华民国是从何而来的呢?你会说是改革者和革命者,你还算不上是追本求源。我认为孙文博士是促成中华民国成立的最重要因素,但他又是从何而来的呢?他从哪里得到自由和平等的原则的呢?这些都是他经过多年从传教士那里一点一点累积而来的。而他又是什么人呢?他就是一位耶稣基督的跟随者,他在中国,直接的目的,就是为了宣告耶稣要怎样拯救世界。

你看看今日中国的教育体系,它的中心在哪里?是在岭南大学、圣约翰大学、金陵大学、文华大学、天津大学(Tientsin University)、燕京大学、北京清华学堂,以及其他相似的学府,都是直接因着耶稣基督的精神和教会而产生的。如果从中国教育中剔除那些根源于耶稣基督的部分,中国将会变成怎么模样呢?也许就是堕进无知深渊的最深处。

再者,就在这里,我们有自己的老师,他们离乡背井,远渡重洋来这里,为的是要教导我们。他们教我们哲学、历史、数学和科学,而且我们都接受了;他们更教我们宗教,而世界上最高等的宗教亦已经创建了,就是耶稣基督的宗教,而我们却拒绝了它。如果他们教我们哲学和历史,而我们要拒绝,确实是十分可惜的,毕竟这些和其他知识是不断在变化的东西,但如果他们教导我们宗教恒常不变的道理,而我们却要拒绝,就更加是非常可惜的事。

各位亲爱的同学,我谨以至诚,邀请你们归向耶稣基督。[1]

抛开以往对陶行知皈信基督教的分析,仅从陶行知的这篇《信仰见证》中,我们可以解读到陶行知的哪些心理活动呢?

---

[1] 何荣汉:《陶行知——一位基督徒教育家的再发现》,基督教文艺出版社2004年版,第63—65页。

首先,在此之前,陶行知没有皈信基督教,是因为"一直期望从他那里得着一些不恰当的益处"。这说明,在此之前陶行知是从对自己"实用"的角度去看待基督教的,只是期望从基督教那里得到"一些不恰当的益处"。那么,"一些不恰当的益处"是什么呢?笔者认为,在陶行知心理上,所谓"不恰当的益处"或许就是能让自己上学读书。正如笔者前文所推测的,这种"实用"的心理,是陶行知在崇一学堂没有信教的主要原因。

其次,此时陶行知皈信基督教,有以下几方面的原因。第一,基督教"教导我们如何爱人如己";第二,基督教有助于伟人的成功;第三,基督教促使人们"为自己的国家献上自己,献上一切"、"爱自己的国家和人民";第四,孙中山"自由和平等"的原则是受到传教士的影响而产生的,"自由和平等"是中华民国的基石,是拯救世界(或者可以说就是拯救中国)的希望;第五,教会学校以及教会学校教师离乡背井,远渡重洋的献身精神,对支撑当时中国的教育,起到了巨大的作用。

通过对这些原因的分析,我们不难发现,陶行知皈信基督教,虽然摆脱了基督教对个人"实用"价值的追求,却仍然没有摆脱从"实用"的角度去认识基督教,只是基督教的"实用"价值这时已不在对个人,而是对国家。这种"实用"价值基点的转变,归根结底还是反映了陶行知"我是一个中国人,要为中国作出些贡献来"的自我概念。换句话说,因为基督教有助于"我"实现"我是一个中国人,要为中国作出些贡献来"的理想并与之相一致,所以"我"皈信基督教。

陶行知的这种心态,可以从另外一位"中国式"的基督徒——容闳——拒绝充当传教士时的心态,得到进一步的证明。

1850年,容闳欲上耶鲁大学继续深造,由于经费问题不得不向孟松中学求助,但按照孟松中学的规定,要获得资助,首先必须签订毕业后愿充教士以传道的志愿书。容闳听到此规定后,"爽然自失,不待思索,已知无补额希望,故亦决然不向该校请求"。容闳认为:"予虽贫,自由所固有。他日竟学,无论何业,将择其最有益于中国者为之,纵政府不录用,不必遂大有为,要亦不难造一新时势,以竟吾素志。若限于一业,则范围甚狭,有用之身,必致无用。且传道固佳,未必即为造福中国独一无二之事业。以吾国幅员若是其辽阔,人苟具真正之宗教精神,何往而不利。然中国国民信仰果何如者?在信力薄弱之人,其然诺将如春冰之遇旭日,不久消灭,谁能禁之。况志愿书一经签字,即动受拘束,将来虽有良好机会,可为中国谋利者,亦必形格势禁,坐视失之乎。"①

因此笔者赞同这种观点,即陶行知虽然皈依基督教,但"他对基督教有自己的认识,而且从一开始就是按照自己的理解和需要接受基督教义的,从未盲目信仰过。他对基督教义既有接纳,又有排拒,而且,接纳中有排拒,排拒中又有接纳,具有鲜明的主体意识和清醒的理性精神"②。这种主体意识就是陶行知的自我概念,而这种理性精神则是被称为儒学甚至中国整个民族文化心理的"实践理性"或"实用理性"的倾向和态度③。

陶行知的"信仰见证"说明,基督教义对陶行知"爱人如己"、"自由平等"、勇于献身等自我概念的形成,产生了极大的影响。

第三,王阳明的"知行合一"学说。王阳明"知行合一"的学说对陶行知自我概念形成的影响,主要反映在1913年11、12月他所写的《伪君子篇》④的文章中。

陶行知对伪君子的考察,是基于他当时的社会认知和态度。"世衰道微,人欲横流。遇一名正言顺之词说,必群相假之以饰人之耳目,防人之攻击,而逞其心思之所欲。于是伪君子乃杂然应时而兴,随地而起。位高者为伪大,位卑者为伪小;时急则伪烈,时安则伪微。就总纲论之,有言是心非者,有行是心非者。其尤者,则心有杀人之心,行有杀人之行,而惟以语言文字为之涂饰。其险者,则造其近因,而收其远果,沫以小惠而攫以大利。"这就是陶行知心理上的社会和伪君子之总像。而"伪君子虽百出而莫穷,然自外言之,其所以为诱者则一。一者何?名利而已……自内言之,人之所以受名利之诱,而演出千百之伪状者亦一。一者何?心伪而已"。他认为,"天下非真小人之为患,伪君子之为患耳","一家行之而家声伪,一国行之而国风伪,行之既久而世俗伪。嗟夫!真小人之为患,深之不过数世,浅则殃及其身而已;伪君子则直酿成伪家声、伪国风、伪世俗,灾及万世而

---

① 容闳:《西学东渐记》,湖南人民出版社1981年版,第19—20页。
② 周洪宇:《陶行知与基督教》,《安徽史学》1991年第4期,第64—70页。
③ 李泽厚:《中国古代思想史论》,天津社会科学院出版社2003年版,第23页。
④ 华中师范学院教育科学研究所:《陶行知全集》第1卷,湖南教育出版社1984年版,第24—28页。

不可穷"。由此可以看出,陶行知对伪君子的批判和担忧,还是出自他报效国家的自我概念。

伪君子于家、于国、于世有如此大的危害,那反思一下,自己又是怎样的呢?

> 吾十八以前,只知恶人之为伪,不知恶己之有时亦为伪,且每以得行其伪为得计。呜呼,误矣! 自入本校,渐知自加检点。然初一二年中,致力于文科之学,未暇在受用学问上加功。虽时有道学演说,心不在焉,故诚心终不伪心胜。入大学后,暇时辄取《新约》展阅之,冀得半言片语以益于身心而涤其伪习。读至耶稣责法利赛人徒守旧俗假冒为善一节,恍然自失曰:"吾从前所为得毋为法利赛人乎?"触想孔圣亦有"恶似而非"及"乡愿,德之贼也"之言;又痛自深恨曰:"吾从前所为,得毋为贼乎?"自后乃痛恶己之为伪,视为伪之我如贼,如法利赛人。自呼为真我,呼为伪之我曰伪我,或曰贼,或曰法利赛人。吾圆颅不啻为真我与伪我之战场,真我驱伪我不遗余力。伪我虽有时退听,然我之大病根,在喜誉恶毁。名之所在,心即怦然动,伪言行即不时因之而起。事后辄痛悔不安,因思不立定宗旨,徒恃克治,终少进步。龙溪先生曰:"自信而是,断然必行,虽遁世不见,是而无闷;自信而非,断然必不行,虽行一不义而得天下,不为。"小子不敏,窃愿持此以为方针。历不破除名利之见,决无不为伪之理。率此行后,纵未能一时肃清伪魔,然较前颇有进步。孟子自言四十不动心,王子自言南都以前尚有些乡愿意思。二贤岂欺我哉? 阅历则然耳! 夫二贤,一则善养浩然之气,一则善致良知。其立真去伪,尚且若是其难,何况吾辈小子。然其工夫虽困难万状,二贤终有成功之日。吾于是乎且喜将来真我之必胜,而伪我之必可败。其胜其败,是在及早努力,百折不回,在心中建立真主宰,以防闲伪魔。行出一真是一真,谢绝一伪是一伪。譬如淘金,期在沙尽金现,顾可因其难而忽之哉?

第四章 陶行知的社会心理与行为特点研究

由此可以看出，正是在爱国基础上对伪君子的批判和担忧，使陶行知认识到自己身上的不足。要实现"我是一个中国人，要为中国作出些贡献来"的自我，他必须在真与伪的矛盾间作出抉择。何去何从？通过对基督教和王学的接纳，陶行知找到了统一自我的方法，那就是"知行合一"。可以说，陶行知"立真去伪"、"行出一真是一真，谢绝一伪是一伪"等自我概念，就是在王学"知行合一"学说的影响下形成的。

为了更有效地克服理想自我与认知自我间的矛盾所带来的内心痛苦，保持自我概念的一致性，在此期间，"陶文濬"改名"陶知行"。

1914年6月，陶行知在金陵大学提前一年学完了文学系的所有课程，以全校总分第一名的优异成绩毕业于金大。因1911年金大已在美国纽约州立教育局和纽约大学注册，故金大的毕业生可同时接受纽约大学的文凭和学位，并能直接赴美深造。陶行知毕业后，在金大校长包文（Bowen）鼓励和支持下，他抱着"百扣柴门十扇开"的微渺希望，四处奔走，终于凑足了旅费，于1914年秋，踏上了赴美留学的征程①。

美国留学三年（1914—1917年）对陶行知的影响，以往已有很深入的研究。在此，笔者只就美国留学对陶行知自我概念形成的影响，做一些说明。

余子侠先生认为，以中国传统文化为基础的"所谓'知行合一'中的'行'，并不涉及对客观世界具体的'实践'，仅仅是内心修养功夫的一种行为意念或意志方向，丝毫无意助益社会环境的改造和客观世界的变更"。而海外求学期间，陶行知受到了"十分重视人们适应社会环境和改造客观世界的经验的获得"、"以近代工业文明及其社会体系为其文化背景的西方教育哲学和教育理论"的深刻影响。"有了这种理论武装，陶行知早年积蓄的'内圣'功夫，开始转化成真正实现'外王'之道的内在动力。当然，与传统意义上的'外王'涵义有所不同，这种'外王'之道之根

---

① 周洪宇：《近代知识分子与教会教育———一项以陶行知为观照基点的历史透视》，章开沅，林蔚：《中西文化与教会教育》，湖北教育出版社1991年版，第366页；周洪宇：《关于人民教育家陶行知的生年问题》，《华中师院学报》1983年第5期，第105—108页。

本目的,即在于成为改进社会改造环境的真主宰。"①因此,笔者认为,留学美国的经历,进一步强化了陶行知"求真力行"、"知行合一"等自我概念,把原来只是作为自我修持功夫的"知行合一"转化为对社会的热心改造。正是在这种自我概念的推动下,1917年陶行知回国以后,便立即投身到通过教育改造社会的滚滚大潮中。在经历了比较长时间的教育实践后,陶行知发现,"阳明先生说:'知是行之始;行是知之成。'我以为不对。应该是:'行是知之始,知是行之成'"。而这一命题的得出,显然又是受了墨家思想的影响。陶行知认为:"《墨辩》提出三种知识:一是亲知,二是闻知,三是说知。亲知是亲身得来的,就是从'行'中得来的。闻知是从旁人那儿得来的,或由师友口传,或由书本传达,都可以归为这一类。说知是推想出来的知识。现在一般学校里所注重的知识,只是闻知,几乎以闻知概括一切知识,亲知是几乎完全被拒于门外。说知也被忽略,最多也不过是些从闻知里推想出来的罢了。我们拿'行是知之始'来说明知识之来源,并不是否认闻知和说知,乃是承认亲知为一切知识之根本。闻知与说知必须安根于亲知里面方能发生效力。"②正是在这种认识的基础上,"陶知行"又把自己的名字最终确定为"陶行知"。

陶行知不仅在认识论上深受墨家思想的影响,而且他"爱满天下"、"热心力行"的自我概念,也受到墨家"兼爱"、"摩顶"思想和行为方式的深刻影响③。他没有像孟子宣扬的子莫那样,在"拔一毛利天下而不为"的杨子和"摩顶放踵利天下为之"的墨子(《孟子·尽心上》)之间择其中,而是坚决地选择了后者,从而通过"同化"和"顺应",达到了认知上的平衡和自我概念的同一,由此也反映出受到佛教与基督教影响的陶行知的独特性。

通过上述分析,笔者认为,以"我是一个中国人,要为中国作出些贡献

---

① 余子侠:《山村社会走出的人民教育家陶行知》,湖北教育出版社1999年版,第80—81页。
② 华中师范学院教育科学研究所:《陶行知全集》第2卷,湖南教育出版社1985年版,第152—153页。
③ 黄仁贤:《陶行知教育思想的墨学渊源》,周洪宇,余子侠,熊贤君:《陶行知与中外文化教育》,人民教育出版社1999年版,第155—163页。

来"为核心、以"实用理性"为心理基础建立起来的陶行知的自我概念,既受到了中国传统文化中儒、墨思想的影响,也包含有中国化的佛教①和基督教教义的成分,仅仅把他说成是"一位基督徒教育家",的确是"非以见其深,反而显其浅"了。

三、陶行知"求真力行"的行为方式特点

自 1911 年到 1912 年间攻研和信从王阳明的"知行合一"学说,1913 年皈信基督教以后,"知行合一"、"求真力行"、"奋斗不息"等在陶行知的自我概念中占据了重要位置,也成为陶行知独特的社会行为方式。"干"、"做"、"努力"、"奋斗"等是陶行知社会实践中最常用的词汇。这种行为方式在陶行知的一生中可以说俯拾皆是,这里仅举例一二。

1923 年,在推行平民教育时,陶行知秋天在给妹妹文渼的信中写道:"最近一星期来,我脚迹所到的地方,就是平民教育所到的地方。店里,家里,旅馆里,饭馆里,学堂、私塾里,甚至于和尚庙里,我都去劝过平民教育,并且很有经验,很有乐趣。我过几天还要到军队里,工厂里,清节堂里,监狱里,济良所里去推广平民教育。这许多地方我都要亲自带学生去试验。照这样办法我就可以一面干,一面研究出好的方法来。空中造楼阁是没有用的。我也很希望你约集同志在北京这样去干。"②在他看来,"中国不是没有希望,只看我们干不干,就可以推定国家的命运"③。

---

① 钱穆先生认为:"中国人所最重要者,乃为己之教,即心教,即人道教。""佛教来中国,乃于中国传统文化有其极近似处,但亦有一大不同处。佛教与耶回二教同对人生抱悲观,而中国人则对人生抱乐观。佛教在中国已极盛行,宋代理学家起,周濂溪教二程寻孔颜乐处,而生老病死不为苦,此即对佛教一反正。苟使反之吾心,信孔颜儒道,亦在救世救苦救难,而吾心则乐,则何必效释迦之逃避出世。中国人由释返儒,则仍在其一心。即理学兴起前之中国高僧,亦知反之己心,则即身可以成佛,立地可以成佛,而无前世作业之为障。南北朝时,竺道生已阐其义。唐代禅宗,更盛唱其说,而天台华严相与助成之。此为中国化之佛教。"参见钱穆:《现代中国学术论衡》,生活·读书·新知三联书店 2001 年版,第 1、6 页。笔者说陶行知成为他自己观念中的"基督徒",也意在说明,陶行知观念中的"基督教"和"基督徒",已经包含了很多中国传统文化的内容,不妨也可以把它称为"中国化的基督教"和"中国式的基督徒"。

② 华中师范学院教育科学研究所:《陶行知全集》第 5 卷,湖南教育出版社 1985 年版,第 32 页。

③ 华中师范学院教育科学研究所:《陶行知全集》第 5 卷,湖南教育出版社 1985 年版,第 41 页。

1924年9月15日,在给姚文采的信中,对安徽公学在江浙战争中能照常开课,陶认为:"中途停学和临阵脱逃是一样的可耻。纵使开花炮把安徽公学炸碎了,我们也是要奋斗到底的。"①1927年创立晓庄乡村试验师范学校期间,他在给母亲的信中写道:"儿从母亲寿辰立志,决定在这一年当中,于中国教育上做一件不可磨灭的事业,为吾母庆祝,并慰父亲在天之灵。……儿现在全副的心力都用在乡村教育上,要叫祖宗及母亲传给儿的精神,都在这件事上放出伟大的光来。儿自立志以后,一年之中,务求不虚度一日,一日之中,务求不虚度一时;要叫这一年的生活,完全的献给国家,作为我父母送给国家的寿面,使国家与我父母都是一样的长生不老。"②

1931年4月30日,在极端困难的情况下,陶行知回函、汇款给新安小学的同志们,提出了"捧着一颗心来,不带半根草去"③的著名人生格言。

1934年,发现"教育的新生"的陶行知大声疾呼:"传授现成知识的结果是法古,黄金时代在已往。进一步是复兴的信念,可是要'复'则不能'兴',要'兴'则不可'复',比如地球运行是永远的前进,没有回头的可能。……我们只能向前开辟创造,没有什么可复。时代的车轮是在我们手里,黄金时代是在前面,是在未来。努力创造啊!"④

1938年11月,在民族存亡之际,陶行知在日记中写道:"愿为,知为,能为,可为,不得不为。""喜干,大干,苦干,快干,自动干,教人民干。"⑤

1942年,在育才中学陷入经济、校舍等重重危机之时,陶行知给自己的儿子写信说:"我们有两位朋友,一是贫穷,二是患难。我们不但是在贫

---

① 华中师范学院教育科学研究所:《陶行知全集》第5卷,湖南教育出版社1985年版,第107页。

② 华中师范学院教育科学研究所:《陶行知全集》第5卷,湖南教育出版社1985年版,第155—156页。

③ 华中师范学院教育科学研究所:《陶行知全集》第5卷,湖南教育出版社1985年版,第235页。

④ 华中师范学院教育科学研究所:《陶行知全集》第2卷,湖南教育出版社1985年版,第713页。

⑤ 华中师范学院教育科学研究所:《陶行知全集》第7卷,湖南教育出版社1992年版,第267页。

穷与患难中生活,而且整个教育理论都是它们扶养起来的。所以我有六个字供大家勉励:友穷,迎难,创造。"①

1946年,在民主斗争进行到最尖锐的阶段,在自己的战友闻一多、李公朴相继被国民党所暗杀,面对敌人的枪口,陶行知依然是"再接再厉,前仆后继,屡败屡战,以底于成"②,毫无畏惧地"等着第三枪"③。

由此说明,围绕"我是一个中国人,要为中国作出些贡献来"这一自我概念的核心,无论在任何时期,在任何环境下,陶行知在改造社会的实践中,始终以"知行合一"、"求真力行"、"奋斗不息"等行为方式,真正做到了"追求真理做真人"理想自我与认知自我的统一。陶行知之所以伟大,不仅表现在立言上,更表现在"求真力行"的立德、立功上。而要追寻这种"求真力行"立德、立功的内在动力,从社会心理学的角度,其心理机制就是保持自我概念的内在一致性。

第二节 陶行知的社会认知、社会态度与行为方向

与蔡元培、黄炎培一样,陶行知也经历了不同社会行为方向选择的探索阶段,并且在确立了"教育救国"总的行为方向后,以"创造"为自我概念组成部分的陶行知,在不同的历史时期,由于对当时社会的认知、态度和归因上的不同,在具体的行为方向上也表现出不同的特点。

一、社会认知、社会态度的转变和行为方向的探索

喻本伐先生认为,青年陶行知的志向或择业观(在本研究中,笔者称之为社会行为方向的选择)大体经历了四个阶段的变化:医药救国、文学救国、政治救国和教育救国;而作出这些选择的内在动力,则是"崇名"心理④。笔

---

① 华中师范学院教育科学研究所:《陶行知全集》第7卷,湖南教育出版社1992年版,第267页。
② 华中师范学院教育科学研究所:《陶行知全集》第5卷,湖南教育出版社1985年版,第963页。
③ 翦伯赞:《我和行知先生》,陶行知先生纪念委员会:《陶行知先生纪念集》,(出版地缺)1946年版,第74页。
④ 喻本伐:《青年陶行知人生抉择的内在动力》,周洪宇,余子侠,熊贤君:《陶行知与中外文化教育》,人民教育出版社1999年版,第246—248页。

者认为,这种认识和分析方式是很有见地和借鉴意义的。从心理活动机制上看,这种崇名心理现象,从潜意识层面,是受到了中国"内圣外王"传统文化心理的影响,而从意识层面,则是保持认知、态度和行为方式的一致性。由于本研究是以社会心理学的理论和框架为依据,故而更侧重于意识层面的分析和探讨。

前面考察陶行知的成长历程,我们谈到,1908年因唐进贤回国探亲,陶行知提前从崇一学堂毕业后,赴杭州学医。对陶行知此次行为方向选择的原因,以往学者已经作了较为深入的研究①。除了以往研究提出的那些原因外,如果从陶行知此后自己的论述来考察(目前尚没有发现陶行知1908年亲笔撰写的文字和材料),我们或许可以推论这种行为方向选择的社会认知和社会态度基础。1914年陶行知在《金陵光》上发表的《医德》②一文开篇就指出:"人无智愚贵贱,谁能越出道德范围,而不伤人害己者乎?惟其事弥大,其责弥重,斯其德亦弥要。人生至贵,惟兹寿命。岐黄操生杀之权,同于官吏,则医之德,视他人为尤要矣。"短短的几句话,充分展露出陶行知对责任、道德、人生和医生的社会认知和态度。而当时社会的实际状况,在陶行知的心理上,则是由于没有对医术严格甄别,造成了"场成逐利"、"贪医不救人,庸医欲救人而不能"的局面。有了这种社会认知和态度,陶行知很自然地便会作出"不为良相,则为良医"的行为方向选择。但在此必须说明的是,由于这篇文章发表于1914年,能否反映陶行知1908年时的社会心理状况,还有待做进一步的证明。

如前所述,陶行知医药救国的行为选择,由于该校对于非基督教学生有歧视性的规定使他愤然退学而中断了。这可以说是陶行知行为选择上的一种偶然。试想,如果广济医学堂没有对非基督教学生歧视性的规定,或者陶行知不是一个"求真力行"的人,事情的发展就完全不同了。但广济医学堂的规定和陶行知的行为方式,都是历史的必然,所以,陶行知医药救国行为选择的中断,偶然中包含有必然。陶行知得入汇文书院,同样也反映出这种偶然中的必然。

---

① 余子侠:《山村社会走出的人民教育家陶行知》,湖北教育出版社1999年版,第27—29页。

② 华中师范学院教育科学研究所:《陶行知全集》第1卷,湖南教育出版社1984年版,第37—40页。

第四章 陶行知的社会心理与行为特点研究

陶行知从广济医学堂退学后,回到徽州。1909年春,他又离乡外出,流落苏州,并巧遇唐进贤,进而得入汇文书院①。这次巧遇确属偶然,但这种偶然同样也包含有必然。机遇总是留给那些有准备的头脑。如果陶行知退学回到徽州后,甘于接受中国传统式的农民生活,而不离乡外出的话,这种"偶然"的巧遇也就不复存在了。但以"要为中国作出些贡献来"为自我概念的陶行知,是绝不会停止实现自我的追求的。或许这也是他离乡外出的部分原因。正因为如此,笔者认为,这次"偶然"的巧遇,亦当视为"必然"的结果。

喻本伐先生认为,陶行知"1909年入汇文书院文科后,兴趣即定向于文学。次年升入金陵大学文学系后,尤其通过学报《金陵光》的办理及作品的陆续发表,日益坚定了他以文学刷新国民精神风貌的信念"②。笔者认为,陶行知这次行为方向选择的社会认知和态度基础,主要反映在《〈金陵光出版〉之宣言》一文中。陶行知认为:"《金陵光》之为天然、为人造姑无论,而其目的则一。目的为何?曰:'李杜文章在,光焰万丈长。'此光,《金陵光》之目的也。"那么,"李杜文章"欲何为呢?一在"勉励同学及时努力,勿使徒伤老大也";二在"警醒同学,避不善如蛇蝎,勿以恶小而为之也"。而其根本目的,则"莫非欲吾同学就早切磋,蔚为国器","由感立志,由志生奋,由奋而捍国,而御侮,戮力同心,使中华放大光明于世界"③。由此可见,在陶行知的社会认知和态度上,"李杜文章"具有何等的威力和价值。这种认知和态度,成为他"文学救国"的社会心理基础。

辛亥革命期间陶行知政治救国行为方向的选择,陶行知本人曾有过说明。1916年2月16日,陶行知在给哥伦比亚大学师范学院院长罗素的信中写道:"(在南京)读了三年后,第一次革命(即辛亥革命)爆发了。此时我回到家乡,任徽州议会秘书。半年后,我又回校继续完成学业。"④已有的

---

① 章开沅,唐文权:《平凡的神圣——陶行知》,湖北教育出版社1992年版,第68页。
② 喻本伐:《青年陶行知人生抉择的内在动力》。周洪宇,余子侠,熊贤君:《陶行知与中外文化教育》,人民教育出版社1999年版,第246—247页。
③ 华中师范学院教育科学研究所:《陶行知全集》第1卷,湖南教育出版社1984年版,第3页。
④ 华中师范学院教育科学研究所:《陶行知全集》第8卷,湖南教育出版社1992年版,第727页。

研究也证明了这一史实①。由于此处陶行知对此事的记述太过简略，又没有同一时期他本人所写的其他相关文字资料，因此，对陶行知政治救国行为方向选择的社会认知和态度基础，笔者只能做些推论。笔者认为，陶行知之所以作出政治救国行为方向的选择，一方面可能是出于对当时社会时势的认知和态度，或者说是受当时社会时势的影响和左右而产生的一种从众行为；另一方面就是他对中国走向共和必然趋势的肯定认知和态度，以及他对"自由、平等、民胞（即博爱）"的信仰，这在他此后的论述中可以得到证明。

民国成立后，和很多人一样，陶行知也沉浸在胜利的喜悦和无限的憧憬之中。"民国元年元旦，全国之大希望，非所谓袁孙交欢乎？民国二年元旦，全国之大希望，非所谓正式国会乎？当夫中山北上，两院开幕，全国人士，盖莫不弹冠以庆，希望之透达矣。"因此，他也回到学校，以完成自己的学业。但事实却令陶行知深感失望。"曾几何时，而萁豆相煎，两贤交陀，国会亦专务自杀，如海雉蜃楼，霎时没去。"②这就是陶行知对民国三年中国社会的部分认知和态度。

前面在讨论陶行知"立真去伪"等自我概念的形成时，笔者已经谈到了他对民国的部分社会认知和态度，在此不再赘述。在《伪君子篇》中陶行知还认识到："综天下而论，伪君子惟吾国为最多；统古今而论，伪君子惟今世为最盛。吾国之贫，贫于此也；吾国之弱，弱于此也；吾国多外患，患于此也；吾国多内乱，乱于此也。读者疑吾言之骇乎？他姑不论，使吾总统之神武大略，国会之济济多才，苟于公诚一端，稍加之意，同心同德，以戮力国事，则中国不其大有为乎？不以公诚使其才与势，此其宵旰忧劳，所以鲜补于国计民生也。诗云：'君子如怒，乱庶遄已。'孟子曰：'文王一怒而安天下之民。'吾政府对于年来内乱，亦既赫赫斯怒，然而平乱而乱不平，安民而民不安，毋亦能怒而不能真文王、真君子之怒乎？呜呼！真人不出，如苍生何？"③由此可以说明，此时的陶行知重又陷入了痛苦的思考和求索之中。

---

① 章开沅，唐文权：《平凡的神圣——陶行知》，湖北教育出版社1992年版，第69页。
② 华中师范学院教育科学研究所：《陶行知全集》第1卷，湖南教育出版社1984年版，第34页。
③ 华中师范学院教育科学研究所：《陶行知全集》第1卷，湖南教育出版社1984年版，第27页。

而他对中国社会问题的归因,也是来自内部的、不稳定的、可控制的因素。这种归因风格,或许反映出中国知识分子的某些共同特征。

在痛苦和失望之中,陶行知并没有丧失对民族、国家以及共和发展方向的信心。在《共和精义》一文中,陶行知这样写道:

> 共和为进化之结果,有必经之阶级,必施之培植,必运之心力。时机未到,共和不得成熟也。吾国民主告成,以迄于今,生民之涂炭,产业之凋敝,干戈之连结,经济之衰颓,外患之频临,不特无术防御,抑且视昔加甚。共和既不能作人民水深火热之救主,则其转讴歌而为吐弃,易希望而为失望者,亦物极必反之恒情耳!然金固犹是金也,共和固犹是共和也。金未获而捐弃者,非金之咎,而矿工之愚昧惰怯耳!共和未建而灰心者,非共和之罪,而人民之愚昧惰怯耳!民为邦本,本固邦宁。国本曷以固?曰:惟共则固,共而能和则固。故共和也者,国民全体同心同德,戮力以襄国事,以固国本,以宁国情,使进化于无穷之主义也。国本不固,国情不宁,有退化而无进化,患在共猜、共忌、共争而不能共和耳!共和岂有弊哉?①

由此可见,在陶行知的认知和态度上,走向共和是中国社会发展的必然,也是拯救中国的希望。民国成立后出现的"生民之涂炭,产业之凋敝,干戈之连结,经济之衰颓,外患之频临,不特无术防御,抑且视昔加甚"等现象,不是共和本身的问题,而是"时机未到,共和不得成熟也",不能因暂时的挫折和失败,就丧失对中国社会发展趋势的信心。

在陶行知的认知和态度上,共和的信条、共和的精神、共和的根本是"自由、平等、民胞"。在陶行知心理上,自由是法律、道德内的自由,"逾越法律,侵犯道德,此自由之贼",所以"真自由"在"贵自克",在"贵自制"。他所理解的平等,不是遗传天赋的平等,而是"在政治上、生计上、教育上,立平等之机会";在他看来,"天之生人,智愚、贤肖不齐,实为无可题之事"。

---

① 华中师范学院教育科学研究所:《陶行知全集》第1卷,湖南教育出版社1984年版,第43—53页。

所以,陶行知的自由平等观,用他自己的话说,就是"在立脚点要平等;于出头处求自由"①。同时,陶行知还认为:"自由平等,不过达目的之手续,非可以目的视之也。人民争自由平等,冀得各尽其能,以为社会耳!为自由平等而争自由平等,则大谬也。自由平等所在,即责任所在,天下无无责任之自由平等也。人欲求自由平等之乐,而不肯受责任之苦,多见其愈求愈远耳。"这里反映出陶行知对自由平等的认知和态度与西方思想的些许差异,也说明他对自由平等的理解是以他已有的认知结构为基础的,说到底,还是以他"我是一个中国人,要为中国作出些贡献来"的自我概念为基础,以"救国救民"为出发点的。

陶行知对自由平等的认知和态度,决定了他并不是一个"教育万能论"者。他认为:"大概天才有十之八九之势力,教育的势力只占十分之一二。教育万能之说是教育界自欺欺人的话。但是天才有时很不容易看出来。时机未到,天才隐在里面,专靠主观、武断,以致差之毫厘,失之千里的,是常有的事。"②这种教育观,还是比较科学合理的。它既强调了个人天赋的差异,也看到教育的功能和价值。这一点,在陶行知教育思想的研究中是不应忽略的。

在陶行知的社会认知和态度上,"自由平等,虽为共和三大信条之二,然共和之大本则在民胞焉!民胞之义昌,而后有共同目的、共同责任、共同义务;而后贵贱可除,平等可现;而后苛暴可蠲,自由可出。苟无民胞主义以植共和之基,则希望共和,犹之水中捞月耳!"这种社会认知和态度,既与他"平民"的自我概念相一致,也成为他在未来的教育救国实践中始终把目光关注于人民大众,重视"平民教育"、"大众教育"的重要社会心理基础。

在个人与社会的关系上,陶行知认为,就个人而言,第一,"共和主义重视个人之价值","共和主义曰个人者,社会邦国之主人翁也";第二,"共和主义唤醒个人之责任","盖个人之有价值,以其对于社会有天职之当尽耳。其在帝制之下,仅君主与诸臣负之。共和主义则责之全体国民,群策群力,群运群智,群负群责,以求群之进化福利,此共和之目的也";第三,"共和主

---

① 华中师范学院教育科学研究所:《陶行知全集》第 5 卷,湖南教育出版社 1985 年版,第 185 页。

② 华中师范学院教育科学研究所:《陶行知全集》第 5 卷,湖南教育出版社 1985 年版,第 30 页。

义予个人以平等机会","共和主义既承认个人有尽天职之价值,复责个人担负进化之大任矣。然或阂于阶级,或压于强暴,不克尽其天职,负其责任。共和主义于此则削其阶级,铲其强暴,无贫富贵贱,俱予以自由发展智仁勇之机会,俾得各尽其能。为全群谋福利进化,机会愈平衡,能力愈发展,斯进化愈沛然莫之能御"。就社会而言,"共和主义,视人民为社会之主权。群之良窳,惟民是视。民苟愚劣,社会绝对不能兴盛。社会欲求兴盛,必负改良个人之责。故在共和主义之下,社会之大任即为济弱扶倾,而教其愚不肖,社会一而已矣"。而共和主义的政治,在陶行知看来,则是"图谋国民全体之福利","重视共和目的、共同责任","能得最良之领袖"。

在《共和精义》中,陶行知论述的虽然是共和之险象,实际所反映的则是他对当时中国社会存在问题的认知和态度。第一,国民程度不足。"共和国政府既由人民治理,则人民能力之厚薄,其政府之良窳,即于焉定之。然国民程度之高下,不徒在识字读书已也。有读万卷书,卒业大学校,而不能为一圆满国民者。故有政治智识、社会阅历,足当国民之名而无愧者,其为数盖少。况此少数良国民,或阻于人事之纷扰,或夺于来生之修证,或视官司为藏污之所而引身自洁,或惮案牍为劳神之魔而躲闲避事。有此诸因,于是良国民愈如凤毛麟角,而不可多见。"第二,伪领袖。"共和政治之伪领袖有二:一为媚民政客。此辈不问国情,不顾进化,只施其和顺温柔之手段,取媚选举机关,以窃权势。二为选举理事。此辈乘国民无暇问政之隙,运其机械,约束选举,与媚民政客暗结,左右政局,以图安富。共和国有此二种伪领袖,则秕政难除,善政难兴;公共福利不能谋,公共进化不可期。虽然此亦程度不足,贤能独善,阶之厉也。"第三,党祸。"在共和政体之下,政党实为必要之团体。然弊缘利生,政党之为祸于共和政体,盖亦未可忽也。"第四,多数之横暴。"多数之横暴,有视君主为加甚;多数之主张,可以定个人之命运。然多数人之主张,非可以尽合天理也。……盖人数之多寡,不能定理由之曲直,多数既占优胜,其大责任即为谋全体之福利。少数为全体之一部分,多数人苟不能均润其福利于少数,则多数政治已耳。共和云乎哉?多数横暴之最凶险者,是为乌合之众。伪领袖攘臂一呼,和者万人,其结合以脑感而不本于公理。征之历史,则法国恐怖时代,杀人如麻,流血成川,其彰明较著者也。"这些表述,充分反映出陶行知当时的社会认知和态度,也再一次表现了陶行知的归因风格,即把问题归因于内部的、不稳定的、可控制的因素。而他对"国民程度不足"的认知和归因,又与他对中国人"因循"特点的认知有着密切的关系。

基于这种社会认知、社会态度和问题归因,陶行知提出了自己解决问题的方案①。其一,发展教育。"人民贫,非教育莫与富之;人民愚,非教育莫与智之,党见,非教育不除;精忠,非教育不出。教育良,则伪领袖不期消而消,真领袖不期出而出。而多数之横暴,亦消于无形。况自由平等,恃民胞而立,恃正名而明。同心同德,必养成于教育;真义微言,必昌大于教育。……可见教育实建设共和最要之手续,舍教育则共和之险不可避,共和之国不可建,即建亦必终归于劣败。"其二,便利交通。由于中国"国大民众,种庞族杂,方言不一,习惯不齐,情势暌隔,博爱难生",所以,"欲沟通声气,养成共和大本,非便利交通"不可。其三,依靠人文进化。"共和者,人文进化必然之产物也。"而人文进化主要表现在两个方面,一是"民智日进,自觉心生",二是"人民相处日久,互爱心生"。在人文进化中,教育又起着重要的作用。其四,维持秩序。陶行知认为,"专制人民,不能一跃而至共和。其间有一定之顺序,不可强求,不可速长"。由于中国革命"发动太过,故有今日之反动力","故吾国当发动太过之后,不能不利用开明专制",但"开明专制""只可当作透达共和之一种手续,断不可视为政体之目的"。

由上述分析可以看出,随着自己社会认知和态度的转变以及对问题归因的不同,陶行知在社会行为方向的选择上经历了"医药救国"、"文学救国"和"政治救国"等的探索过程。到1914年从金陵大学毕业时,陶行知的社会认知、社会态度又发生了某些变化,开始把中国问题的解决,部分地归因到教育上来。

1916年陶行知回忆说:"三年前,我就选择哥伦比亚大学作为自己在美国的最终目标。但此计划因经费不足而被暂搁下来。我的毕生志愿是,通过教育而非武力来创建一个民主国家。在目睹了我们突然诞生的共和国的种种严重弊端之后,我坚信,没有真正的公共教育就不可能有真正的共和国。"②把这段回忆与前述陶行知在《共和精义》中所表明的社会认知、

---

① 周洪宇:《近代知识分子与教会教育——一项以陶行知为观照基点的历史透视》,章开沅,林蔚:《中西文化与教会教育》,湖北教育出版社1991年版,第375页。
② 华中师范学院教育科学研究所:《陶行知全集》第8卷,湖南教育出版社1992年版,第728页。

社会态度以及归因相对照,笔者认为,陶行知这种认知、态度和归因的转变,为他最终选择"教育救国"的行为方向,打下了社会心理基础。

综上分析,我们不难看到,陶行知行为方向的选择,从最初"偶然"性的中断,到走向"教育救国"的道路,其中既有"偶然"的机遇,也蕴涵着"偶然"中的"必然"因素。

二、教育救国思想和行为方向的确立

1914年夏,从金陵大学毕业的陶行知虽然娶妻成家,但他没有选择谋职就业,而是选择了自费留学美国。对陶行知做出如此选择的原因,以往陶行知传记的作者做了深入精辟的分析[①]。笔者认为,何荣汉认为陶行知少年时期(即崇一学堂时期)"似乎已经萌生出国留学的理想"的推论是有道理的[②],他留学的动机是留学之后,返回中国,学以致用,为中国作出贡献。

以陶行知的家庭经济状况,选择自费留学实在需要很大的勇气。这也从一个侧面反映出陶行知立志成才和寻求救国方略的决心,表现出他"求真力行"的行为方式特点。

此时的陶行知,虽然已经具备了选择教育救国行为方向的社会心理基础,但他还是要到他心目中"现今世界最伟大的共和国"美国去寻求"真经"。由于经济上的原因,也由于他还不能确定这种"真经"是什么,所以,1914年9月,他进入了对他来说最实际、也最现实的美国伊利诺大学,专攻政治学。笔者同意这种观点:"到哥伦比亚大学无疑是陶行知的理想,但入读伊利诺伊大学似乎不单是一个权宜之计","修读政治学也是陶行知所属意的选择之一"[③]。从陶行知以《共和精义》作为金大的毕业论文选题就可以看出当时他对政治还是较有兴趣的,在对社会政治问题的探讨过程中,才逐步归因到解决问题的根本途径——教育。

---

① 章开沅,唐文权:《平凡的神圣——陶行知》,湖北教育出版社1992年版,第83—86页;余子侠:《山村社会走出的人民教育家陶行知》,湖北教育出版社1999年版,第61页。

② 何荣汉:《陶行知——一位基督徒教育家的再发现》,基督教文艺出版社2004年版,第43页。

③ 何荣汉:《陶行知——一位基督徒教育家的再发现》,基督教文艺出版社2004年版,第75页。

在伊利诺伊大学,陶行知仅用了一年的时间,便修完了12门硕士课程,并获得了政治学硕士学位。若着眼于这种孜孜求学的精神,确实很难理解陶行知转攻教育的选择。但考虑到陶行知去美留学以前的社会心理基础,考虑到他去美国寻求"真"的目的以及当时美国进步教育运动的发展状况,陶行知最终确立教育救国的行为方向也就不难理解了。

据陶行知自己说,"去年(1915)夏天,在日内瓦湖举行的基督教青年会夏季会议上,我受到了极大的鼓舞。我毕生献身于教育行政的想法更为具体化了。遍览所有的大学,再次确认还是哥伦比亚大学师范学院对我最合适"。他的志向是:"经过两年多的深造,我回国后将与其他教育工作者合作,为我国人民建立一套有效的公共教育体制,使之紧步美国人民的后尘,保持和发展一种真正的民主制度,它将是唯一正义与自由的现实的理想国。"①1917年秋,陶行知从美国学成归国,在归国海轮上座谈归国志愿时,他再次表示:"我要使全中国人都受到教育。"②这些资料表明,从1915年夏开始,陶行知自认寻找到了救国"真经",确立了自己教育救国的行为方向。

对陶行知教育救国行为方向确立的原因,以往已有很多的研究。从社会心理学的角度分析,笔者认为,可能还有以下几方面原因。

第一,陶行知留学美国前已经具有选择教育救国行为方向的社会心理基础,这种社会心理基础很容易使他有选择地优先关注与教育有关的问题。

第二,美国进步教育运动(Progressive Education Movement)的外在刺激。进步教育运动是以"进步教育之父"F. 帕克(Francis Parker)的昆西学校实验为开端,从19世纪七八十年代起,在美国兴起的一次广泛的群众性教育改革运动,一直延续到20世纪50年代。就其实质而言,它是美国社会对工业化的一种反应。作为一次教育改革运动,其矛头主要对准传统学校教育,同时试图在教育理论和方法上进行革新③。如美国教育史家克里明所说,从1876年到1917年仅是进步教育运动的初级阶段;从1917年到1957年才是其发展阶段。不过,到1916年杜威《民主主义与教育》一

---

① 华中师范学院教育科学研究所:《陶行知全集》第8卷,湖南教育出版社1992年版,第728—729页。
② 朱泽甫:《陶行知年谱》,安徽教育出版社1985年版,第14页。
③ 单中惠:《现代教育的探索——杜威与实用主义教育思想》,人民教育出版社2001年版,第199—201页。

书问世,美国教育已经逐渐摆脱了过去那种尽力吸取欧洲先进教育经验的局面,转而为先进教育经验和理论的输出国了①。

关于杜威教育思想对陶行知的影响,以往已有很多研究。在此笔者所要探讨的是陶行知为什么选择了教育、选择了哥伦比亚师范学院从而受到杜威影响的社会心理原因。

从以上对进步教育运动发展脉络的简单梳理可以发现,这场运动是一场广泛的群众性教育运动,陶行知在美国留学的三年间,正是这场运动声势浩大的时期,如果说当时的各种传播工具——譬如报章、杂志等——对此事的报道不是铺天盖地的话,也当不在少数。这些报道加之陶行知本人的心理选择倾向,主客观结合在一起,说教育占据了陶行知日常思考的大部分内容当不为过。笔者认为,正是在这种外部社会环境的刺激下,结合本人的主观选择,促使了陶行知教育救国行为方向的最终确立。

在去美国之前,陶行知虽然已有选择哥伦比亚大学师范学院就读的意向,但由于当时他对美国社会状况还不是十分了解,因而这种意向或许还处在一种无可无不可的模糊状态。当他在美国生活了一年以后,来自各种传媒的耳濡目染,使他把注意力再次集中到哥大师范学院。

哥伦比亚大学设立于1754年,初名皇家学院,1784年改称哥伦比亚学院,1912年改称哥伦比亚大学。该校师范学院前身为纽约州的一所师范学校,1898年并入哥伦比亚大学,成为哥大的师范学院。20世纪初,哥大师范学院正处于早期发展史上的全盛阶段,荟萃了当时一批世界著名的大学者,如哲学家和教育家约翰·杜威、教育家詹姆斯·E. 罗素、教育史和比较教育学家保罗·孟禄、教育心理学家爱德华·李·桑代克和教育哲学家威廉·赫德·克伯屈等人②。在陶行知留美期间,由于杜威等人的原因,把哥伦比亚大学师范学院称为那时美国进步教育运动的发动机和心脏,或许没有多少异议③。因此,在众多进步教育运动的报道中,自然不会

---

① 滕大春:《美国教育史》,人民教育出版社1994年版,第587—588页。
② 余子侠:《山村社会走出的人民教育家陶行知》,湖北教育出版社1999年版,第67—68页;周洪宇:《美国哥伦比亚大学师范学院与现代中国教育》,《教育评论》2001年第5期,第57—58页。
③ 哥伦比亚师范学院之所以能对现代中国教育产生重大而深远的影响,或许也与它在美国进步教育中的这种地位和作用密不可分。参见周洪宇《美国哥伦比亚大学师范学院与现代中国教育》,《教育评论》2001年第5期,第57—58页。这也反证了笔者的推测。

缺少了哥大师范学院和杜威。陶行知说："遍览所有的大学，再次确认还是哥伦比亚大学师范学院对我最合适。"这再好不过地反映了当时的这种历史状况。笔者认为，由对进步教育运动的关注，到选择哥伦比亚大学师范学院，进而接受杜威的教育思想，这一线路，基本上反映了陶行知确立教育救国行为方向的心路历程。

第三，美国人民不畏艰险、敢于创新、富于教育热忱等精神的鼓舞和影响。应该说，日内瓦湖举行的基督教青年会夏季会议上受到的鼓舞，是陶行知转向并确立教育救国行为方向的直接动力。这种鼓舞有基督教献身精神的感召和影响[①]，但笔者认为，更多的是来自美国人民不畏艰险、敢于创新、富于教育热忱等精神的鼓舞和影响。

滕大春先生在总结美国教育成功的经验时认为："美国教育之后来居上是因其建国和兴盛正处于资本主义上升时期，其进步的政治、经济、社会和文化为教育的发展提供了有利的环境。"但是，"仅从政治经济等外在因素解释美国教育的速成速效，是颇为不足的。因为虽有优美的外在条件而缺乏内在因素，以致辜负良机和坐失良机的史实，是数不胜数的。在天时和地利具备的情况下，必须得有人和，即人类智慧等主观因素的运用，才能获得效益"。他把美国社会和人民的这种主观因素归纳为四个方面：其一，来美移民富有面对社会巨变的气魄和才能，能够敏于开辟教育新天地和探寻教育新途径；其二，美国在创立教育事业过程中，除自力更生，更善于吸取欧洲和英国成功经验，不闭关保守，不抱残守缺，而采纳众国之长以补己国之短；其三，美国利用群众的教育意识和教育热忱，在全国酝酿兴教育才的浪潮，依靠广大人民群众的自觉性和积极性，推动教育车轮前进，同时又谋求与政府和专家的努力相协调；其四，美国注意教育调查研究。

美国人民的教育参与意识是热烈而火炽的。他们认为参加、赞助和投入教育是光荣、贡献和功绩。对教育关怀和效力是公民的职责，是基督教的神命，是协助社会前进的不能推诿的品德。教育不能完全等候政府举办而私人袖手旁观。民间的力量才是教育力量的主体。地方学校不够多和

[①] 何荣汉：《陶行知——一位基督徒教育家的再发现》，基督教文艺出版社2004年版，第129—131页。

不够好,被认为是地方居民的不光彩①。

笔者认为,如果问在日内瓦湖举行的基督教青年会夏季会议上陶行知究竟受到了哪些鼓舞,从而令他转向教育并确立教育救国的行为方向,上述所引观点,为我们作出了最好的回答。当我们把美国国民的这些特点,与陶行知所认知的"因循"、"伪君子"等程度不足的中国国民相对照,或许我们就会找到日内瓦湖举行的基督教青年会夏季会议成为促使陶行知确立教育救国行为方向直接动力的社会心理原因了。他就是要通过自己的努力奋斗,通过教育,改变中国国民的劣根性,建设一个真正共和的国家。

可以说,陶行知留美三年获得的"真经",不仅仅是杜威的教育理论和教育思想,更主要的是美国人民的精神,而这种精神恰恰与他的自我概念相吻合。所以,1917年,当陶行知从美国学成归国时,"我是一个中国人,要为中国作出些贡献来"的自我概念便具体化为"我要使全中国人都受到教育"。

三、"真与行":对他人的认知和态度特点

以"平民"、"立真去伪"、"追求真理做真人"、"友穷,迎难"等为自我概念的陶行知,虽然深知"不能用人的长处,便是自己的短处"②,但在形成对他人的认知和态度时,仍然是以"自我"作为"锚定点"的。

笔者认为,陶行知在形成对他人的认知和态度时的判断和评价标准或"中心品质",是对人民大众和国家的"真与行(做)"。也就是说,是否真的是为了人民大众和国家,是否真的是为了人民大众和国家去"做"和"行",构成了陶行知对他人认知和态度的"中心品质"。

1922年11月3日,陶行知为东南大学经费事去找时任财政总长的罗钧任(罗文干),但罗推三阻四,令"容易发怒"的陶行知大为不满。为此,4日陶行知在给郭秉文的信中说:"这几分钟的谈话,令我气极了。我曾见过他三次,一次比一次坏,好好的一个罗钧任,于今竟变成了这样。可惜,可惜。中国如同急水滩头的一个船,这般把舵的人和水手,都只晓得手忙

---

① 滕大春:《美国教育史》,人民教育出版社1994年版,第587—588页、第676—682页。

② 华中师范学院教育科学研究所:《陶行知全集》第5卷,湖南教育出版社1985年版,第397页。

脚乱的瞎急瞎叫,怎么得了啊!"[①]而这个罗文干君,在同年5月13日发起"好政府"的宣言时,与陶行知还有着共同的"政治主张",被认为是"好人内阁"的重要成员。从陶行知对罗钧任认知和态度的转变,大体可以看出在陶行知心理上,判断和评价他人的"中心品质"是什么。

1929年,"清党"运动的腥风血雨似乎还迷漫在空气中,而就在"清党"运动的主角蒋介石偕夫人参观晓庄后不久,在3月12日纪念孙中山先生逝世四周年的大会上,陶行知以孟子的"天下乌(恶)乎定?定于一"(《孟子·梁惠王上》)为由,发表了一番演说:

> 今天是中山先生逝世四周年纪念。中山先生一生最大的发明就是三民主义,最大的组织就是国民党。中山先生说:三民主义就是救国主义。我个人觉得三民主义的确是救国主义,在现在的中国的确只有三民主义才能挽救。但是这个三民主义要怎样才能挽救中国呢?从前孟子说:"天下乌乎定?定于一。"大家能够信仰一个主义,大家的思想由一个主义来统一,然后这个主义才能发生力量,才能挽救中国。现在我们要救中国,只有信仰三民主义,只有服从中山先生遗留的能奉行三民主义的国民党。而且只有真的三民主义才可以救中国,只有三民主义的真正信徒,才能发生力量去救中国。
>
> 主义也同样有真有假,党员也同样有真有假,只有真的三民主义才能救中国;只有真正的党员,才能救中国。什么是真的三民主义呢?什么是真的党员呢?真的三民主义只有一本,只有中山先生所遗留的一本,其余什么人解释的都是假的,都是靠不住的。什么党员才是三民主义的真正信徒呢?
>
> 真正的三民主义信徒是:"你不好,打倒你,我来做。"所以我们要辨别他是不是真正的三民主义的信徒,我们就是考察他是不是在认真为民众做。要是有信仰去发生力量来为民众做实地工作的,才是真正的三民主义的信徒,才可以救中国。国民党是要

[①] 华中师范学院教育科学研究所:《陶行知全集》第5卷,湖南教育出版社1985年版,第17页。

为农民解除痛苦的,党员是要到民间去的,我们在乡村里看到这些到乡下来的党员,是不是真正的在为民众做,是不是真正的在为民众解除痛苦?若果他到乡下来住了三个月或五个月,你问他为民众做了几件有益的事,为农民解除了些什么痛苦,他能一一答复的,那就是能够做,那就是能够信仰三民主义去发出力量来为民众做,那就是三民主义的真正信徒。若果你问他来干什么,他说来参观;你问他为农民兴办了几件有利的事,解除了些什么痛苦,他说正在计划。那么,他就是个假党员,就是个妖怪,就是来揩国民党的油,就是挂羊头卖狗肉。我们用这个标准去辨别,谁是不是三民主义的信徒是很容易的。①

正像有研究者指出的那样,考虑到当时的背景,陶行知的演讲"就决不能以无的放矢视之"②。以这种"真与做"为标准,充分表明了陶行知对蒋介石的认知和态度。

以"假三民主义"定天下为一的蒋介石,当然容不得陶行知这颗眼中的沙子。1930年4月12日,晓庄学校被以"莫须有"的罪名强行封闭,陶行知本人也遭到国民党政府的通缉,连夜出走上海。这自然会引起晓庄师生的愤慨,于是便派代表到国民党教育部责问"爱国何罪?""为什么封闭学校?"此时,陶行知往日的老友似乎已形同陌路了。

教育部长蒋梦麟避而不见,次长朱经农在师生的责问声中无言以答,强词夺理地说:"我一向与陶先生相熟,以为他是很纯洁的。现在才知道原来他和共产党是'一丘之貉'!"学生把此话写信告诉了陶行知。从一个曾和自己一起推行平民教育并合编《平民千字课》的老朋友嘴里说出这样的话来,陶行知此时的心情一定是很复杂的。他沉思良久,写了一首诗:

一

劳山有牛,好用其角。朱先生说:"是一丘之貉。"

---

① 华中师范学院教育科学研究所:《陶行知全集》第2卷,湖南教育出版社1985年版,第140—141页。

② 章开沅,唐文权:《平凡的神圣——陶行知》,湖北教育出版社1992年版,第254页。

二

牛变为貉,这事可确?纪常听之,磨刀霍霍。

三

天下的老牛,生来都有角。只因受训育,有角如无角。

四

无角令人爱,有角令人愕。平常当非常,老牛竟成貉。

五

用力耕田,应敌用角。天下的老牛联合起来啊!谁敢剥削?①

由战友到陌路,再一次反映出陶行知在形成对他人的认知和态度时以"真与行"为中心品质的特点。陶行知不无感慨地说:"真小人易知,伪君子难防。看去是真的,又像有几分假;听来是假的,又像有几分真。真中有假,假又像真,把人弄得头昏脑黑,无从辨别。假社会当中做人是多么难对付的一件事啊!"②

陶行知对"假与不做"的人态度是这样,他对"真与做"的人又是怎样呢?1927年第一次国内革命战争失败后,刘季平等组织学生上街示威游行,抗议国民党政府的疯狂镇压,被学校开除并遭到通缉。他们连夜逃走,走投无路之际,想到了陶行知。经过一番磨难,终于逃到了晓庄学校。在欢迎刘季平等人的全体师生会上,陶行知说:"有人说这四个青年是危险分子,会给学校带来麻烦。我说,他们是英雄,会给我们带来光荣。""别人不要的,我要。让我们全体起立,向这几位青年致敬!"③这就是陶行知对那些"真与做"的人的认知和态度。

第三节 陶行知的行为动机与教育实践

陶行知的教育实践是丰富多样的,有人把它们概括为六大运动:乡村

---

① 叶良骏:《陶行知的故事》,人民教育出版社1991年版,第12—13页。
② 华中师范学院教育科学研究所:《陶行知全集》第2卷,湖南教育出版社1985年版,第338页。
③ 叶良骏:《陶行知的故事》,人民教育出版社1991年版,第92—93页。

教育运动,普及教育运动,国难教育运动,战时教育运动,全面教育运动,民主教育运动①。陶行知的教育思想也经历了这样一个过程:从信奉王阳明"知是行之始,行是知之成",对杜威"教育即生活"、"学校即社会"、"教学合一"接纳、宣传,到创造性地提出"行是知之始,知是行之成"、"生活即教育"、"社会即学校"、"教学做合一"等生活教育理论。对于陶行知的教育思想和教育实践,以往已经有了大量的探讨和研究。在此,笔者所要探讨和研究的是,陶行知丰富多样的教育实践背后的心理动机以及促使陶行知把王阳明、杜威的思想翻了"半个筋斗"的社会心理原因。

一、保持自我概念一致性的推动力

曾如有人所言,以陶行知的经历、背景,作为一个旧社会的人物,只要他肯向统治者低头,他就可以像很多人那样,"不但可以长久保持高等华人的地位,而且还可步步高升,更多分享民脂民膏"。但陶行知没有,他"鄙视这种高等华人的地位"②。他以宗教家"传教"般的精神,努力实现着自己的理想自我。

口是心非、言行不一的伪君子在中国、在当时,实在是太多太多,以至于几近败家亡国。以"立真去伪"为理想追求的陶行知,要实现"使全中国人都受到教育"的自我概念,他唯一能作出的选择,只有"力行"。从社会心理学认知相符理论的角度看,只有这样,他才能保持内心的一致和平衡。换句话说,保持认知、态度和行为间的一致性,保持自我概念的一致性,构成了陶行知教育实践的内在推动力。

由于在陶行知的自我概念中,认知自我和理想自我是一回事,而其中又缺乏"中庸"或道家"相对主义"的观念和内容,因而使他在保持自我概念一致性时,很难像蔡元培、黄炎培那样,以"难进易退""外圆内方"来达到一致和平衡,也就较少回旋的余地。同是儒家,他接受的是"己达达人"的思想;同是墨家,他接受的是"兼爱"、"摩顶";同是基督教,他接受的是"爱人如己"、"奋斗不息"的精神;同是佛教,他接受的是"普度众生"、"慈悲为

---

① 方与严:《教人民起来做主人》,江苏省陶行知教育思想研究会:《纪念陶行知》,湖南教育出版社 1984 年版,第 105 页。
② 华岗:《痛悼陶行知先生》,陶行知先生纪念委员会:《陶行知先生纪念集》,(出版地缺)1946 年版,第 48 页。

怀"、甘愿"代替世人受苦"的大乘"菩萨行"。这四家的理论本不尽相同,而通过"同化"和"顺应",通过寻取四家的共同处,四家的信念在陶行知的认知结构中达到了平衡,形成了囊括四家思想的认知结构和自我概念。

如前所述,陶行知在保持自我概念一致性时的行为方式是"求真力行"。但在一个充斥着伪善的社会中,"求真力行"遇到的困难是可想而知的,这就迫使陶行知不得不时常提醒和强化自己的认知和态度,调节自己的心态,以达到内心的平衡。

1923年下半年,正是平民教育运动初起之时,陶行知以极大的热情投入这场利国利民的教育运动中。正如陶行知本人所说的:"大家对于平民教育都是初次试验,都是外行,都有奋斗精神、冒险精神,都不免有些错误。"面对这些问题,陶行知提醒平教同人"要忍耐","要原谅"①。他自己则以"求真力行"的方式,探索着平教的方法和出路。他在给友人的信中写道:"知行这三天以来,立志凡我脚迹所到的地方,就是平民教育到的地方。我们不久就要把平民教育输入军队里、善堂里、工厂里、监牢里、尼姑庵里、济良所里。我们要叫黑暗的地方大放光明。佛不入地狱,谁入地狱!"②一句"佛不入地狱,谁入地狱"为自己"求真力行"的行为方式找到了认知和态度上的平衡点。

要搞平民教育,首先要做的就是和平民打成一片。这看似简单的问题,在当时社会,对一位留过洋、"镀过金",对一向西装革履的教授、"高等华人"来说,也不是一件容易的事情。但陶行知做到了。对于自己的这种选择,陶行知在给妹妹文渼的信中做了说明,同时,也反映出他达到认知、态度和行为一致性的心理调节过程:

> 知行近日买了一件棉袄,一双布棉套裤,一顶西瓜皮帽,穿在身上,戴在头上,觉得完全是个中国人了,并且觉得很与一般人民相近很多。
>
> 我本来是一个中国的平民。无奈十几年的学校生活,渐渐的把我向外国的贵族的方向转移。学校生活对于我的修养固有不

---

① 华中师范学院教育科学研究所:《陶行知全集》第5卷,湖南教育出版社1985年版,第33页。
② 华中师范学院教育科学研究所:《陶行知全集》第5卷,湖南教育出版社1985年版,第42页。

可磨灭的益处,但是这种外国的贵族的风尚,却是很大的缺点。好在我的中国性、平民性是很丰富的,我的同事都说我是一个"最中国的"留学生。经过一番觉悟,我就像黄河决了堤,向那中国的平民的路上奔流回来了。①

1946年,在中国的民主运动处在最艰难的时候,在两位好友和民主斗士已经倒在统治者黑暗的枪口之时,陶行知依然没有退缩,依然站在斗争的最前沿。7月16日,他在给育才同学会上海分会全体同学的信中写道:

现在民主斗争已经到了最尖锐的阶段,反民主分子不惜用恐怖手段来抵抗那不可抗拒的大势。李公朴先生(育才之友)便是这样的牺牲了。我提议再接再厉,前仆后继,屡败屡战,以底于成。我提议每逢死了一位民主战士,即以感召培养一万位民众新战士来顶补,死了一百位民主战士,即以感召培养一百万位民主新战士来顶补。因此我们纪念公朴先生的最好的办法,是立志把自己造成一位英勇的民主战士。不但如此,还要做民主酵母,使凡与我你他接触的人,都发起民主的酵来,成为一个个的英勇的民主战士。只要我们肯为民主死,真民主就会来到,而中华民族也一定可以活到万万年。让我再详说英勇的民主战士是怎样培养出来。第一套功夫是"仁者不忧,知者不惑,勇者不惧,达者不恋"。第二套功夫是"富贵不能淫,贫贱不能移,威武不能屈,美人不能动"。有了这些德性,无论过着什么关口,也会胜利的通过。虽杀身亦成仁了。我们应该在这些德性上面努力进修共同勉励。②

在这里,陶行知以"仁者不忧,知者不惑,勇者不惧,达者不恋"和"富贵不能淫,贫贱不能移,威武不能屈,美人不能动",达到了"求真力行"行为方

---

① 华中师范学院教育科学研究所:《陶行知全集》第5卷,湖南教育出版社1985年版,第55页。
② 华中师范学院教育科学研究所:《陶行知全集》第5卷,湖南教育出版社1985年版,第963—964页。

式与认知和态度上的一致。

社会心理学角色理论认为,社会认可是人们自我价值的最重要来源。一个人只有得到了社会的接纳和承认,才能够形成稳定的自尊感和确立稳定的自我一致性,才有可能获得自信和安全感。对于成人而言,无论一个人所做的事业多么有益于人类,只要他还没被社会认可而成为社会的一个构成部分,他就不可能有稳定的自我一致性并在此基础上获得自我价值感(feeling of self-worth),就难以建立真正的自尊与自信[①]。陶行知教育实践的价值,陶行知的自尊和自信,同样也是来自社会的认可和接纳。自然,这种认可和接纳,不是来自统治者,而是来自民众。前述蒋梦麟、冯玉祥对陶行知的评价,只是这种认可和接纳的小部分,普通民众的认可和接纳,更构成了陶行知理想自我角色扮演的强大动力。

永汇、金祥,两个芜湖的普通学徒,在陶行知的鼓励下,开始读书识字。这对陶行知该是多么大的鼓舞和认同,他心里是何等的高兴。吴立邦,一个十几岁的小学生,也在思考爱国问题,也在努力参与平民教育运动,读到他的信,陶行知怎么能不感到"如同吃甘蔗一样,越吃越有味"。韩庆鼎,一个普通的说书人,把陶行知等人开办平民教育的精神和活动编成评书,活灵活现地加以赞扬和传颂,这又怎么能不令陶行知感动[②]!

赵叔愚是晓庄师范第一学院的院长。作为一名和陶行知同样留美归国的留学生,与陶行知一起下到乡村,下到农民中从事乡村教育,他对陶行知的支持自不必说,更令人感动的,是他的夫人对陶行知工作的期望和鼓励。在她病危时,陶行知去看她,她对陶行知说:"叔愚因我生病,不能专心助你办学,我心里很不安。但我活时虽不能为晓庄努力,死了做鬼也是要保护晓庄的。"[③]在这种期望下,陶行知又怎能不加倍地努力!

荆璞同志:

　　昨天从武昌渡江的时候,宗麟把您的信给我看,手上摸着很

---

① 章志光:《社会心理学》,人民教育出版社1996年版,第81页。
② 华中师范学院教育科学研究所:《陶行知全集》第5卷,湖南教育出版社1985年版,第63—64、66—69、86—87页。
③ 华中师范学院教育科学研究所:《陶行知全集》第2卷,湖南教育出版社1985年版,第123—124页。

厚很厚的一叠,不像平常的送别信,我疑心里面有些出人意外的礼物。打开一看,知道是您产后不用老妈省下来的钱,要我代您用去。当时几分钟内,使我心里起了波浪,不知如何是好。最初我想托宗麟带回来还您。因为这种牺牲精神结晶的礼物,几乎是没有人配接受。等到转了一个念头,我就毅然决然的毫不推让的收了下来。上海幼儿团和劳工幼儿团里的孩子们是过着贫苦的生活。有了您这笔款子去,是能叫他们生活丰富起来。春神来到,小树将要复活了。在我们的女同志中,您是最能牺牲的一位。在徐家角您背着阿沪办幼稚园的影象是深刻的印入了我的头脑里。总有一天,会有人要代您选这样一个象。我知道您就是一位二十世纪的观世音菩萨啊!祝您和宗麟联合湖北教育学院及湖北同志们向前创造!①

这是1935年3月9日陶行知写给一位普通教师王荆璞的信。在这封信中,我们可以体会到王荆璞对陶行知工作的支持、期望,我们也可以看到一位普通教师在教育事业中的形象。

可以说,正是这些普通人,让陶行知了解到中国社会的真正力量,认识到自己的根。也正是在这种角色期望和角色采择的过程中,在个体与社会间的互动过程中,陶行知能不断努力实现自我,而通过保持自我概念的一致性,又推动着他的教育实践不断发展、前进、扩展和深化。因此,笔者认为,保持认知、态度和行为间的一致性,保持自我概念的一致性,构成了陶行知教育实践的内在推动力。

二、提高国民素质、建立民主共和国家的目标牵引力

对于陶行知教育实践的意义和价值、陶行知教育实践的奉献精神,国内外学者的肯定和赞扬大多是众口一词,没有太多的异议。但对陶行知的主要教育思想——生活教育论,人们的认识就不那么一致了。以下几部教育史著作中的观点,至少具有部分的代表性。

---

① 华中师范学院教育科学研究所:《陶行知全集》第5卷.湖南教育出版社1985年版,第290—291页。

《中国现代教育史》(1979年版)一书认为:"'生活教育'的理论和实施,在反对传统教育上具有进步的意义,在普及教育运动方面,发挥了一定的作用。但这种教育从抽象的'爱'出发,幻想有一百万所学校就可以改造一百万个农村,中华民族就有出路,这就不免是唯心主义的想法了。这也表现出这种教育的首倡者的立场了。这里明显反映出'教育救国'、'教育至上'的思想,带有浓厚的空想色彩。""'生活教育'理论把'教育'的概念扩充到与'生活'的概念等同,这就把'教育'作为上层建筑的特点取消了,把'学校'的特殊职能取消了,把'教师'的特殊作用取消了。"[①]

《中国教育史》(1992年版)一书认为:"'生活教育'论,是陶行知教育思想的理论体系,它包括了教育的目的、内容和方法……陶行知创立'生活教育'论的原意,是由于推行平民教育运动的失败,'所找出的新路'。同时也是对传统教育的憎恨,试图从'根本上'来改造传统教育。""显然,这里陶行知是把'生活'与'教育'相混同,抹杀了'教育'的特殊性。同时,又把'生活'概念化、绝对化。……可见,'生活即教育'的主张,仍然未摆脱杜威教育思想的羁绊,所找到的'新路'——提倡乡村教育,推行'生活即教育',依然是一条行不通的死胡同。"[②]在该书修订版(2000年版)中,作者又对上述观点作了部分修正:"'生活即教育'所强调的是教育以生活为中心,所反对的是传统教育脱离生活而以书本为中心。尽管它在生活与教育的区别和系统的知识传授方面有所忽视,但在破除传统教育脱离民众、脱离社会生活的弊端方面,有十分重要的意义。"[③]

《中国教育思想通史》(第七卷,1994年版)一书认为:"陶行知的'生活即教育'是针对中国教育严重脱离人民大众、脱离社会生活的实际提出来的。""同时,陶行知的'生活即教育'又是针对杜威的'教育即生活'提出的。""陶行知主张'生活即教育',并没有简单地把生活与教育划等号,抹杀'教育'的特殊性,把教育原始化、低级化。他只是强调生活与教育之间具有某种深刻的、内在的一致性和相关性。我们不能脱离陶行知提出、形成、实施这一主张的历史条件、时代特点和他本人的一贯论述,仅仅根据字面上的意思就断言这一主张把生活与教育完全等同起来。事实上,就连陶行

---

① 陈元晖:《中国现代教育史》,人民教育出版社1979年版,第167—168页。
② 孙培青:《中国教育史》,华东师范大学出版社1992年版,第744—745页。
③ 孙培青:《中国教育史》(修订版),华东师范大学出版社2000年版,第473页。

知本人也是明确反对以生活等同教育,取消教育的。……陶行知反对的或取消的,是落后的、反动的教育,而不是教育本身。""陶行知提出'社会即学校',旨在扩大教育的范围、对象和学习的内容,强调既要对现有的学校进行彻底改造,使之与社会实际相联系,了解、满足社会的需求,又要把整个社会作为一所大学校,让人民大众都有受教育的机会。他所反对的是脱离社会生活、脱离人民大众的'死学校',而不是主张取消学校。"

读书总结说:"陶行知的生活教育论是一种新型的、进步的教育理论。……应该指出,生活教育论对旧教育的弊端的揭露和批判,对生活和教育之间一致性和相关性的强调,对社会和学校关系的重新阐释,对教学内容、教学方法的彻底变革等,都在一定程度上反映了教育的客观规律,蕴涵着许多合理因素,具有重要的理论价值和实践意义。当然,我们也无庸讳言,由于陶行知生活在一个民族危机深重、救亡图存的呼声压倒一切的动荡时代,他没有也不可能有充足的时间和精力去专心致志于理论体系的营建,加上他的生活教育论又主要是作为传统教育和洋化教育的对立面而提出的,理论本身不能不在论述的重心、方式和范围等方面受到对方的'制约',这就使生活教育论不可避免地存在着这样或那样的不足。尽管如此,我们认为,陶行知的生活教育论在半殖民地半封建社会的旧中国,已经达到了它所能达到的思想高度,是近代以来中国教育家在独立自主地探索中国教育发展道路的过程中所取得的最为重要的理论成果之一。"[①]

由此可以看出,对陶行知的"生活教育论",在不同的历史时期,人们的认识是不尽相同的,而争论的焦点主要集中在:第一,提出生活教育论的原因;第二,生活教育论是否抹杀了"生活"与"教育"、"社会"与"学校"的区别。

笔者认为,上述对陶行知生活教育论提出原因的分析,各家观点均有合理之处,但都没有触及根本原因,而在这种原因分析的基础上,仅从教育内部看陶行知的生活教育论,则永远无法正确理解和把握生活教育论的精神实质,也永远无法解决生活教育论中关于"生活"与"教育"、"社会"与"学

---

① 董宝良,陈桂生,熊贤君:《中国教育思想通史》第7卷,湖南教育出版社1994年版,第154—156、158页。

校"关系的"公案"。笔者认为,陶行知生活教育论提出的根本原因和动力,是提高国民素质、建立民主共和国家的目标牵引力①。正是从这一社会动机出发,根据对中国社会和教育的具体考察和亲身实践经验,陶行知提出了生活教育论的主张。陶行知的"教育救国"思想和实践,从心理学角度看,确实属于"幻想"的范畴,但这种"幻想"是符合社会发展规律的"幻想",是"理想",而不是不符合规律、永无实现可能的"空想"。当然,就像所有理想的实现都需要一定的条件一样,由于陶行知所生活的那个年代属于中国历史发展过程中一段"非常态"的历史时期,这种理想自然也就失去了得以实现的外部环境和条件。事实上,在国难当头、民族危亡之际,陶行知提倡的"国难教育运动"、"抗战教育运动"也已不完全归属于"教育救国"的范畴了。

如前所述,提高国民素质、建立民主共和国家的目标牵引力,作为陶行知整个教育实践和教育思想形成的内在动力,最早可以追溯到民国初年他对"因循"、"伪君子"、"共和之险象"的社会认知、态度和归因,这构成了陶行知走向教育救国道路的最初社会心理基础。而三年美国的留学经历,更使他认识到国民素质在建立民主共和国家过程中的重要性。因此,当他进入哥伦比亚师范学院后,确立的人生志向就是:"经过两年多的深造,我回国后将与其他教育工作者合作,为我国人民建立一套有效的公共教育体制,使之紧步美国人民的后尘,保持和发展一种真正的民主制度,它将是唯一正义与自由的现实的理想国。"②在此,陶行知意欲通过教育建立民主、正义、自由共和国家的目标、理想,可谓一目了然。

1917年9月,陶行知应聘担任南京高等师范学校教育学专任教员,主讲教育学、教育行政和教育统计等课程。在以往对陶行知的研究中,研究

---

① 余子侠先生已经认识到了这个问题。他认为:"民主或民主社会,可说是陶行知这一代知识分子终身向往且孜孜追求的社会理想和人生目标。民主教育或教育民主化,可说是陶行知这一类知识分子平生奋斗且不懈努力的教育理想和事业终极。"在此基础上,他把陶行知一生的思想和教育活动纳入了一个整体之中。参见余子侠:《山村社会走出的人民教育家陶行知》,湖北教育出版社1999年版,第377—379页。但由于这段论述是一种概括性总结,又是和对陶行知民主教育运动的分析连在一起,因而不太容易让人把陶行知的这种理想与他的生活教育论联系在一起。

② 华中师范学院教育科学研究所:《陶行知全集》第8卷,湖南教育出版社1992年版,第728—729页。

者大都把注意力集中在这一时期陶行知对教育方法和教育理念的倡导和改革上,而忽略了这些倡导与改革的内在动机。事实上,方法和理念的倡导和改革只是外在的行为表现,究其内在动机,则在提高国民素质,实现民主共和。

同年10月10日,在南京高师举行的"双十节"纪念大会上,陶行知发表讲话,认为:"纪念民国的成立,是要叫我们知道:民国与我们有生死存亡的关系。""我们对此中华民国,应该要报何等的恩典、负何等的责任。"陶行知认为,中华国民的责任一是要爱国,二是要有爱国的法子。在此基础上,他对中华国民提出了五种希望①。由此可以看出,陶行知关心的还是国民素质的问题。

1918年,在南京高师教育研究会上的演讲中,陶行知这种通过教育提高国民素质、建立民主国家的目标追求表露得更为明白无误。他说:"鄙意共和国有要素二:一、正当之领袖也。盖先知先觉,楷则蒸黎,导斯民于轨范之中,进社会于缉熙之域,悉其责焉。然英才俊质,虽恃先天之禀赋,亦赖经验之陶冶。故必有完美之人才教育,始能产正当之国民领袖。非然者,不胎求子,庸有济乎?二、健全之公民也。盖社会日进,庶业蓁繁,国事良窳,断非少数之国民领袖所克左右。苟无多数健全之公民,利害洞彻,时势明了,取鉴先觉,各尽其职,则有倡无和,事卒不举。故人才教育以外,又当以普通教育为根本,以造成健全之公民。然则领袖也,公民也,实共和之长城也。而产此长城者何乎?舍教育吾奚属哉!""故方今教育家之天职,在考察吾国共和之长城造乎未造,所造者完乎不完;何者应改弦更张,何所应补苴修正。"②

陶行知对新教育的认识,则是这种目标追求的集中体现:

> 我们现在处于二十世纪新世界之中,应该造成一个新国家,这新国家就是富而强的共和国。怎样能够造成这新国家呢?固然要有好的领袖去引导平民,使他们富,使他们强,使他们和衷共

---

① 华中师范学院教育科学研究所:《陶行知全集》第8卷,湖南教育出版社1992年版,第20—24页。

② 华中师范学院教育科学研究所:《陶行知全集》第1卷,湖南教育出版社1984年版,第65页。

济;但是虽有好的领袖,而一般平民不晓得那个领袖是好的,那个领袖是不好的,也是枉然。所以现在所需要的,是一种新的国民教育,拿来引导他们,造就他们,使他们晓得怎样才能做成一个共和的国民,适合于现在的世界。

……………

新教育的目的……再概括说起来,就是要养成"自主"、"自立"和"自动"的共和国民。自主的就是要做天然界之主,又要做群界之主。……果能自主的人,富贵不淫,贫贱不移,威武不屈,人家有什么法子对付他呢? 至于自立的人,在天然界群界之中,能够自衣自食,不求靠别人。但是单讲自立,不讲自动,还是没有进步,还是不配做共和国民的资格。要晓得专制国讲服从,共和国也讲服从,不过一是被动的,一是自动的,这就是他们的分别了。①

因此,笔者认为,提高国民素质,建立民主国家,是陶行知一生教育实践追求和教育思想形成的目标牵引力,亦即社会心理动机之一。

1917—1923年近6年时间里,陶行知以大学教授、大学教育科和教育系主任、中华教育改进社主任干事等身份,一方面致力于实用主义教育理论的宣传和推进,一方面以他所掌握的科学方法,对中国教育的实际进行了全面、深入的调查考察。1923年8月,陶行知发起成立中华平民教育促进会总会,并以极大的热情投身平民教育运动之中。这一行为方向上的转变,决非偶然。

如果把陶行知1917—1923年间的教育活动称为上层社会的教育活动,或许不会引起太大的异议。但对注重"求真力行",以提高国民素质、建立民主国家为目标追求的陶行知来说,通过对中国教育实际的全面考察,他逐渐认识到,这种停留于上层社会的教育活动与他的目标追求、自我概念和行为方式是不相吻合的。也就是说,陶行知逐渐认识到,要实现通过教育提高国民素质、建立民主国家的目标,必须要深入下层,必须要"身体

---

① 华中师范学院教育科学研究所:《陶行知全集》第1卷,湖南教育出版社1984年版,第122—124页。

力行"。(陶行知后来之所以有"为外国教育制度拉东洋车"①的感慨,也与这种社会认知和态度的转变密不可分,同时,这种转变也体现了他追求真理的自我特点。)正是在这种社会动机的推动下,陶行知把自己的教育实践活动转向了下层,转向了平民教育运动。

从1922年《教育者的机会与责任》②的演讲中,大体可以看出陶行知这种行为方向转变的社会心理基础。陶行知认为:"教育者所得的机会,纯系服务的机会,贡献的机会,而无丝毫名利尊荣之可言。"(这反映出他自我概念的特点。)而教育者的机会来自四个方面:"(一)有可教之人;(二)可教者而未能完全教;(三)可教者而未能平均教;(四)已受教而未能教好。"根据自己的调查统计,陶行知认识到,在当时的中国,能接受教育的人数只占1.5%,也就是说,"一百人之中,能受教育的只有一个半人"。在98.5%得不到教育机会的人当中,又集中在女子教育、乡村教育和老人教育。另外,陶行知认为,就在1.5%可接受教育的小孩子中,教育并没有教好。他从四个方面对此进行了分析,认为第一,"人为物质环境中的人,好教育必定可以给学生以能力,使他为物质环境中的主宰,去号召环境"。第二,"人不但是物质环境中之一人,也是人中之一人。人有团体,有个人,在这团体和个人中,便发生相对的关系。此种关系,应互相联络,以发展人性之美感。在此阶级制度破产时,我们绝不承认社会上还有什么'人上人'、'人下人',但是'人中人'我们是逃不掉的。我们既然都是人中之一人,那么,人与人自然会有相互的关系了。这种关系,能否高尚优美,尚属疑问。且就现在的选举说吧,被选人手里执着些洋钱,选举人手里执着一张票,他们所发生的关系,是洋钱的关系、选举的关系罢了!这种关系,能合乎高尚的条件吗?""再看留学生的选举如何?记得从前中央学会选举时,自称为博士、硕士的留学生,不也是一样的舞弊吗?其他如大学毕业生、中学毕业生以及未毕业的中学生,他们又是怎样?他们为什么拿着清高的人格,去结交金钱?去结交政客?作金钱的奴隶?作政客的走狗?这样的学生,对得起国家社会吗?对得起父母吗?对得起自己的人格吗?"第三,"好教育应当给

---

① 华中师范学院教育科学研究所:《陶行知全集》第2卷,湖南教育出版社1985年版,第17—18页。

② 华中师范学院教育科学研究所:《陶行知全集》第1卷,湖南教育出版社1984年版,第256—263页。

学生一种技能,使他可以贡献社会"。第四,"学校应当使学生在休息时有正当的愉快"。陶行知认为,平常人是"候机会"、"失机会"、"看不见机会"、"空想机会",而教育者的责任就是"不辜负机会;利用机会;能用千里镜去找机会;会拿灵敏的手去抓机会"。

通过对上述文字的分析,笔者认为,陶行知已经逐渐找到了自己的教育机会,这种教育机会就是98.5％没有接受教育机会的人,就是这98.5％中的妇女、农民和老人,而他要实施的教育,依然是提高国民素质的教育。有了这种社会心理基础,陶行知的教育活动从上层转向下层,转向平民,也就是顺理成章、自然而然的事了。当陶行知真正转向平民的时候,正如他自己所说的那样,"就像黄河决了堤,向那中国的平民的路上奔流回来了"。

笔者认为,陶行知教育活动方向上的这种转变,其内在动力,还是提高国民素质、建立民主共和国家的目标牵引力。这从他关于平民教育的有关论述,可以得到证明。

1923年上半年,陶行知在给胡适的信中写道:"日前平民教育促进会筹备会开会,想在十年之内使十二岁以上,二十五岁以下一万万不识字之人民,受一千基础字所代表之共和国民的基础教育。此刻最重要的一件事,就是编辑相当之教科书,未编之前,应有极明了之目标作指针。这许多人受过这种教育之后,对于国家前途应当有何种贡献,对于个人生活应当有何种影响,国民性中固有的,何者应光辉充实,缺少的何者应吸收补充,这都是我们应当分析出来,做我们具体的目标的。"①由此已不难看出陶行知通过平民教育意欲达到的目标和追求。

陶行知认为,"现在的平民教育运动,是平民读书的运动。目的在使平民一面读一点书,一面得一点做人做国民的精神"②。而《平民千字课》的第一项目的就是"培养人生和共和国民必不可少之精神和态度"③,"平民教育的宗旨是要叫种种人受平民化。一方面我们要打通层层叠叠的横阶

---

① 华中师范学院教育科学研究所:《陶行知全集》第5卷,湖南教育出版社1985年版,第26页。

② 华中师范学院教育科学研究所:《陶行知全集》第1卷,湖南教育出版社1984年版,第411页。

③ 华中师范学院教育科学研究所:《陶行知全集》第6卷,湖南教育出版社1985年版,第1页。

级。……又一方面我们要把深沟坚垒的纵阶级打通。……我要用四通八达的教育，来创造一个四通八达的社会。我这几年的事业……都是实现这个目的。但是大规模的实行无过于平民教育"①。

在平民教育实施过程中，中国社会正在发生着悄然的变化，陶行知对中国教育实际的认识也在逐步深入："现在办教育的总要在城里热闹，那冷静的乡村，实在没有人过问。但是中国以农立国，一百个人当中有八十五个住在乡村里。平民教育是到民间去的运动，也就是到乡村去的运动。""我们中国是个四万万人的国家，但四万万人就有四万万条心；中国又是个五族共和的国家，但是五族简直是五条心，甚至于一家当中各人有各人的心，父子、兄弟、姊妹、夫妻、主仆，都有很深的人我见。我深信，如果我们要想建设五族一心的国和全家一心的家，只有赶快推广平民教育一个法子，特别是要利用平民读书处来培养它们。"②

与此同时，陶行知也逐渐认识到推行平民教育过程中存在的问题。1924年1月3日，陶行知写信给朱经农，认为："我们要想普及平民教育，第一件事就要便民。……这一步做不到，平民教育万无普及的希望。""知行渐渐的觉得，模范平民教育的偶像也要打破。各处平民教育的影响，一百分之九十九只限于本地。他们对于别的地方的影响，微乎其微！我们要想普遍的影响，就须普遍的办，就须放弃模范的偶像。……知行自从亲自到民间打了几个滚，觉得我们有好多主观的意见都是错的，没有效验的。"20日在写给朱其慧的信中说："关于蒙古的平民教育，知行建议努力去干，暂不发表，非其人均不轻谈。十年后办有头绪再说。"③由此我们可否推测，在平民教育推行过程中，有些人是否只是借平民教育之名，另有所图，而非"真做实干"。不管怎样，从陶行知的这些书信中，我们再次看到陶行知"求真力行"的自我概念和行为方式。另外，在这些书信中，还有一个值得我们特别留意的问题，那就是"要想普及平民教育，第一件事就要便民"。

---

① 华中师范学院教育科学研究所：《陶行知全集》第5卷，湖南教育出版社1985年版，第55页。

② 华中师范学院教育科学研究所：《陶行知全集》第5卷，湖南教育出版社1985年版，第50、72页。

③ 华中师范学院教育科学研究所：《陶行知全集》第5卷，湖南教育出版社1985年版，第65—77页。

或许可以说,正是对这种"便民"的认知,为陶行知提出生活教育论埋下了心理的"伏笔"。同年8月9日,陶行知以韵秋的笔名,在《平民周刊》载文说:"我们应当拿我们的思想来凑他们(指农民)实际,不要拿他们前途来供我们牺牲。"①那么,怎么凑?当时陶行知的想法就是,要在《平民周刊》上增加《国家大事》一栏,"这栏采取记事、议论、解释三者合一的体裁,借时事发挥平民精神,培植国家观念"。同时,"要把《平民周刊》办到有精神的地位,不能单取'对平民说话'的方针。除此以外,还要加上'代平民说话'一条。我们就是平民,也得要说平民的话"②。而要把思想真正"凑"农民的实际,最终的选择自然就是农民的生活。所以,当因时势人事的变化平民教育运动走向衰落的时候③,陶行知便开始了他教育实践中最辉煌的一页,那就是到乡村去,到农民生活中去。

陶行知走向乡村,走进农民生活,除了有他自己社会认知、社会态度的心理背景,同时也是向他人学习的结果。据陶行知自己说,和农民生活习惯打成一片,是从实业教育家张謇那里学来的:"他曾告诉我,要替农民做事,第一就得和农民打成一片,不然,农民就怕你,什么真心话也不同你说。他建设南通的初期,自己就常在农民家中来来去去,吃农民一样的东西,说一样的话。农民并不怕他,他也的确懂得农民的生活不少。……他对我的生活,影响不浅。我搞生活教育,他就是我第一个先生。"④这也反映出陶行知"学而不厌"的自我特点。

笔者认为,正是在提高国民素质、建立民主共和国家目标牵引力的推动下,陶行知才走向乡村,走向农民,拿这样的教育去"凑"农民的实际,并在此基础上提出了"生活教育"的主张。

在《中国乡村教育之根本改造》一文中,陶行知谈道:

---

① 华中师范学院教育科学研究所:《陶行知全集》第1卷,湖南教育出版社1984年版,第687页。

② 华中师范学院教育科学研究所:《陶行知全集》第5卷,湖南教育出版社1985年版,第102—103页。

③ 关于这一时期时势人事的变化以及陶行知心理的认知和态度,可参见章开沅、唐文权:《平凡的神圣——陶行知》,湖北教育出版社1992年版,第176—192页。作者对此做了精彩的分析。

④ 华中师范学院教育科学研究所:《陶行知全集》第3卷,湖南教育出版社1985年版,第609页。

中国乡村教育走错了路！他教人离开乡下向城里跑，他教人吃饭不种稻，穿衣不种棉，做房子不造林；他教人羡慕奢华，看不起务农；他教人分利不生利；他教农夫子弟变成书呆子；他教富的变穷，穷的变得格外穷；他教强的变弱，弱的变得格外弱。前面是万丈悬崖，同志们务须把马勒住，另找生路！

生路是甚么？就是建设适合乡村实际生活的活教育。我们要从乡村实际生活产生活的中心学校；从活的中心学校产生活的乡村师范；从活的乡村师范产生活的教师；从活的教师产生活的学生，活的国民。……这种活的教育，不是教育界或任何团体单独办得成功的。我们要有一个大规模联合，才能希望成功。那应当联合中之最应当联合的，就是教育与农业携手。……总之乡村学校，是今日中国改造乡村生活之唯一可能的中心！他对于改造乡村生活的力量大小，要看他对于别方面势力联络的范围多少而定。乡村教育关系三万万六千万人民之幸福！办得好，能叫农民上天堂；办得不好，能叫农民下地狱。我们教育界同志，应当有一个总反省，总忏悔，总自新。我们的新使命，是要征集一百万个同志，创设一百万所学校，改造一百万个乡村。我们以至诚之意，欢迎全国同胞一齐出来，加入这个运动！赞助他发展，督促他进行，一心一德的来为中国一百万个乡村创造一个新生命。叫中国一个个的乡村都有充分的新生命，合起来造成中华民国的伟大的新生命。①

由此可以看出，陶行知认为乡村教育的出路"就是建设适合乡村实际生活的活教育"，而"活教育"的最终目的还是养成"活的国民"。"征集一百万个同志，创设一百万所学校，改造一百万个乡村"，目的还是要"叫中国一个个的乡村都有充分的新生命，合起来造成中华民国的伟大的新生命"。

陶行知认识到，"我们中国现在正是国民革命的势力高涨之秋。惟既

---

① 华中师范学院教育科学研究所：《陶行知全集》第1卷，湖南教育出版社1984年版，第653—655页。

有国民政治上的革命,同时还须有教育上的革命。政治与教育原是不能分离的,二者能同时并进,同时革新,国民革命才有基础和成功的希望"①。经过20世纪中国社会发展的历史沉淀,当我们回头领略陶行知的这番论述时,或许会有更深切的体会。

为了实现提高国民素质、建立民主共和国家的目标,要落脚在"本校的办法,是主张在劳力上劳心。本校全部生活,是'教''学''做'。教的法子根据学的法子,学的法子根据做的法子。我们的实际生活,就是我们全部的课程;我们的课程,就是我们的实际生活"②。如何实现这样的主张呢?这就不能不从中国社会的具体情况加以考察了。

陶行知对中国在此以前的教育进行了深刻的反思。他认识到:"以前的教育,都是像拉东洋车一样。自各国回来的留学生,都把他们在外国学来的教育制度拉到中国来,不问适合国情与否,只以为这是文明国里的时髦物品,都装在东洋车里拉过来,再硬灌在天真烂漫的儿童的心坎里,这样儿童都给他弄得不死不活了,中国亦就给他做得奄奄一息了!我从前也是把外国教育制度拉到中国来的东洋车夫之一,不过我现在觉得这是害国害民的事,是万万做不得的。我们现在要在中国实际生活上面找问题,在此问题上,一面实行工作,一面极力谋改进和解决。……我们认定必须这样,将来中国的新教育才能产生呢!"③

应该说,这一时期陶行知真正认识到了中国社会的本质,即中国还是一个农业国。那么,怎样把国家建设在农业上,如何教农业文明过渡到工业文明,如何使农民得执工商业之牛耳等等问题,自然成为陶行知思考和探讨的主题。在陶行知看来,"从农业国进到工业文明的过程中,必然有多数人要受淘汰而失业。因为机器发达,人工省去。这种现象,是确然不可免的。……这个农民失业的危险,如果是农民执工业的牛耳,就可以避去一大部分"。

---

① 华中师范学院教育科学研究所:《陶行知全集》第2卷,湖南教育出版社1985年版,第17页。

② 华中师范学院教育科学研究所:《陶行知全集》第2卷,湖南教育出版社1985年版,第17页。

③ 华中师范学院教育科学研究所:《陶行知全集》第2卷,湖南教育出版社1985年版,第17—18页。

> 孙中山先生的实业大计划也包括上述的事业。他主张利用国家资本与外资来发展国内实业。如果他的计划实行,要想教农民执工业上之牛耳,就得教农民实行把民权操在手中,运用国家权力来出头。……
>
> 但如何可以从农民的荷包里掏出一元钱来做股东,以及如何可以使农民执有民权?这两件事须靠我们从事乡村教育诸同志的努力。农民对于这种大规模举动的不明了,与不知民权为何物,固然要靠舆论来鼓吹与启迪,但最要紧的还着重在培植小农民的乡村教师。假如每村有农户百家,五百万家就有五万个农村。假使这五万个乡村教师都受有特殊训练,那么五万个教师联合起来,不啻就是五万个村庄联合起来,也就是农民资本聚集的媒介。这样积少成多,就可以开办纺纱厂、织布厂等等。如此棉花可以出头无阻,农民也就可以出头无阻了。至于如何训练农民执民权,如何教他们运用选举权、罢官权、创制权、复决权,也要靠乡村教师为之教导。……我们要想中国活起来,就得要在农业上安根,在工商业上出头。①

这段论述再明白不过地说明,在中国从农业社会向工业社会发展的过程中,农民还缺乏这方面的能力和素质,要使农民真正成为工业文明国度中的一员,必须从农民日常生活中的"做"上入手,使他们真正明了自己的权力,能用自己的权力,会用自己的权力。这才是"生活教育论"的真正出发点和归宿。"生活教育论"中的"生活"绝不是随意的"生活",而是具有提高农民素质和能力的"生活"。通过这样的"生活",通过这样"生活"中的"教学做",最终达成提高国民素质、建立民主共和国家的目的。从哲学的意义上说,这里所说的"生活",是一种"应然的民主共和国民的生活",而不是"实然的农民的生活"。也正是在这个意义上,陶行知所倡导和实施的"生活即教育"、"社会即学校"、"教学做合一"在今天的教育中仍具有很强的生命力和价值。

---

① 华中师范学院教育科学研究所:《陶行知全集》第2卷,湖南教育出版社1985年版,第19—21页。

1928年，无锡开原小学校长潘一尘帮助晓庄创办第三中心小学，离开晓庄的时候，陶行知问他对于试验乡村师范的生活有何感想，他说："你们这里简直是原始生活，不是农民生活。"陶行知回答他说："原始生活虽说不上，但是一部分确实是野人生活。我们这里的教育是从野人生活出发，向极乐世界探寻。"陶行知认为："这段谈话，虽是寥寥数语，却能表示晓庄教育之真相。封建制度下之农民生活是最不进步的。他们一天一天的过去，好像人生毫无问题。乡村教育虽是为农民谋幸福，但从农民生活出发，能否达到目的是很可怀疑的。……可是朋友们不要误会，我们不是要做羲皇上人，我们的黄金时代是在未来。我们从野人生活出发，不是没有出息，开倒车，不是要想长长久久的做野人。出发的号令已下，我们要向极乐世界去探寻了。"[①]由此我们不难看出，陶行知所说的"生活"是怎样一种"生活"，也不难看出，通过这样一种"生活教育"，他所希望达到的目标是什么。

　　陶行知的"生活教育论"是一个不断发展、不断深化、不断完善的理论，这与他对国民素质、民主共和认识的不断发展、不断深化、不断完善是一致的。"生活教育论"在不同的时期虽有不同的表述，但笔者认为，提高国民素质、建立民主共和国家，作为一种目标牵引力，是陶行知一生教育实践和教育思想形成的根本内在动机。只有以此为主线，我们才能理解和领会陶行知一生教育实践和教育思想的真正精神和内涵。

---

① 华中师范学院教育科学研究所：《陶行知全集》第2卷，湖南教育出版社1985年版，第74—75页。

第五章 结 语

　　作为教育史学研究的一种新视角,本研究尝试从社会心理学的角度对蔡元培、黄炎培和陶行知三位教育家的社会心理和社会行为特点进行分析和探讨。笔者认为,作为社会人,由于民族、文化、社会、历史等方面的共同背景,人们的社会心理和社会行为会表现出一定的共性;但在具体的社会生活和社会实践中,每个个体又都是独特的,每个个体都因自我概念、社会认知和态度、归因风格等不同而表现出行为方向和行为方式上的差异。作为"教育救国论"者,蔡元培、黄炎培和陶行知表现出与其他社会行为选择方向的社会群体间的差异,而同为"教育救国论"者,蔡、黄、陶又因各自的独特性而表现出具体行为方向和行为方式上的差异。所以,"标签化"的概括在历史人物的研究中往往是很困难的。但笔者意识到,具体精细的分析,对研究对象独特性的强调,固然对研究者向人们展示其分析的合理性及研究对象的独特性不无裨益,但总不免给人留下"只见树木不见森林"的遗憾,有时也很难使研究者充分地展现自己的研究目的和意图。因此,在对本研究进行总括性说明时,笔者试图通过采用结论和讨论的方式,尽力克服所面临的这种两难处境。

一、结论

(一)研究范式的确立

　　正如绪论中所说,本研究的第一个目的就是意欲弥补和解决以往心理史学研究中的不足,建构一个具有明确概念界定和研究范畴的心理史学研究范式。通过具体的分析过程,本研究基本确立了一套主要以社会心理学理论为基础的研究范式。

　　这一研究范式可概括为下述几个程序。首先,根据教育学和社会心理学已有的研究成果,确定取样标准,选取研究对象;其次,根据心理学和历史学研究的基本要求,确定史料选择的基本原则;再次,以社会心理学为基础,确定具体研究领域和范畴;最后,根据已经确定的研究领域和范畴,进行具体分析,进而得出结论。

在具体分析过程中,本研究始终以自我概念[①]作为基本出发点,探讨了研究对象的成长历程与自我概念形成之间的关系,揭示了在自我概念影响下研究对象独特的行为方式,讨论了研究对象以自我为"锚定点"的社会认知、社会态度和归因风格,进而论证了研究对象走上"教育救国"道路的社会心理基础,分析了研究对象对他人社会认知和态度的特点以及具体教育实践的社会心理动机。

(二)三位教育家的同与异

在对研究对象进行比较时,研究者采用的逻辑方法不外乎两种,或者是"异中求同",或者是"同中取异"。就蔡元培、黄炎培和陶行知三位教育家的社会心理和社会行为而言,真实的情况是"同中有异"、"异中有同"、"同异错落"而各具特点。

第一,就自我概念而言,蔡、黄、陶都以儒家君子为理想自我追求,而这种理想自我又无疑都受到宋儒思想的影响。但在"修己"与"治人"、"内圣"与"外王"、"道"与"势"的夹缝中,三位教育家的君子理想又有些许的差异。蔡元培认为"难进易退"亦君子,"外圆内方"在黄炎培看来不失君子风范,而对于陶行知来说,唯有"力行"方为君子。从社会心理学认知相符理论的角度看,三位教育家的君子理想都有各自的理论基础,并在各自的理论基础上通过认知、态度和行为间一致性的达成,很好地保持了自我概念的统一。

正是在这里,笔者触及了一个被广泛研究而又始终难有定论的问题,即儒家文化或更确切地说是中国传统文化对知识分子理想自我设计的影响。这个论题不是本研究的主题,也不是笔者现有学力所能解决的问题。但通过本研究,笔者至少可以得出这样的结论,即儒家文化,推而广之,中国传统文化对中国知识分子理想自我设计的影响绝不是单一模式,其内部也充满着矛盾和冲突。由于理论基础的不同,理想君子(或者说传统意义上的"士"与近代意义上的知识分子)的形象和角色扮演也就有不同的表现形式,单一模式的理想君子形象和角色扮演在中国文化历史上是不存

[①] 关于自我(self)在个体社会心理和社会行为中的重要性,可参见乔纳森·布朗:《自我》,陈浩莺,薛贵,曾盼盼译,人民邮电出版社2004年版,第1—12页。

在的。

　　考虑到中国近现代社会的具体实际（笔者把这一历史时期称为"非常态"社会），在西方列强"坚船利炮"的野蛮入侵和疯狂掠夺的强烈刺激下，在寻求"救亡图存"方略的过程中，三位教育家也不同程度地接受了西方进化论和科学、民主、自由的思想，自我概念中渗透出这些思想的影响，有参与社会变革的意识并付诸实践成为他们共同的特点。但受自我概念的制约，这种参与意识和实践，又表现出"不在其位，不谋其政"、"不在其位，改变行为方式而谋其政"和"不在其位，亦谋其政"的大致发展路径。这一结果不仅证明了笔者划分的以儒家君子为理想自我追求的中国知识分子的类型是比较科学的，也部分反映出这些类型在中国近现代史上的代际差异。

　　第二，就社会认知、社会态度和归因风格而言，由于所处历史时期的差异，蔡、黄、陶对中国社会的认知和态度也不尽相同，但都表现出把中国社会问题归因于内部的、不稳定的和可控的因素的归因风格。这种归因风格的突出特点，就在于强调主体对事件成败的可控性，强调自尊、自立、自强等主观努力的重要性。正是由于这种归因风格，才使得三位教育家都把挽救中华民族危亡的目光落在了教育上。

　　第三，就"教育救国"的行为方向而言，由于蔡、黄、陶成长经历的不同和自我概念上的差异，三位教育家又各自具有自己的教育主张和具体行为方向。以"注重学术"为自我概念的蔡元培选择了高等教育，并以培养"大学问"家、树立新的学风和建立民主化、制度化的大学组织作为自己教育救国的具体目标和行为方向，提出了"思想自由"、"兼容并包"的教育主张。注重从实际中学习的黄炎培，由于对社会、生命生存有着强烈的危机感，加之对传统教育培养出的"文丐"很有看法，因而选择了"生利"的职业教育作为救国的目标和行为方向。以平民自居的陶行知，由于对国民素质在民主共和国家建设中的重要性有深刻认识，也由于认知自我和理想自我的等同，最终选择了深入大众的教育救国方略，提出了"生活教育"的主张。

　　第四，就对他人的认知和态度而言，在以君子为理想自我追求的基础上，蔡、黄、陶都以"重行轻言"为选择和评判的基本标准。但由于三人自我概念方面的差异，他们看重的"中心品质"又表现出各自的独特性。蔡元培以"学问"为选择和评判他人的中心品质，同时也由于自己的"宽厚"，以"波利阿纳原则"待人而不时出现偏差。黄炎培看重的中心品质则是"朴诚",他同时又从注重实际,强调从实际中学习的自我概念出发,接受了"择交不如节取"的观念。陶行知虽然也深知"不能用人的长处,便是自己的短处",但由于在他那里认知自我就是理想自我,两者之间没有缓冲和回旋的余地,因此,陶行知在形成对他人的认知和态度时所看重的中心品质即是"真与行"。

总之,正是由于蔡元培、黄炎培和陶行知自我概念方面具有差异,三位教育家的行为方式也具有独特性,分别为"难进易退"、"外圆内方"和"求真力行"。

二、讨论

作为一种"参与"(participation)[①]式的研究方法,笔者或许更多地提供了三位教育家的独特性,更多地看到的是"树木"。而历史研究,人们总是希望看到的是"森林",得出的是"规律"(尽管得出"规律性"的结论往往充满了风险,会出现"众说纷纭,莫衷一是"的情况),所以笔者也试图进行这方面的探讨。为了避免"规律性"结论存在的内在风险,笔者采取了更为开放的态度,以讨论的方式进行。

(一) 不容忘却的历史

由于本研究是从被研究者、从内部、从社会与教育家互动的角度去研究教育家的自我概念及其形成,考察他们的社会认知、社会态度和归因风格,探讨他们社会行为方向的选择、社会行为的动机和行为的方式,揭示他们社会心理和社会行为的特点,因而首先应该做的,就是对被研究者所处的那个时代的社会历史背景给予客观的描述和分析。本研究中被研究者主要活动于19世纪中后期至20世纪50年代以前,可以说横跨了自1840年鸦片战争至1949年中华人民共和国成立100多年间中国近现代史的大半历程。这一时期面对"千年未有之变局",历史事件纷繁多样,关系错综复杂,矛盾冲突极端尖锐。这里要注意的是,诚如有人所说,如果我们只强调历史事实的客观性,只告诉人们历史事实本身和它的简单轮廓,没有提到和它连在一起的线索,那就只能是一系列历史事实的简单罗列,"这可能

---

① 殷海光著,贺照田编:《思想与方法》,上海三联书店2004年版,第133—137页。

是一个事实,但它对我们却是毫无意义的"①。而如果我们要对历史事实做出分析,就难免带有研究者的主观色彩,带有研究者对历史的主观认识和看法,亦即所谓的历史观。

正是在这个意义上,20 世纪 80 年代传入中国,90 年代直至今日依然盛行的"后现代主义"历史观不仅对自启蒙运动以来的理性主义、科学主义、普世主义和目的论等观念进行了抨击,也对历史编纂的"真实性"产生了怀疑②。或许由于后现代主义正满足或暗合了中国自古以来的"华夏中心主义"的文化优越感,近年来,中国思想界、文化界涌动着一股尊崇、复兴中国传统文化的潮流,以至 2004 年被人称为"文化保守主义抬头年"③。

笔者之所以提出这些问题,目的就是要问:当后现代史学观袭来,我们应如何认识中国自鸦片战争以来在器物、制度、文化上向西方的学习?更确切地说,我们应如何认识本研究中的三位教育家以及中国近现代历史上其他的先进人物乃至所有中国人民所做出的不懈努力和奋斗?此其一。其二,中国近现代对传统文化,或者更有针对性地说是对儒家文化的批判,是在怎样的历史背景下展开的?文化保守主义的危险何在?

为了说明这些问题,我们不妨粗略回顾一下中国近现代史上的中外战争以及这些战争给中华民族带来的伤痛。

1840—1842 年,中英鸦片战争,历时 2 年,以中国战败告终。1842 年 8 月 29 日,清政府与英国签订《南京条约》。条约规定:中国割让香港;开放广州、福州、厦门、宁波、上海等五处为通商口岸;以洋银 600 万元赔偿英国烟价,300 万元补偿"商欠",1200 万元补偿兵费;英商货物进出口税中国必须与英国共同议定。中国领土完整自此遭到破坏。

1856—1860 年,中国对英、法联军第二次鸦片战争,历时 4 年,中国战败。1858 年中国分别与英、法、美、俄等签订《天津条约》。条约规定:允许

---

① 汤因比等:《历史的话语——现代西方历史哲学译文集》,张文杰编,广西师范大学出版社 2002 年版,第 285 页。

② 仲伟民:《后现代史学:姗姗来迟的不速之客》,《光明日报》2005 年 1 月 27 日;王晴佳,古伟瀛:《后现代与历史学——中西比较》,山东大学出版社 2003 年版,第 1—21 页。

③ 陈壁生:《2004:文化保守主义》,http://www.cc.org.cn/newcc/browwenzhang.php?articleid=2808。有关后现代主义在中国传播的情况,可参见杨念群:《"后现代"思潮在中国——兼论其与 20 世纪 90 年代各种思潮的复杂关系》,http://www.tylf.net/sixiang/houxiandai.html。

外国公使进驻北京;开放牛庄(后改为营口)、登州(后改为烟台)、台湾(后确定在台南)、淡水、潮州(后改为汕头)、琼州、汉口、九江、南京、镇江等为通商口岸,中国南北海岸及长江流域全面开放;修改税则,邀请英人帮办海关税务,中国关税大权旁落;保护传教;赔偿英"商欠"银200万两,军费银200万两,合计400万两;赔偿法款银200万两。

1860年10月,英法联军攻入北京西北郊,将清朝雍正、乾隆、嘉庆、道光几代皇帝苦心经营了150多年建成的"万园之园"圆明园抢劫焚烧一空。同月,清政府分别与英、法签订《北京条约》。条约规定:除承认《天津条约》完全有效外,增开天津为商埠;割让九龙给英国;增《天津条约》对英、法赔款各增至银800万两。华北门户就此被打开。

1858年5月28日,在沙俄的武力威胁下,中俄签订了《瑷珲条约》,通过条约,沙俄强占了中国黑龙江以北、外兴安岭以南60多万平方公里的土地。1860年11月,沙俄又强迫清政府签订了《中俄北京条约》,不仅迫使清政府承认了《瑷珲条约》的条款,并将《瑷珲条约》规定的由中俄双方共管的乌苏里江以东约40万平方公里的中国领土强行霸占。1864年10月,清政府与沙俄签订的《中俄勘分西北界约记》,使俄又将巴尔喀什湖以东、以南的44万多平方公里的中国领土据为己有。短短的6年间,沙俄侵占了中国144万多平方公里的土地。

1874年日本入侵台湾。10月中日签订《北京专约》,清政府以50万两白银作为对日赔偿。1879年,日本强行废黜琉球国王,吞并了这个原属中国的岛屿。

1882年2月,中俄签订《中俄伊犁条约》,依条约规定,沙俄把它在中国内乱期间强行霸占的伊犁及伊犁南境特克斯河一带的土地交还中国,但中国必须赔偿军费900万卢布,同时伊犁西境霍尔果斯河以西的中国领土仍被沙俄强行割去。条约还规定,俄国商人可以由陆路经新疆到肃州(嘉峪关)进行贸易,俄商在天山南北两路地区的贸易暂不纳税。

1894年8月至1895年4月,中日甲午战争,历时9个月,中国战败,中国北洋海军被灭。1895年4月17日,中日签订《中日马关条约》。依条约规定,朝鲜"完全""独立自主",中国与朝鲜的传统关系被拆离;割让辽东半岛(后清政府用3 000万两赎金赎回)、台湾及澎湖列岛给日本,赔偿日本军费2亿两;开放沙市、重庆、苏州、杭州为商埠。

1897年11月，德国利用"巨野教案"强占胶州湾。12月，沙俄强占旅顺口和大连湾。1898年3月，中德签订《胶澳租界条约》，强租胶州湾，山东成了德国的势力范围。沙俄随即强迫清政府与之签订了《旅大租地条约》和《续订旅大租地条约》，强租旅顺和大连，东北成为沙俄的势力范围。4月，日本强迫清政府承认福建为它的势力范围。6月，中英签订《展拓香港界址专条》，强租九龙半岛，并划定长江流域为它的势力范围。1899年11月，法国与清政府签订《广州湾租界条约》，强租广州湾，并规定云南、广东、广西为其势力范围。

1900年，八国联军攻占北京。1901年9月7日，清政府被迫与俄、英、法、美、德、日、意、奥等国签订《辛丑条约》。条约规定：出兵各国在天津和山海关等地有驻兵权；大沽炮台等一律削平；赔偿各国白银4亿5000万两。

国破至此，而清政府的总方针却是"量中华之物力，结与国之欢心"。

1911年辛亥革命后，篡取胜利果实的袁世凯为了早日登上皇帝宝座，又于1915年5月9日签署了由日本提出的旨在独占中国的"二十一条"（除第5部分外）的全部条款。条款规定：承认日本继承德国在山东的一切特权；承认日本在南满及内蒙东部的特殊权益，将旅顺、大连租借期限并南满洲及安奉两铁路期限扩展为99年；中日"合办"汉冶萍公司；所有中国沿岸港湾及岛屿，概不让与或租与他国。

1931年9月18日，日本关东军悍然发动"九一八"事变，到1932年1月，在短短不到4个月时间内，中国东北三省的130多万平方公里的土地，就被日本强行占领。同年3月，日本在东北成立了所谓"满洲国"，由清朝末代皇帝溥仪出任"执政"。1934年3月，日本又把"满洲国"改为"满洲帝国"，溥仪由执政改为了"皇帝"。

1937年7月7日，"七七"卢沟桥事变爆发，日本发动了全面侵华战争。到1945年9月2日日本正式投降为止，中国的抗日战争持续了整整8年，人民伤亡达1800多万（军队伤亡未记在内），财产损失达600多亿美元[1]。

由这些外患带来的则是内忧。晚清政府的腐败无能，辛亥革命的不彻

---

[1] 黄元起：《中国现代史》（下册），河南人民出版社1982年版，第242页。

底,袁世凯的皇帝梦,军阀混战,"清党"、"剿共"……笔者无意再作冗长的事例举证。

所有这些,就是本研究中三位教育家所处的社会历史背景。而所有这一切,都是由被"后现代主义"所批判的理性主义、科学主义等武装起来的西方列强带给中国人民的不幸。这些都是每一个中国人不容忘却的历史。

对于这段历史背景,以往有研究者把它描述为"两出巨型戏剧"①、"双重十字架"②、"启蒙与救亡的双重变奏"③等。笔者认为,上述这些描述和分析,虽然从不同的角度点明了当时的社会特点,但却没有从整体上反映历史的真实,没有从根本上把握住当时社会状况的本质。事实上,中国近现代史只有一个主题,只有一条主线,那就是救亡图存、寻求富强。所有的争论和冲突实质上都是围绕着这一主题展开的,并没有所谓的"两出戏剧"、"双重十字架"和"双重变奏"等等。革命是为了救亡图存,异质文化的冲突根源于救亡图存,启蒙、痛苦的自审和对传统文化的仇恨心理等,也无非是为了救亡图存。在这个主题之下,中国从开始在器物上向西方学习,进而发展到对传统文化的审视和批判。这既是本研究中三位教育家所处的社会历史背景,也是三位教育家乃至中国近现代历史时期全中国人民不懈努力的社会动机和奋斗目标。

救亡图存、寻求富强是一个问题的两个方面,但它们在实现的进程、层次上是不完全一致的,它们所要达成的目标、条件、途径和手段也是不完全相同的。中国近现代首先要完成的是救亡图存,它的目标是"保国保种",是实现国家的统一完整、民族的独立。这一目标的实现是不讲也不能讲条件的。寻求富强的目标是让中华民族屹立于世界民族之林,它的实现是要讲条件的。寻求富强的基本条件是国家的统一完整、民族的独立、社会的安定。遗憾的是中国近现代社会始终不具备这种条件。在一个"非常态"

---

① 费正清:《剑桥中国晚清史》(上卷),中国社会科学院历史研究所编译室译,中国社会科学出版社1985年版,第2页。

② 萧延中:《巨人的诞生——"毛泽东现象"的意识起源与中国近代政治文化的发展》,国际文化出版公司1988年版,第1—8页。

③ 李泽厚:《中国现代思想史论》、《中国近代思想史论》,天津人民出版社2003年版,第1—43页。

的社会中,改良之所以失败,原因就在于此①,"教育救国"的理想之所以被人称为"空想",原因也就在于此。但当中国社会进入"常态"时,在寻求富强的道路上,历史已经证明,只有靠"教育兴国",因为从某种意义上,"科学兴国"也是依靠教育来完成的。这也是笔者为什么把"教育救国"称为理想而不是"空想"的原因。

由于本研究的对象是中国近现代史上的三位教育家,因而,对中国传统教育、传统文化的审视和批判,可以说是他们社会行为的重要组成部分。半个多世纪过去了,我们又怎样认识近来"文化保守主义的抬头"呢?

正如法国社会学家勒庞(Gustave Le Bon)所说:"能够感觉到的现象可喻为波浪,它不过是海洋深处我们一无所知的湍流的表象。"②中国近现代史上中西文化优劣的争论和冲突,乃至各种争论和冲突都只是"波浪"和"表象",处于"海洋"深处的则是国人在面对由理性主义、科学主义等武装起来的西方的强大武力时,因"华夏中心主义"的丧失和传统文化特别是儒家经典的无力而产生的无奈和"失落感",它似乎已经成为"隐痛",并逐渐演变为一部分人无意识中的"情结"。

对中西文化优劣的争论,殷海光先生曾作过精辟的论述:"从最低限度来说,中国文化是否优秀于西方文化这个问题,在'优秀'的标准还没有定立以前,任何论争都没有意义。复次,如果我们尚未建立起公认的世界文化典范,那么说中国文化优于西方文化没有意义,说中国文化劣于西方文化也没有意义。同样,在这种条件下,我们说西方文化优于中国文化没有意义,说西方文化劣于中国文化也没有意义。不过,如果我们拿'适者生存'作标准来判断近代西方文化和在近代的中国文化,说谁优于谁,那么便不是无意义的。"③可以说,今日世界"尚未建立起公认的世界文化典范",

---

① 关于改良和革命的关系,章开沅等曾作过精辟的论述:改良与革命二者本是社会进化过程中相辅相成不可或缺的两种基本形式……在社会进化过程中,革命或暴力革命属非常规形式,而改良或改良主义属常规形式。在需要暴力或迅疾的变革作为助产婆时,渐进渐变的局部改良固然不能代替革命的果敢行动,但当社会变革的阵痛尚未迫临之时,渐进渐变的局部改良仍较合乎时宜切乎实际(参见章开沅、唐文权:《平凡的神圣——陶行知》,湖北教育出版社 1992 年版,第 173 页)。

② 古斯塔夫·勒庞:《乌合之众——大众心理研究》,冯克利译,中央编译出版社 2000 年版,第 3 页。

③ 殷海光:《中国文化的展望》,生活·读书·新知三联书店 2002 年版,第 17 页。

而以"适者生存"作标准,中西文化的优劣历史已经作出了回答。

审视当今世界,虽然最流行的说法是"交流与对话",最富力度的呼声是"理解与宽容",但最紧迫的问题却仍是——和平。产生于20世纪六七十年代的后现代主义在西方社会已流行了50多年,但它仍然没有能够阻止美国对伊拉克的入侵,而这种入侵依赖的还是由理性主义、科学主义等武装起来的强大武力。

放眼21世纪,笔者认为我们前进的路上绝不会全是鲜花,一定会有荆棘。面对前进路上的荆棘,难道我们还要拿儒家经典去应对吗?我们的子孙有很多人已经只知道"冲绳"而不知道"琉球"了,难道我们还能用儒家经典去保卫钓鱼岛使其不变为"尖阁列岛"吗?当代中国仍然需要"民族主义"[①],而"文化保守主义"无论历史还是现实都业已证明它的危险性。狼群中的狼总是希望它的对手都变成羊。笔者毫不怀疑后现代主义对现代西方社会的历史、理念进行反思和批判的真诚,并认为后现代主义完全有理由对此作出无情的抨击。但中国近现代自有中国近现代的历史,且这段历史是每一个中国人永远不能忘却的历史。当我们把自己设身处地地放在这样一种社会背景下,就会深深感受到三位教育家所担当的历史使命;当我们以当代人的身份回顾历史时,就会对三位教育家一生努力奋斗的历史贡献和价值感到由衷的敬佩。这就是笔者对三位教育家所处的那个时代社会历史背景给予的描述和分析,也是笔者的历史观。

(二)中国近现代教育家(知识分子)的独特性

尽管中外社会、历史、文化等存在较大的差异,尽管中国知识分子自古以来有其自身的独特性,但知识分子以"道"自重则是历史上一种普遍的现象[②]。

中国文化自春秋战国实现了"哲学的突破"(或"轴心突破"),完成了"内在超越"[③],儒、墨、道三家便各道其"道"。虽然有董仲舒的"罢黜百家,

---

① 林治波:《当代中国是否需要民族主义?》,http://opinion.people.com.cn/GB/1036/3070502.html。

② 余英时:《中国知识分子论》,河南人民出版社1997年版,第8—9页。

③ 余英时:《士与中国文化》,上海人民出版社1987年版,第1—83页;余英时:《轴心突破和礼乐传统》,http://www.cc.org.cn/newcc/browwenzhang.php? articleid=2486。

独尊儒术",但中国文化历来以"儒道互补",而墨家思想在中国历史上也"并未消失"①,加上杨子的"为我"和中国化"佛教"的影响,中国文化对国人理想自我设计的影响可谓千姿百态②。这些设计,为个体理想自我的选择提供了不同的理论和思想基础,从而表现出行为方式上的差别。这一点,通过对三位教育家的研究也得到了进一步的证明。笔者认为,正像儒、墨、道、释各有其合理性一样,个体理想自我的选择也无全对或全错的评判标准,个体的选择对个体而言自有其内在的合理性。

或许人们更喜欢"舍生取义,杀身成仁"的历史人物,但如李泽厚所言:"有绝粒自杀的英雄,有饥寒不移的壮士,有投井守贞的巾帼,有将'光荣、事业心、理想、爱情'看得(也履行得)比自己的吃饭要高得多的个人品德、节操、气概、境界。但这远不可能有人类普遍性。将生命意义置于毁灭生命,只对数量有限的个体具有作用。""生命意义在于消灭生命,作为普遍性的伦理命题,对族类来说是矛盾的。"③

笔者认为,与中国传统的"士"或"读书人"相比,近现代教育家(知识分子)具有独特性,他们之间的差异不是对教育功能和价值认知的差异,不是行为方式的差异,而是体现为所追求之"道"的差异。换句话说,"重教"是古今教育家(知识分子)的共性,行为方式也只存在类型差异,而无明显的代际区别。古今教育家(知识分子)的根本区别,在于他们所追求的"道"不同。

辛亥革命前,两千多年中国社会的一大特点就是"家天下",以"君"代"国"是其主要特征。传统知识分子所传之"道"是"四书五经"。他们重"忠",这个"忠"更多的是"忠君";他们重"民",这个"民"更多的是君主统治下的"顺民"、"臣民"④。"居庙堂之高则忧其民,处江湖之远则忧其君",这句千百年来困扰中国知识分子的"进退"之忧,集中体现了传统知识分子"忠君"、"重民"之"道"。近现代知识分子所传之"道"是"科学与民主",是"平等、自由、博爱"。他们也重"忠",这个"忠"更多追求的是"忠国家"、"忠

---

① 李泽厚:《中国古代思想史论》,天津社会科学院出版社 2003 年版,第 59—69 页。
② 汪凤炎、郑红:《中国文化心理学》,暨南大学出版社 2004 年版,第 48—58 页。
③ 李泽厚:《历史本体论·己卯五说》,生活·读书·新知三联书店 2003 年版,第 21 页。
④ 传统知识分子所追求的这种"道",在辜鸿铭所著《中国人的精神》一书中,不仅赤裸裸地展现出来,也发挥得淋漓尽致。参见辜鸿铭:《中国人的精神》,马永琴译,新疆科学技术出版社 2003 年版,第 10—69 页。

民族";他们也重"民",这个"民"更多追求的是"民主"国度中自由、平等的"公民"。这是古今教育家(知识分子)之间的根本差异,其余均是末。认识不到这一点,也就认识不到中国近现代教育家(知识分子)的独特性。

作为中国近现代较早注重历史研究中心理因素分析的史学家,梁启超不仅看到了历史上"大人物"("不问其为善人为恶人,其所作事业为功为罪")之言动与当时社会心理之间的关系,也看到了"大人物"事业的效果与社会和个体特性之间的关系。梁启超认为,"大人物"事业"效果收获之丰啬,一方面视各该社会凭借之根柢何如,一方面又视所谓大人物者心理亢进之程度何如"①。

中国近现代教育家(知识分子)之所以在所追求之"道"上不同于传统士人,主要原因就在于,他们所处的时代正是中国历史上外患内忧最剧之时,中国社会思变、求变、必变已成一时代大势。他们之所以能在中国近现代史上"立言、立德、立功",取得辉煌的成就,占有重要的地位,与这种时代大势密不可分。与此同时,也正由于他们所处的那个时代,缺少那种"有制度保证的自由及被正式建构化了的诸基本人权"②,偌大的中国难以放下一张书桌,加之他们各自"心理亢进之程度"不同,他们所追求的事业今天仍具有很强的现实性,仍有待我们今日的教育家(知识分子)去实现,去完成。

(三)三位教育家的社会心理与行为方向对今日教育者的启示

如果说借助对三位教育家所处的那个时代社会历史背景的描述和分析,笔者试图讨论和说明的是历史观、文化观等问题,那么,在"三位教育家的社会心理与行为方向对今日教育者的启示"这一论题下,笔者主要想讨论和说明的是教师观、知识分子观等问题。

提出本问题的另一个原因,是基于研究者对现实教育问题和教育者的思考。截至2004年,中国义务教育的普及率平均达90%以上,高等教育的毛入学率已达19%,已实现高等教育的大众化。笔者认为,中国今天的教育无论在规模还是在层次上,都取得了中国历史上前所未有的成就。与

---

① 梁启超:《中国历史研究法》,河北教育出版社2003年版,第105、107页。
② 殷海光,贺照田:《思想与方法》,生活·读书·新知三联书店2004年版,第125页。

此同时，教育和教育者在大众心目中的形象，似乎也已跌入历史的低谷。这种现象产生的原因是多方面的，如果仅仅从教育和教育者自身找原因，那是不现实的。但如果说没有教育和教育者自身的原因，同样是不客观的。由于本研究是以教育家为中心，因此，就教育者而言，笔者认为，这种现象的产生很大程度上是由在市场经济的冲击下教育者在中国人价值取向上的"一元化、板块化和同质化"①影响下自我迷失所造成的。那么，蔡元培、黄炎培和陶行知社会心理和行为方向的选择对今日教育者有什么启示呢？

通过对三位教育家社会心理和行为方向选择的考察，笔者认为，作为教育家，第一，他们有明确的自我概念，他们"耻相依附"，"不依墙傍壁"，"友穷，迎难，创造"，"博爱存心，和光映面"，"富贵不能淫，贫贱不能移，威武不能屈，美人不能动"；第二，他们有明确地认识自己和评判他人的标准；第三，在社会认知上，他们能明确把握社会发展的方向和目标，并把教育看作实现这一目标的根本手段和途径；第四，在社会态度和社会行为上，他们始终把自己所从事的教育事业与民族、国家的利益紧密联系在一起。所有这一切，就是三位教育家为今日教育者克服人生价值取向上"一元化、板块化和同质化"的束缚、建立独立自我的启示。笔者始终反对把教育者放在真空中加以考察，教育者也是人，在现实中也要吃饭。但吃饭是为了活着，而活着绝不全是为了吃饭。

在这里，回顾一下个体心理学（individual psychology）家阿德勒（Alfred Adler）关于"生活意义"的探讨，对教育者确立明确的自我概念和行为方向或许是有帮助的。阿德勒认为，人生来就处于三种重要联系中，并为这三种联系所束缚。第一，我们居住于地球这个贫瘠星球的表面上，而无法可逃。第二，我们并不是人类种族的唯一成员。我们四周还有其他人，我们活着，必然要和他们发生关联。第三，人类有两种性别，个人和团体共同生命的保存都必须顾及这件事实。这三种联系构成了三种问题：如何谋求一种职业，以使我们在地球的天然限制之下得以生存；如何在我们的同类中获取地位，以使我们能互相合作并分享合作的利益；如何调整我们自身，以适应"人类存在两种性别"和"人类的延续和扩展有赖于我们的

---

① 萧功秦：《知识分子与观念人》，天津人民出版社2002年版，第171页。

爱情生活"等事实。因此,他认为生活中的每一个问题几乎都可以归纳于职业、社会和性这三个问题之下。在他看来,属于私人的意义是完全没有意义的,意义只有在和他人交往时才有存在的可能。所有真正"生活意义"的标准是:它们都是共同的意义——它们是别人能够分享的意义,也是能被别人认定为有效的意义。正是在这个意义上,"生活意义"的"真实"指的是对人类的真实,对人类目标和计划的真实。所以,阿德勒认为真正生活的意义是:奉献,对别人发生兴趣和互相合作①。只有这样,我们才能摆脱人类生而有之的"自卑",实现自我的"超越"。

通过对三位教育家社会心理和社会行为的考察,我们可以看出阿德勒观点的合理性。蔡元培、黄炎培和陶行知人生、事业上的意义,就在于他们始终把个人与民族、国家的利益联系在一起,把生命有限的个体"小我"与绵延不息的民族"大我"联系在一起。这种终极意义上的"生活意义"不仅对今日的教育者,而且对今日所谓的"公共知识分子"②也有莫大的启示。因为在中国近现代历史上,蔡元培、黄炎培和陶行知不仅以教育家的角色出现,也扮演着"公共知识分子"的角色。

由于知识分子的边缘化,近来关于知识分子作用和价值(即知识分子在社会进步和发展中角色扮演)的讨论在文化界、思想界又成为一个热点。笔者认为,虽然知识分子所扮演的角色可以被怀疑和批判,但笔者反对像英国作家保罗·约翰逊那样以"作贱"的口吻把知识分子描写得那样"龌龊",也不同意像旅美学者萨义德(Said,E. W.)那样把知识分子描述为不计民族、没有国度的"流亡者和边缘人"③。对知识分子在现代社会所扮演的角色,就群体而言,笔者赞同汤一介先生的看法,把"知识阶层"(或"知识分子集团")看作和政治权力集团、工商企业集团等同的社会群体而发挥其对社会政治批评、建议和议论的作用④,而这种作用的发挥,又要建立在墨

---

① 阿德勒:《自卑与超越》,黄光国译,作家出版社1986年版,第7—15页。
② 许纪霖:《中国知识分子十论》,上海:复旦大学出版社,2003年,第33—78页。
③ 萨义德(Said,E. W.):《知识分子论》,单德兴译,生活·读书·新知三联书店2002年版,第44—58页。萨义德研究理想的知识分子,他的著作似乎已成为当前中国知识分子研究的经典,而笔者认为,作为一名流亡美国的巴勒斯坦人,谈论超越既定背景、语言、国籍甚至民族等的"普遍性"就像一个失去家园的人在痴人说梦。
④ 汤一介:《中国知识分子与中国的前途》,张岱年等:《中国知识分子的人文精神》,河南人民出版社1994年版,第35—47页。

子刻(Thomas A. Metzger)先生所说的现代化民主社会所万不可或缺的"三种多元主义"(即"政治性的多元主义"、"经济性的多元主义"和"思想性的多元主义")之上①。就个体而言,借用牟宗三先生的一句话,知识分子的责任和作用就是"体经而用经"②,也就是说知识分子要用自己所掌握的专业知识参与社会事务,对社会政治提出批评、建议和议论。这也就是周洪宇先生所说的"民众的立场,建设的态度,专家的观点"。作为"公共知识分子",蔡元培、黄炎培和陶行知的社会心理和社会行为也历史地证明了这一观点的合理性。

---

① 墨子刻:《20世纪中国知识分子的自觉问题》,http://Ixbook.myrice.com/wenhua/008.htm。

② 王岳川:《牟宗三学术文化随笔》,中国青年出版社1996年版,第58页。

主要参考文献

著作类

1. 杨伯峻. 论语译注[M]. 北京:中华书局,1930.
2. 杨伯峻. 孟子译注(全二册)[M]. 北京:中华书局,1960.
3. 吴龙辉.《墨子》白话今译[M]. 北京:中国书店,1992.
4. 钟明. 金刚经·坛经[M]. 太原:山西古籍出版社,1999.
5. 中国蔡元培研究会. 蔡元培全集(全十八卷)[M]. 杭州:浙江教育出版社,1997、1998.
6. 蔡元培. 蔡孑民先生言行录[C]. 济南:山东人民出版社,1998.
7. 高平叔. 蔡元培教育论著选[C]. 北京:人民教育出版社,1991.
8. 陈平原,郑勇. 追忆蔡元培[C]. 北京:中国广播电视出版社,1997.
9. 中华职业教育社. 黄炎培教育文集(全四卷)[M]. 北京:中国文史出版社,1994.
10. 黄炎培. 八十年来[M]. 北京:文史资料出版社,1982.
11. 黄炎培. 黄炎培诗集[M]. 北京:中国文史出版社,1987.
12. 田正平,李笑贤. 黄炎培教育论著选[M]. 北京:人民教育出版社,1993.
13. 许汉三. 黄炎培年谱[M]. 北京:文史资料出版社,1985.
14. 朱鸿伯,扬正德. 黄炎培在浦东[M]. 北京:红旗出版社,1995.
15. 华中师范学院教育科学研究所. 陶行知全集(全八卷)[M]. 长沙:湖南教育出版社,1984、1985、1992.
16. 朱泽甫. 陶行知年谱[M]. 合肥:安徽教育出版社,1985.
17. 陶行知先生纪念委员会. 陶行知先生纪念集[C]. (出版地缺),1946.
18. 陶行知教育思想研究会. 纪念陶行知[C]. 长沙:湖南教育出版

社,1984.

19. 陈学恂. 中国近代教育文选[C]. 北京:人民教育出版社,1983.

20. 华东师范大学教育系. 中国现代教育文选[C]. 北京:人民教育出版社 1989.

21. 翦伯赞,郑天挺. 中国通史参考资料　近代部分(上、下)[M]. 北京:中华书局,1980.

22. 陈鹤琴. 我的半生[M].《民国丛书》第二编(86卷). 南昌:江西省教育用品厂,1941.

23. 容闳. 西学东渐记[M]. 长沙:湖南人民出版社,1981.

24. 梁漱溟. 忆往谈旧录[M]. 北京:中国文史出版社,1987.

25. 胡适. 胡适口述自传[M]. 唐德刚,译. 北京:华文出版社,1989.

26. 杨里昂. 学术名人自述[C]. 广州:花城出版社,1998.

27. 王大鹏. 百年国士:自述·回忆·专访(全四册)[C]. 北京:中国文联出版公司,1999.

28. 李振宏. 历史学的理论与方法[M]. 开封:河南大学出版社,1999.

29. 张广智,张广勇. 现代西方史学[M]. 上海:复旦大学出版社,1996.

30. 张广智. 西方史学史[M]. 上海:复旦大学出版社,2000.

31. 田汝康,金重远. 现代西方史学流派文选[C]. 上海:上海人民出版社,1982.

32. 庞卓恒. 史学概论[M]. 北京:高等教育出版社,1995.

33. 严耕望. 治史三书[M]. 沈阳:辽宁教育出版社,1998.

34. 梁启超. 中国历史研究方法[M]. 石家庄:河北教育出版社,2003.

35. 王晴佳,古伟瀛. 后现代与历史学:中西比较[M]. 济南:山东大学出版社,2003.

36. 李泽厚. 中国近代思想史论[M]. 天津:天津社会科学院出版社,2003.

37. 李泽厚. 中国现代思想史论[M]. 天津:天津社会科学院出版社,2003.

38. 李泽厚. 中国古代思想史论[M]. 天津:天津社会科学院出版社,2003.

39. 黄元起. 中国现代史(下册)[M]. 郑州:河南人民出版社,1982.

40. 刘祚昌,等. 世界史 现代史(上)[M]. 北京:人民出版社,1984.

41. 杰弗里·巴勒克拉夫. 当代史学主要趋势[M]. 杨豫,译. 上海:上海译文出版社,1987.

42. 张灏. 梁启超与中国思想的过渡(1890—1907)[M]. 崔志海,葛夫平,译. 南京:江苏人民出版社,1997.

43. 斯坦纳德. 退缩的历史:论弗洛伊德及心理史学的破产[M]. 冯钢,关颖,译. 杭州:浙江人民出版社,1989.

44. 汤因比,等. 历史的话语:现代西方历史哲学译文集[C]. 张文杰,编. 桂林:广西师范大学出版社,2002.

45. 韦伯. 儒教与道教[M]. 王容芬,译. 北京:商务印书馆,1995.

46. 费正清. 剑桥中国晚清史(上卷)[M]. 中国社会科学院历史研究所编译室,译. 北京:中国社会科学出版社,1985.

47. 顾明远. 教育大辞典(增订合编本)(上)[M]. 上海:上海教育出版社,1998.

48. 朗特里. 英汉双解教育词典[M]. 赵宝恒,汪莲如,潘祖培,译. 北京:教育科学出版社,1992.

49. 赫尔巴特. 普通教育学·教育学讲授纲要[M]. 李其龙,译. 杭州:浙江教育出版社,2002.

50. 杜成宪,崔运武,王伦信. 中国教育史学九十年[M]. 上海:华东师范大学出版社,1998.

51. 莱昂. 当代教育史[M]. 樊慧英,张斌贤,译. 北京:光明日报出版社,1989.

52. 方晓冬. 当代教育史研究与教学的主要趋势[M]. 北京:教育科学出版社,2001.

53. 严元章. 中国教育思想源流[M]. 北京:生活·读书·新知三联书店,1993.

54. 喻本伐,熊贤君. 中国教育发展史[M]. 武汉:华中师范大学出版社,1991.

55. 贺国庆,王保星,朱文富. 外国高等教育史[M]. 北京:人民教育出版社,2003.

56. 田正平. 中国教育思想通史(第六卷)[M]. 长沙:湖南教育出版

社,1994.

57. 单中惠. 现代教育的探索:杜威与实用主义教育思想[M]. 北京:人民教育出版社,2001.

58. 滕大春. 美国教育史[M]. 北京:人民教育出版社,1994.

59. 陈元晖. 中国现代教育史[M]. 北京:人民教育出版社,1979.

60. 孙培青. 中国教育史[M]. 上海:华东师范大学出版社,1992.

61. 孙培青. 中国教育史(修订版)[M]. 上海:华东师范大学出版社,2000.

62. 董宝良,陈桂生,熊贤君. 中国教育思想通史(第七卷)[M]. 长沙:湖南教育出版社,1994.

63. 许苏民. 中华民族文化心理素质简论[M]. 昆明:云南人民出版社,1987.

64. 许苏民. 文化哲学[M]. 上海:上海人民出版社,1990.

65. 周光庆. 中国读书人的理想人格[M]. 武汉:湖北教育出版社,1998.

66. 崔永东. 内圣与外王:中国人的人格观[M]. 昆明:云南人民出版社,1999.

67. 孙正聿. 哲学通论[M]. 沈阳:辽宁人民出版社,1998.

68. 殷海光. 中国文化的展望[M]. 上海:上海三联书店,2002.

69. 殷海光. 思想与方法[M]. 贺照田,编. 上海:上海三联书店,2004.

70. 张岱年,方克立. 中国文化概论[M]. 北京:北京师范大学出版社,1994.

71. 李泽厚. 历史本体论·己卯五说[M]. 北京:生活·读书·新知三联书店,2003.

72. 章开沅,林蔚. 中西文化与教会教育[M]. 武汉:湖北教育出版社,1991.

73. 钱穆. 现代中国学术论衡[M]. 北京:生活·读书·新知三联书店出版社,2001.

74. 王岳川. 牟宗三学术文化随笔[M]. 北京:中国青年出版社,1996.

75. 许纪霖. 智者的尊严:知识分子与近代文化[M]. 上海:学林出版社,1991.

76. 许纪霖. 中国知识分子十论[M]. 上海：复旦大学出版社，2003.

77. 余英时. 士与中国文化[M]. 上海：上海人民出版社，1987.

78. 余英时. 中国知识分子论[M]. 郑州：河南人民出版社，1997.

79. 李存煜. 失去的地平线：帝国主义侵略与民族心理演变[M]. 北京：国际文化出版社，1988.

80. 萧延中. 巨人的诞生："毛泽东现象"的意识起源与中国近代政治文化的发展[M]. 北京：国际文化出版公司，1988.

81. 辜鸿铭. 中国人的精神[M]. 马永琴，译. 乌鲁木齐：新疆科学技术出版社，2003.

82. 萧功秦. 知识分子与观念人[M]. 天津：天津人民出版社，2002.

83. 约翰逊. 知识分子[M]. 杨正澜，译. 南京：江苏人民出版社，1999.

84. 萨义德. 知识分子论[M]. 单德兴，译. 北京：生活·读书·新知三联书店，2002.

85. 沙莲香. 中国民族性（一）、（二）[M]. 北京：人民大学出版社，1989、1990.

86. 沙莲香. 社会学家的沉思：中国社会文化心理[M]. 北京：中国社会出版社，1998.

87. 沙莲香. 中国人百年：人格力量何在[M]. 北京：新华出版社，2001.

88. 沙莲香. 社会心理学[M]. 北京：中国人民大学出版社，1992.

89. 章志光. 社会心理学[M]. 北京：人民教育出版社，1996.

90. 周晓虹. 现代社会心理学[M]. 上海：上海人民出版社，1997.

91. 侯玉波. 社会心理学[M]. 北京：北京大学出版社，2002.

92. 叶浩生. 西方心理学的历史与体系[M]. 北京：人民教育出版社，1998.

93. 乐国安. 论现代认知心理学[M]. 哈尔滨：黑龙江人民出版社，1986.

94. 陈英和. 认知发展心理学[M]. 杭州：浙江人民出版社，1996.

95. 汪凤炎，郑红. 中国文化心理学[M]. 广州：暨南大学出版社，2004.

96. 邦德MH. 中国人的心理[M]. 张世富，邵瑞珍，译. 昆明：云南人民出版社，1990.

97. 史密斯. 中国人的性格[M]. 吴湘州，王清淮，译. 延边：延边大学出版社,1991.

98. 赫根汉 BR. 现代人格心理学历史导引[M]. 文一,郑雪,郑敦淳,译. 石家庄:河北人民出版社,1988.

99. 佛洛姆 E. 逃避自由[M]. 哈尔滨:北方文艺出版社 1987.

100. 珀文 LA. 人格科学[M]. 周榕,译. 上海:华东师范大学出版社,2001.

101. 弗里德曼 JL,西尔斯 DO,卡尔史密斯 JM. 社会心理学[M]. 高地,高佳,译. 哈尔滨:黑龙江人民出版社,1984.

102. 米德. 心灵、自我与社会[M]. 赵月瑟,译. 上海:上海译文出版社,1992.

103. 戈夫曼. 日常社会中的自我呈现[M]. 黄爱华,冯钢,译. 杭州:浙江人民出版社,1989.

104. 马斯洛 AH. 动机与人格[M]. 许金声,程朝翔,译. 北京:华夏出版社,1987.

105. 布朗. 自我[M]. 陈浩莺,薛贵,曾盼盼,译. 北京:人民邮电出版社,2004.

106. 卢文格. 自我的发展[M]. 韦子木,译. 杭州:浙江教育出版社,1998.

107. 勒庞. 乌合之众:大众心理研究[M]. 冯克利,译. 北京:中央编译出版社,2000.

108. 阿德勒. 自卑与超越[M]. 黄光国,译. 北京:作家出版社,1986.

109. 周天度. 蔡元培传[M]. 北京:人民出版社,1984.

110. 唐振常. 蔡元培传[M]. 上海:上海人民出版社,1985.

111. 崔志海. 蔡元培[M]. 杭州:浙江人民出版社,1998.

112. 蔡建国. 蔡元培与近代中国[M]. 上海:上海社会科学出版社,1997.

113. 金林祥. 思想自由 兼容并包:北京大学校长蔡元培[M]. 济南:山东教育出版社,2004.

114. 尚丁. 黄炎培[M]. 北京:人民出版社,1986.

115. 许纪霖. 无穷的困惑:黄炎培、张君劢与现代中国[M]. 上海:上海三联书店,1998.

116. 许纪霖,倪华强. 黄炎培:方圆人生[M]. 上海:上海教育出版社,1999.

117. 田正平,周志毅. 黄炎培教育思想研究[M]. 沈阳:辽宁教育出版社,1997.

118. 童富勇,胡国枢. 陶行知传:纪念伟大的教育家陶行知诞辰一百周年[M]. 北京:教育科学出版社,1991.

119. 章开沅,唐文权. 平凡的神圣:陶行知[M]. 武汉:湖北教育出版社,1992.

120. 余子侠. 山村社会走出的人民教育家陶行知[M]. 武汉:湖北教育出版社,1999.

121. 何荣汉. 陶行知:一位基督徒教育家的再发现[M]. 香港:基督教文艺出版社,2004.

122. 叶良骏. 陶行知的故事[M]. 北京:人民教育出版社,1991.

123. 周洪宇,余子侠,熊贤君. 陶行知与中外文化教育[M]. 北京:人民教育出版社 1999.

124. 陈景磐. 中国近现代教育家传[M]. 北京:北京师范大学出版社,1987.

125. 宗有恒,夏林根. 马相伯与复旦大学[M]. 太原:山西教育出版社,1996.

论文类

1. 陈曼娜. 二十世纪中外心理史学概述[J]. 史学史研究,2003,109(1):61-69.

2. 陈洪捷. 蔡元培的办学思想与德国大学观[J]. 高等教育研究,1994(3):24-39.

3. 陈壁生. 2004:文化保守主义[EB/OL]. http://www.cc.org.cn/newcc/browwenzhang.php?articleid=2808.

4. 董宝良,周洪宇,喻本伐,等. 陶行知家世考略[J]. 教育研究与实验,1983(1):24-34.

5. 杜成宪,章小谦. 关于教育史学评论的理论思考[J]. 华东师范大学学报:教育科学版,2003,21(1):65-73.

6. 黄大能. 写在〈八十年来〉再版以后[J]. 教育与职业,1987(6):44.

7. 李涛. 论近代知识分子的文化转型:以晚清民国教育家群体为例[J]. 辽宁师范大学学报:社会科学版,2003,26(4):91-95.

8. 林良夫. 民国时期教育家群体特征论析[J]. 华东师范大学学报:教育科学版,1999(4):82-91.

9. 林治波. 当代中国是否需要民族主义?[EB/OL]. http://opinion.people.com.cn/GB/1036/3070502.html.

10. 刘静. 教育史学的想象力:后现代史学观与教育史研究[J]. 教育史研究,2003(1):1—5(+20).

11. 马敏. 中国近代商人心理结构初探[J]. 中国社会科学,1986(5):99-108.

12. 苗春德. 论20世纪上半叶"乡村教育"运动的基本特点[J]. 河南大学学报:社会科学版,2003,43(1):117-123.

13. 莫世雄. 护国运动时期商人心理研究[J]. 历史研究,1986(4):49-64.

14. 墨子刻. 20世纪中国知识分子的自觉问题[EB/OL]. http://lxbook.myrice.com/wenhua/008.htm.

15. 孙绵涛. 西方范式方法论的反思与重构[J]. 华中师范大学学报:人文社会科学版,2003,42(6):110-125.

16. 田正平,肖朗. 中国近代教育家群体特征综论[J]. 教育研究,1999(11):48-52.

17. 田正平,肖朗. 教育史学科建设的回顾与前瞻[J]. 教育研究,2003,276(1):31-37.

18. 王建光. 明代学子的心态及其价值取向的归属[J]. 史学月刊,1994(2):37-40.

19. 夏德清. 陶行知生年质疑[N]. 长江日报,1982-3-12(4).

20. 夏德清. 陶行知生年新史料[J]. 文教资料简报,1982(9):91-92.

21. 杨念群. "后现代"思潮在中国:兼论其与20世纪90年代各种思潮的复杂关系[EB/OL]. http://www.tylf.net/sixiang/houxiandai.html.

22. 余英时. 轴心突破和礼乐传统[EB/OL]. http://www.cc.org.cn/

newcc/browwenzhang.php? articleid=2486.

23. 余子侠. 陶行知生平事迹五考[J]. 安徽史学, 2001(3):64-69.

24. 仲伟民. 后现代史学:姗姗来迟的不速之客[N]. 光明日报, 2005-1-27(C1).

25. 周兵. 心理与心态:论西方心理历史学两大主要流派[J]. 复旦学报:社会科学版, 2001(6):51-55.

26. 周洪宇. 陶行知生年考[J]. 历史研究, 1983(2):146.

27. 周洪宇. 陶行知生年新证和兄妹问题略考[J]. 文教资料简报, 1983(4):16-20.

28. 周洪宇. 关于人民教育家陶行知的生年问题[J]. 华中师院学报:哲学社会科学, 1983(5):105-108.

29. 周洪宇. 教育史研究改革管抒[J]. 教育评论, 1991(2):64-67.

30. 周洪宇. 陶行知与基督教[J]. 安徽史学, 1991(4):64-70.

31. 周洪宇. 美国哥伦比亚大学师范学院与现代中国教育[J]. 教育评论, 2001(5):57-58.

32. 邹兆辰. 当代中国史学对心理史学的回应[J]. 史学理论研究, 1999(1):26-37.

致　　谢

　　我首先要感谢我的导师周洪宇教授。三年前,如果没有周老师的鼓励,也就不会有我这次宝贵的学习机会;而论文的写作,从选题、论证到构思、行文,更倾注着周老师辛勤的汗水。如果说论文有一点可取之处,那都得益于周老师的悉心指导,文章的缺点和不足则是我笨拙所致,文责自负。

　　我要感谢华中师范大学教育科学学院教育史教研室的喻本伐教授、余子侠教授、杨汉麟教授、方彤副教授、王建梁副教授,论文的写作得到他们的悉心指点,他们的评价和意见对论文的写作弥足珍贵。

　　作为一个团队,华中师范大学教育科学学院教育史教研室的老师们不仅给予了我生活上的关怀、精神上的鼓励,更给予了我学术上的指导、人格上的塑造,这些,将成为我一生受用不尽的精神财富。

　　感谢华中师范大学教育科学学院资料室的各位老师,他们辛勤工作,为我查寻资料提供了诸多便利。

　　感谢但昭彬博士、广少奎博士和其他各位同门同学,他们的建设性建议对论文的完成至关重要。感谢鲁定元博士、岳伟博士、石长林博士和其他各位学友,正是和他们的讨论乃至争论丰富了论文的内容,也正是他们日常间的鼓励和鞭策使论文写作得到最切近的支持。

　　感谢我的三位姐姐和姐夫,没有他们经济上的支持和对重病中老父亲的照顾,完成学业对我来说几乎是不可能的事情。

　　我要特别感谢我的妻子刘华女士,为了我和我的家庭,她放弃了诸多个人发展的机会,作出了巨大的牺牲。另外,我要感谢我即将高考的儿子胡安韬,他用自己良好的学习成绩让我常常自责的心能稍感宽慰。最后,送上我对过世不久的父亲最深深的谢意!

胡志坚

2005 年 4 月 18 日